Leandro Fernández de Moratín

Viaje a Italia

Barcelona **2024**
Linkgua-ediciones.com

Créditos

Título original: Viaje a Italia.

© 2024, Red ediciones S.L.

e-mail: info@linkgua.com

Diseño de cubierta: Michel Mallard.

ISBN rústica: 978-84-96290-77-8.
ISBN ebook: 978-84-9816-983-6.

Cualquier forma de reproducción, distribución, comunicación pública o transformación de esta obra solo puede ser realizada con la autorización de sus titulares, salvo excepción prevista por la ley. Diríjase a CEDRO (Centro Español de Derechos Reprográficos, www.cedro.org) si necesita fotocopiar, escanear o hacer copias digitales de algún fragmento de esta obra.

Sumario

Créditos _____ 4

Brevísima presentación _____ 7
    La vida _____ 7
    El viaje y la ilustración _____ 7

Viaje a Italia I _____ 9

Dover, Ostende, Bruselas, Colonia, Francfort, Fribourg, Schaffausen, Zurich ___ 9

Viaje a Italia II _____ 30
    Octubre _____ 56

Viaje a Italia III y IV _____ 61

Viaje a Italia V _____ 121

Viaje de Italia VI _____ 143
    Octubre, 1 _____ 165

Viaje de Italia VII _____ 171

Viaje de Italia VIII _____ 220

Viaje de Italia VIII 2 _____ 272

Apéndice al Cuaderno n.º 71 _____ 288

Libros a la carta _____ 303

Brevísima presentación

La vida

Leandro Fernández de Moratín (Madrid 1760-París 1828). España. Hijo del escritor Nicolás Fernández de Moratín se formó en su círculo literario. Tras la guerra de Independencia se exilió en París por sus ideas afrancesadas. Viajó mucho y adquirió una amplia cultura, además del dominio de varias lenguas que le permitió traducir algunas obras teatrales al castellano. Murió en París en 1828.

El viaje y la ilustración

Este libro relata un viaje a través de Gran Bretaña, Bélgica, Alemania, Suiza e Italia. Moratín se presenta como un viajero culto, conocedor de las situaciones políticas de los territorios que recorre y, además, dispuesto a entregarse a todo tipo de aventuras. Su reflexión sobre el equilibrio precario que sufría Suiza durante el siglo XVIII resulta interesante para comprender cómo se fraguó la estructura nacional y territorial de la Europa contemporánea:

> Podrían en caso urgente, poner cien mil hombres en campaña; pero tendrían que dejar el arado para tomar el fusil; por consiguiente, a los tres meses de guerra ya no habría víveres; para un armamento extraordinario necesitan cargar tributos sobre el pueblo, y éste no puede contribuir a tales gastos. Toda la Suiza, en general, es muy pobre; las artes y el comercio pudieran haberla enriquecido, pero, por descuido imperdonable en los que la han gobernado hasta aquí, no se ha hecho. Ha debido su existencia por mucho tiempo a los celos recíprocos de Francia y la Casa de Austria; pero si la Francia decae, ¿quién la apoyará? En la ocasión en que yo pasé, las circunstancias eran tan críticas que cualquier partido que pudiesen tomar los suizos les debía ser necesariamente funesto [...].

Cabe añadir que el viaje era entonces una práctica formativa y que la escritura de las impresiones vividas durante el mismo empezaba a formar parte de un género literario.

Viaje a Italia I

Dover, Ostende, Bruselas, Colonia, Francfort, Fribourg, Schaffausen, Zurich

De Londres a Dover setenta millas; se halla primero a Rochester, después a Cantorberi, ciudades considerables; la última, famosa por su Universidad y su obispo, Santo Tomás Cantuariense. Buen camino acercándose a Dover, pocos árboles, muchos pastos, tierra quebrada que continúa así hasta el mar. Dover, ciudad de bastante población y tráfago con un puerto muy concurrido de navíos mercantes, pero de muy poco fondo, tanto que los paquebotes tienen que esperar la alta marea para fondear dentro dél. La ciudad es de forma muy fea e irregular aunque no deja de tener casas muy buenas entre muchas viejas y de mala construcción, no goza de otra vista que la del mar, por estar cercada de montes por parte de tierra. En la altura de uno de ellos se ve el antiguo castillo, muy grande y bien conservado, que domina el puerto, la ciudad y el mar. Es digna de atención la construcción física de los montes que rodean a Dover y en ninguna parte he visto masas tan enormes de depósitos marinos. Todos ellos son calizos, pero sin la menor mezcla de otras tierras; el embate del mar ha arruinado gran parte de ellos, dejando un corte perpendicular donde no se ve ni una capa siquiera que interrumpa la tierra, y piedra caliza blanquísima de que se componen. Desde Dover se ve sin auxilio de anteojo la costa de Francia y la ciudad y castillo de Calais.

6. Antes de llegar a Dover hallamos un carro con un grande ataúd en que llevaban a Mister..., coronel inglés muerto de un balazo en el sitio de Valenciennes, que iba a buscar la fama póstuma por medio de un epitafio al rincón húmedo y oscuro de una capilla.

7. Viento contrario. Me divierto en ver embarcar para Ostende clérigos y ex-frailes franceses desaliñados, puercos, tabacosos, habladores; tan en cueros como el día en que llegaron y tan a oscuras de lengua inglesa, al cabo de dos años, de manosear el diccionario como la madre que los parió y repitiendo para su consuelo aquello de «¡quommodo cantabimus canticum novum in terra, aliena!».

Todos ellos iban cargados con sus breviarios y todos muy persuadidos de que lo mismo es tomar los Alemanes a Condé y Valenciennes que tomar ellos sus conventos y hallar prontas la refección y la botella en sus profanados refectorios. Deténgase mi marcha, al anochecer tempestad.

8. Buen viento, pero el diablo lo enreda de manera que me quedo todavía en Dover. Reniego, me harto de tabaco y me meto en la cama.

9. Salgo, en fin, a las diez y media de la mañana en un paquebote. Buen viento, mucho miedo, llego a las cinco de la tarde a Ostende. Calles anchas, limpias y bien empedradas, las casas nuevas que hay bastantes, particularmente cerca del puerto, muy buenas; las antiguas, mezquinas y ridículas. Nuestros venerables abuelos no fueron los más duchos en esto de proporciones y belleza simétrica. Buen puerto con muchos y grandes navíos; en una de sus orillas, hay una especie de veleta dorada con el escudo imperial, puesta sobre un palo muy alto y abajo un pedestal con esta inscripción: «ob laetum Austriacum anno MDCCXC reditum, studio et amore prius erectam, dein ut impiis regicidisque salvetur manibus, furtim abditam, sacrilegis jam expulsis, aquilam hanc ex voto piscatores denuo ponunt die XIX Calendarum Maji MDCCXCIII». He dicho que la citada inscripción está en un pedestal; pero como éste no es de pórfido, piedra granadina ni otra materia durable, sino de lienzos pintados sobre un armazón de madera, me pareció de absoluta necesidad copiarla, temeroso de que al volver dentro de media hora la hallase enteramente destruida por el tiempo devorador.

10. Salgo a las cuatro y media de la tarde para Brujas y emprendo mi viaje por un canal como tres veces más ancho que el de Manzanares. Hermosa llanura a un lado y otro, regada por mil partes con sus aguas, cultivada perfectamente, abundante en mieses, prados y arboledas, con muchas poblaciones y caseríos. No hallé barcos de transporte en todo el camino, lo que me hace creer que si una obra tan costosa y magnífica como aquélla ha producido ya ventajas considerables a la agricultura, aún falta que proporcione a la industria y al comercio las muchas que de ella deben esperarse. Tuve la felicidad de hallar en la barca dos religiosos capuchinos, encuentro que me llenó de consuelo, puesto que en el espacio de un año, ni en Francia ni en Inglaterra, vi otros que los que sacan al teatro para hacerlos servir de ludibrio entre la profana mosquetería. En este país por el contrario son respetados como es razón y los dos que iban en la barca los hallé muy gordos y fornidos, prueba de que en Flandes hay fe y temor de Dios. En

dos horas con viento favorable llegamos a Brujas, distante cuatro leguas de Ostende.

Es ciudad grande y su caserío conserva el antiguo carácter de la construcción flamenca, las fachadas de las casas rematan todas en un triángulo muy agudo, con unos escaloncillos laterales como para colocar en ellos tiestos o santos, de modo que mirando una fila de casas parecen por la parte superior empalizadas de trinchera o una guarnición de zagalejo con tantos picachos y recortaduras. Las calles son bastante anchas, llanas y limpias; hay una plaza con un grande edificio moderno de buen guto, aunque parece mejor de lo que es por el cotejo de los demás. En una casa antigua vi sobre la puerta las armas de España. Un viajero observador halla en Flandes no pocos monumentos de nuestra antigua dominación y lo primero que me dio en los ojos fueron las capas y las mantillas. ¡Extraña diferencia de estilos! En Inglaterra no se ve ni un Cristo, ni una Virgen, ni un Santo en sus iglesias que parecen habitaciones sin inquilinos y en Flandes los Cristos, las Vírgenes y los Santos se revierten de las iglesias, salen a los cementerios y adornan las puertas de las casas y los esquinazos en las calles y plazas públicas.

11. A las cinco salí en posta. El camino hasta Bruselas muy ancho, con arboledas continuas a un lado y otro y empedrado, lo que al principio parece lujo y ha sido necesidad en atención a que todo el terreno es de arena menudísima como el de Las Landas de Burdeos con la diferencia de que sobre esta arena hay una capa de tierra vegetal y en ella un hermoso jardín, que no otra cosa parece todo cuanto alcanza la vista, árboles, mieses abundantes, prados y bosques deliciosos, todo regado por medio de canales y acequias en términos que con respeto al cultivo nada debe este país a lo mejor de Inglaterra. Hay mucha población y bien repartida, los lugares por donde se atraviesa son espaciosos, limpios y alegres. Gante dista nueve leguas de Brujas, es ciudad grande, tiene muchos edificios modernos, muchos canales que la dividen en varias islas y sus contornos llenos de amenidad y hermosura. Buena posada, excelente comida, mucha hambre y un dolor de muelas que no me permitió hincar el diente imperfecta máquina es la del hombre, sin embargo es la mejor que conozco.

De Gante a Bruselas hay diez leguas, los campos igualmente hermosos que los anteriores y el terreno más quebrado en las inmediaciones de esta última ciudad. Llegué a ella al anochecer. Las sillas de posta muy malas, los caballos de malísima figura pero muy corredores.

12. Paseo por la ciudad. Su piso es muy desigual con calles torcidas de mediana anchura, los edificios antiguos casi todos están jalbegados con yeso y a otros les han desmochado la parte superior poniéndoles cornisamento horizontal, de manera que carecen de aquella lúgubre y respetable antigüedad que tienen los de Brujas. Hay muchos modernos y estos son enteramente a la francesa. En la parte más elevada de la ciudad está el paseo que llaman el Parque muy espacioso y alegre, bastante parecido al Retiro aunque te lleva la ventaja de estu muy adornado con grupos, estatuas, términos, bustos... No tiene fuentes y acaso es lo único que le falta. Hay dentro de él un café magnífico que consiste en un gran salón decorado con buena arquitectura, e inmediato a él varios gabinetes muy graciosos, juegos de billar y un pequeño teatro donde representan piezas ligeras de música y declamación. ¡Cuándo se verá en Madrid esta reunión de placeres que son tan necesarios para entretener el ocio de una corte!

Este paseo puede acaso competir con las Tuillerías y es infinitamente superior al triste, monótono y desaliñado Parque de Saint James. Cerca dél está la Parque la Plaza Real, obra moderna que consta de ocho edificios separados iguales y entre ellos hace frente el gran pórtico de la Abadía de Caudenberg, donde hay una bonita iglesia de orden corintio, seria y de buen gusto. Hallé en medio de la plaza, tendida sobre una cureña, la estatua pedestre de bronce del Príncipe Carlos de Lorena, que había estado colocada sobre un pedestal y los sans-cullotes la habían derribado aunque felizmente pudo escapar de sus manos sin considerable mutilación, y trataban de volverla a poner en su puesto. La que llaman Plaza Mayor es un conjunto de edificios cargados de adornos ridículos y sin gusto, pero la Casa de Ayuntamiento, obra gótica es cosa de mérito en su línea, particularmente una gran torre que tiene en medio, sumamente delicada y ligera. En una de las casas de esta plaza había varias estatuas de los Duques de Brabante, inclusos nuestros Reyes Austriacos, en otros bustos o estatuas de generales o gobernadores de estas provincias; en otra un trofeo dedicado a Carlos Segundo, con su retrato en medio, pero todo pereció a manos de los franceses cuando ocuparon esta ciudad. Así, en estas casas, como en otras que se hallan a cada paso, hay muchos pedazos dorados, capiteles, basas, festones..., y una que hay en dicha plaza más parece un altar que un edificio público.

Las iglesias, en general, están muy cargadas de adornos y rebosan de santos y cuadros, los confesionarios son magníficos con figuras en sus portadas que representan virtudes, santos o ángeles colocados como cariátides a un lado y otro; en los púlpitos sucede lo mismo, y el de la Iglesia Mayor es cosa digna de verse. Ponz habla de él en su viaje fuera de España.

Pero lo que me admiró más que los púlpitos, los confesionarios, el parque ni los edificios fue el hallar por las calles unos carros pequeños de a dos ruedas, tirados por perros y en verdad que no era un juguete puesto que cada carro llevaría una carga mayor que la que puede conducir a lomo un borrico. Los perros iban uno al lado de otro a modo de las cuadrigas romanas; un carro llevaba tres perros colocados en la forma dicha y otro me acuerdo, que tenía cuatro con uno delante, como las mulas periconas de los coches de colleras. Ahora expresar debidamente la cara que ponía infelices animales, lo que ellos jadeaban, la espuma que vertían y la inquietud de su cola y de su lengua, es empresa reservada a más docta pluma.

En Francia e Inglaterra, están persuadidos de que allá se van pelos y barbas, y tanto por su homogeneidad cuanto por su situación, está en uso que el mismo artífice que empolva los cabellos haga la rasura, pero en Bruselas, como en España se piensa de otro modo. Ningún peluquero puede ejercer la navaja, ninguno que afeite puede hacer los rizos. Hay prohibiciones gremiales sobre esto con multas a los infractores y entre estas dos facultades hay absoluta separación. Los talentos humanos son muy limitados y es muy difícil que un artífice sea excelente en dos profesiones distintas; por esta razón sin duda se mantiene tal costumbre en Flandes a fin de que cada profesor pueda en su ramo apurar los esfuerzos del genio y llegar en la carrera que sigue, con exclusión de todas las otras, a lo más sublime del arte. No obstante, el barbero que me afeitó, me afeitó muy mal.

Además del pequeño teatro de que hice mención, hay el de la ciudad. La sala es cuadrilonga y por consiguiente poco favorable para ver y oír. Bastante decente, mediana orquesta, cómicos harto menos que medianos, las decoraciones y máquina de poco mérito, las piezas todas francesas, como las que se representan en el pequeño teatro del Parque. El Archiduque Gobernador asiste algunas veces al grande y tiene en él su aposento adornado con magníficas colgaduras de terciopelo carmesí, con flecos, borlas y molduras de oro. El pueblo habla la lengua flamenca, pero la francesa es tan general que no se oye otra por las calles y paseos, y aun la gente más ruda la habla, aunque muy mal. Detrás del parque hay otro paseo con dilatadas arboledas, colinas incultas, arroyadas y hermosa vista de la campiña comarcana, desahogo oportuno para los melancólicos y no poco favorable para los misterios del amor.

Pero volvamos a las mantillas; las mujeres decentes solo las llevan para cubrirse la cabeza cuando van a la iglesia o a alguna otra expedición matutina que exige ir de trapillo, pues para lo restante van en cuerpo como las francesas y muchas van a la iglesia con capotones, echada la capucha. Las mujeres de menos copete son las que usan con más frecuencia la mantilla y con ella van a comprar a la plaza las criadas. Todas las mantillas son negras, algunas de seda sin otro corte que el que resulta de un pedazo de tres varas de tela. En la poca gracia con que la manejan, se conoce que es traje destinado a gente pobre y de poca delicadeza y coquetería, sin embargo, algunas criadillas parecían muy bien con ellas. De las capas puede decirse casi lo mismo. La gente del campo usa sombreros redondos, negros, muy anchos de ala. Como los Países Bajos están situados en medio de tantos estados diferentes y son paso para todos ellos, es increíble la variedad de monedas que tienen curso allí. A los dos días de estar en Bruselas pasé revista a las que había adquirido en los cambios que había hecho, y hallé tal variedad de naciones en mi bolsillo que no eran tantas las que acaudillaba Alifanfarrón: monedas inglesas, holandesas, prusianas, del Brabante, del Austria, de Baviera, de Colonia, de Francia, para cuya valuación era necesario estudiar un libro en folio y apurar todas las divisiones aritméticas o fiarse desde luego a la conocida probidad de los criados de las posadas y de los cocheros, como lo hice yo.

15. Salgo a las seis para Mastrich, buen camino como el anterior, pero con más cuestas, malísimas sillas de posta, mucho calor. Pasé por Lovayna llena de iglesias y colegios, por Tirlemont y Saint Trond, poblaciones bastante grandes. Terreno desigual, menos poblado de árboles que el

antecedente y algunos pedazos del camino sin ellos, buenos campos de siembra. Desde Saint Trond hasta Mastrich, ocho leguas de mal camino que en invierno será horroroso, se atraviesa un pedazo del Obispado de Lieja, campos abundantes en granos, pocos arboles respecto de lo anterior, casas pobres, o poca población a lo que se ve desde el camino. Llegué a las nueve a Mastrich, distante veintiuna leguas de Bruselas. Tuve que esperar a que abriesen la puerta, ¡qué entrada!, ¡qué estruendo de cadenas!, callejones torcidos, bóvedas, puentes levadizos, rastrillos, piquetes, bayonetas, cañones, mala entrada por cierto. Y dicen que los hombres son hermanos, mentira. Mastrich está situada en una gran llanura a las orillas del Mosa, es ciudad imperial, las calles anchas, rectas, bien empedradas y buenos edificios.

16. Salgo a las 5 y media. Malísimos trozos de camino con grandes subidas y bajadas, tierras de siembra y pequeños bosques hasta llegar a Aix la Chapelle, ciudad imperial, con muy buenas calles y edificios y gran número de posadas magníficas, sus contornos muy amenos con multitud de árboles. Al salir de ella, hasta unas dos leguas de distancia, se va por un camino muy desagradable y en general los lugares que se hallan hasta mucho más adelante son infelices. Efigies de San Juan Nepomuceno en cada puentecillo, multitud de crucecitas de piedra en los cementerios, Vírgenes y Cristos en las puertas, en las esquinas, en las plazas, en los caminos, en los troncos de los árboles. Los Cristos son de una raza particular, flacos hasta el extremo, desproporcionados y de catadura espantosa. Casas de ramas entretejidas, cubiertas con barro, techos de paja, chiquillos medio en cueros, mendigos.

Hay mucha devoción en este país; los brabanzones comparados con estos son unos iconoclastas. A unas dos leguas antes de Jülich, comienza un buen camino que sigue hasta Colonia, aunque la mayor parte de él carece de árboles a los lados y le hace gran falta. Jülich es villa fortificada, perteneciente al Príncipe Palatino del Rhin. Llanuras de centeno y avena y bosques y mucho ganado vacuno.

Colonia está a la orilla occidental del Rhin, en un llano inmenso muy parecido a los campos de Alcalá. Dista de Mastrich unas veinte leguas, poco más o menos, puesto que en los pocos días que llevo de viaje he observado tanta confusión en el cómputo de las distancias como en el valor de las monedas.

Llegué a las diez de la noche sin haber comido, rabiando con la insufrible pesadez e insensibilidad de los postillones y la incómoda construcción de las malditas sillas de posta.

17. Me levanto tempranito, me hago peinar y afeitar por dos oficiales diferentes, según el estilo del país, advirtiendo que aquí, como en España, cirujano y barbero son voces sinónimas. Recibo un criado que es el primero que he tenido en mi vida y conducido por él salgo a ver lo más curioso de la ciudad. Es muy grande y en general las casas muy viejas con sus frontispicios puntiagudos y repiqueteados, calles torcidas y bien empedradas, en las noches oscuras habrá muchos encontrones por falta de faroles. Mantillas y muchas capas, escudos de armas por todas partes, universidad, conventos, muchísima nobleza.

Fui a ver el célebre gabinete del Barón de Hüpsch, hombre instruido, de buenos conocimientos en la física y antigüedades, obsequioso y afable, me enseñó su colección que por cierto, numerosísima y preciosa para un particular. Es imposible dar una descripción completa de ella; diré solamente, entre lo mucho que vi, lo que se me acuerda digno de atención, manuscritos antiguos o raros en diferentes lenguas, escritos en papel seda, vitela, hojas de palma..., ediciones muy raras, planchas de madera con las letras gravadas en relieve y que sirvieron para imprimir los primeros libros en el origen de la imprenta. Monumentos de las artes de los egipcios, griegos, etruscos, romanos..., otros de la Media Edad en que se ve el estado de las artes en Europa por aquella época, curiosidades de los pueblos orientales, ídolos, vestidos, instrumentos, armas, monedas..., como también de América y África y de las naciones más septentrionales de Europa. Pinturas y esculturas modernas, entre las cuales hay muchas de mérito. Un gabinete de historia natural en que ha procurado reunir lo más raro, puesto que no es posible ni necesario a un particular empeñarse en tenerlo todo. La colección de conchas me pareció muy buena, en la de petrificaciones hay pedazos de troncos hechos piedra, cosa preciosa, y otros que han pasado a ser hierro enteramente; son también dignos de aprecio dos cántaros o vasijas de barro sacados del mar, cubiertos del todo con una capa de corales y conchas. Entre los cuadrúpedos y reptiles los hay muy raros. Ni puedo acordarme de todo ni es este lugar de describirlo. El citado Barón ha escrito obras estimables de antigüedades y de física, su casa está abierta a todas horas para el público y es lástima que la estrechez de ella no permita dar a su gabinete una colocación ventajosa y distribuida como corresponde.

Pasé también a casa de Mister Hardy, Vicario de la Iglesia Metropolitana de esta ciudad, hombre de extraordinario talento y aplicación a las artes, que sin hacer profesión de ellas, las posee en grado superior. Vi sus pinturas, sus esmaltes, sus modelos en cera y varias obras de mecánica; pero lo que me pareció excelente en su línea fueron las pequeñas figuras en cera que representan las cuatro edades de la mujer, el pobre contento, la vieja descontenta, el filósofo moribundo, el enfermo, la pastora dormida... Estos modelos están colocados en unas cajas de una cuarta de largo y media de ancho; las figuras son de medio cuerpo muy bien movidas, el color muy propio y sobre todo excelente expresión en todas, según el afecto o la situación que representan. Me alegré de ver con un microscopio, hecho de su mano, los animalillos del agua corrompida, cosa estupenda, por cierto, capaz de confundir nuestro orgullo y persuadirnos de nuestra pequeñez y nuestra ignorancia.

La Catedral es obra gótica sin concluir, que a estarlo sería una de las más gigantescas de Europa; hay en ella cuadros muy antiguos y un San Cristóbal de enorme tamaño. Me amenazaron con el tesoro y las reliquias pero no lo quise ver, algo se ha de dejar al viajero que venga detrás de mí. En la Iglesia de San Pedro, hay un hermoso cuadro del martirio de este santo, obra de Rubens. Vi algunas otras iglesias, las más de ellas góticas, muy cargadas de adornos recientes y de mal gusto.

Vi el arsenal, donde hay, según me dijeron, espadas y fusiles para catorce mil hombres; hay también cañones, morteros, culebrinas una entre ellas de dieciocho pies de largo; provisión de balas, bombas..., armas antiguas comunes que ya podían quitarlas de allí. El número de conventos entre frailes y monjas pasa de setenta. Hay un teatro anatómico y un pequeño jardín botánico, una casa de comedias donde representa por el invierno una compañía alemana.

Cuando me desperté por la mañana (perdone el lector la falta de orden que reina en mis apuntaciones), oí un rumor sordo hacia el río, adonde daban las ventanas de mi cuarto, que me hizo levantar para ver de qué procedía y vi pasar dos grandes barcos atestados de gente, hombres y

17

mujeres, que iban rezando y en medio de la turba llevaban un estandarte. Comprendí que aquello era alguna romería y así era la verdad, pues por la tarde hallé por las calles una procesión de hasta unas doscientas personas, gente pobre, con un Cristo y rezando rosario, dijéronme que venían de un pueblo llamado Lumertsheim, distante siete leguas de Colonia y que iban a otro, para el cual faltaban aún treinta leguas, llamado Kevelaz, a oír una misa cantada en el Santuario de una Virgen muy milagrosa, que los otros que vi por la mañana iban también al mismo paraje, y que al día siguiente saldría de Colonia otra procesión mucho mayor con igual destino.

He dicho que hay por estos países muchísima nobleza, y aunque no se viese y palpase, luego que uno entra en ellos bastaría ver solamente los sepulcros que hay en las iglesias, en los cuales he visto dieciséis y dieciocho escudos de armas, todos pertenecientes a la familia del difunto y en una gran lápida sepulcral que hay a la entrada de la Iglesia de San Gereón conté hasta treinta y cuatro. Los curas van vestidos de abates, con sola la diferencia de ser la capeta una capa en toda forma, tan larga y cumplida como la de nuestros alguaciles. Cansado de andar calles y hacer apuntaciones, me volví a la posada, que era magnífica y bien provista, despedí a mi criado y me acosté.

18. Salí a las seis de la mañana, rómpese la lanza del carricoche; trabajos para hacerla servir, mucha falta me hizo el criado que despedí ayer. Deliciosas visitas por el camino, siguiendo la orilla del Rhin agua arriba; montes a un lado, que le sirven de barrera, cubiertos de árboles preñados de hierro, muchos pueblos en bellas situaciones, esparcidos a cortas distancias por sus orillas.

Bonn, población grande, residencia ordinaria del Elector de Colonia, donde tiene un gran palacio; jardines y montes de caza inmediatos. El Rhin, ancho y sereno como el Támesis, pero muy desierto de embarcaciones de transporte. Solo vi unas pocas en Colonia y otras en Coblentz. Antes de esta ciudad se ve a un lado un hermoso pueblo, llamado Nawyet, el señor de él ha establecido la más absoluta tolerancia religiosa y han acudido de todas partes artífices, fabricantes y negociantes a establecerse en él; no hay casa que no sea o fábrica o almacén de géneros o taller o despacho de comercio; hay capillas para todos los cultos y un día en el año se reúnen todos los vecinos del pueblo a dirigir a Dios una oración solemne en que le piden perdón de los pecados, auxilios para la virtud, prosperidad para el pueblo y el señor de él y paz y fraternidad entre todos sus moradores. Esta ceremonia se celebra un año en la capilla católica, otro en la luterana, otro en la de los calvinistas, otro en la de los cuáqueros, otro en la sinagoga... Por estos medios ha doblado sus rentas en pocos años el dueño de aquella población, el término de todo el señorío tendrá apenas tres leguas de circunferencia. Una de las cosas que más contento me dieron fue el ver las viñas de que están cubiertos los collados que baña el Rhin, lo cual me anunció un país más favorecido de la naturaleza. Antes de entrar en Coblentz se atraviesa por un buen puente el Mosela, que un poco más al poniente se junta con el Rhin, y la ciudad está situada en medio de los dos. Pertenece al Elector de Tréveris, que tiene allí un palacio, obra moderna y de buen gusto. De Colonia a Coblentz habrá dieciocho leguas. Llegué al anochecer con un flamenco que hallé a mitad de camino y me propuso hacer el viaje hasta Francfort a gastos iguales. Atravesamos el Rhin en un puente volante, cuesta muy penosa de subir a la otra orilla. Viene la noche, llueve, monte espeso y oscurísimo por todas partes, donde pocas noches antes habían hecho dos o tres robos, frío insufrible, aguacero continuo tapa el flamenco una ventanilla de la silla de posta con unos calzones; dormímonos los dos; despierta él, y echa menos sus calzones; pie a tierra, media hora él y yo y el postillón tiritando, mojándonos y en tinieblas, buscando a gatas por el camino los calzones de mi compañero, parecen y, de bache en bache, llegamos vivos a Nassau, distante cinco leguas de Coblentz.

19. Salimos a las cuatro, tierra muy quebrada, lugares pobres, monte y granos, buen camino. Schwalbach, lugar célebre por sus aguas marciales, con baños cómodos, muchas posadas y buenas casas; todo anuncia el dinerillo que recogen sus vecinos desollando a los infelices enfermos que van a él. Subida y bajada de un gran monte, poblado de robles y encinas; vuélvese a ver desde la eminencia del Rhin y a su orilla occidental Maguncia, medio destruida por los prusianos, que la acababan de ganar después de una defensa, la más gloriosa. Wisbaden, pueblo muy rico y floreciente, frecuentado de las damas, que van a bañarse en los baños de aguas calientes que hay en él, y dicen ser muy eficaces para dar lisura y delicadeza al cutis. Ésta

y las poblaciones anteriores están en los dominios del Margrave de Hesse Casel; en la última de ellas comí a mesa redonda con unos lacayos. El citado Margrave comercia en hombres, todos sus vasallos se ejercitan desde la niñez en el uso de las armas; están obligados a asistir en ciertos días al ejercicio y evoluciones militares, así los instruye y lo hace aguerridos, los alquila después a cualquier soberano que se los pide por cierto tiempo y a tanto por cabeza; pasado el plazo se les devuelven, dándole una cierta suma por cada uno que falta del numero que entregó. Hay ocasiones en que logra despacharlos todos, sin que vuelva uno vivo, y entonces coge más dinero. Este tráfico manifiesta que la suerte de los hombres no es tan diferente de la de los carneros, como se piensa.

En el camino hasta Francfort, vi a un lado y otro muchos bosquecillos de nogueras, ciruelos y manzanos; tierras abundantes en mieses y muchas poblaciones y atravesando una parte del territorio de Maguncia se entra en el término de Francfort, que está separado por medio de un foso. Prosiguen los Cristos con grande abundancia por todas partes pero así, éstos como los que vi ayer, aunque muy feos, están más gordos que los de Lieja. Hallé muchas casas de campo con grandiosos jardines y una entre ellas que merece el nombre de palacio, mayor que la Casa de la China en el Retiro, perteneciente a un italiano que no teniendo seis cuartos en el bolsillo, discurrió años ha un nuevo método de preparar el tabaco y ha hecho una fortuna inmensa. Llegué a Francfort, distante de Nassau unas dieciséis leguas, a las 7 de la tarde.

20. Paseo por la ciudad con un nuevo criado que acabo de recibir, ¡gran picarón! La ciudad es muy grande, poblada, opulenta, mucho comercio y tiendas, un gran barrio de judíos narigudos, aceitunados, hediondos. Los domingos les cierran las puertas del barrio y no salen hasta el lunes; las judías tan bonitas como ellos exceptuando la barba de chivo, tienen una gran sinagoga. No hay edificio público notable, las casas de los comerciantes son magníficas, una entre ellas, situada en una de las mejores calles de la ciudad es cosa digna de verse, obra de exquisito gusto, la fachada principal parece la pared de un gabinete, tal es la limpieza y barnices de ella y lo delicado de sus adornos. Tiene una gran portada dórica con columnas, un ingreso del mismo orden, escaleras espaciosas, con dos leones de mármol al pie

de ella, pinturas en las bóvedas y habitaciones correspondientes, dignas de cualquier príncipe. Dos iglesias de los que llaman reformados, construidas poco tiempo ha, son hermosísimos edificios. Muchas de las casas están pintadas pero con mal gusto las más de ellas. La parte antigua de la ciudad es como sucede en todas, fea, calles estrechas y torcidas, mucha gente en ellas, mucho bullicio y movimiento. No vi las iglesias porque las hallé todas cerradas a las once del día, pregunté por el mejor café de la ciudad, fui allá, muy espacioso, muy mal adornado, servidumbre desaliñada, muchos juegos de damas y una atmósfera espesa de humo de tabaco, insufrible; he notado que en toda esta tierra se fuma la mucho. Despido a mi criado, mucho calor. Excelente posada, yo estuve alojado en el número 60. De esto no se puede dar una idea justa a mis paisanos, es menester verlo.

21. Salgo a las cuatro, atravesando por un buen puente el Mayn, pequeño río que baña los muros de Francfort. Casas de campo, jardines y viñas, muy semejante a las cercanías de Burdeos. Llanuras con mieses y grandes trozos de monte y bosque. Darmstad, buena población con grandes edificios, casas de recreo en sus inmediaciones, jardines y muchos árboles y amenidad. A la izquierda del camino hay una larga cordillera de montañas, cubiertas en muchas partes de viñas, en lo llano cáñamo y granos, con grandes pinares, poblaciones compuestas de gente labradora. No vi en toda esta tierra que es del Landgrave de Hesse Darmstad ni un Cristo, ni una Virgen, ni un San Juan Nepomuceno, pero llegando al término de Maguncia los vi otra vez, para mi consuelo, inundar las calles y caminos. A unas dos leguas o tres antes de Happenheim, hallé a la salida de un lugarcillo un cementerio judaico con su inscripción hebrea a la puerta y lápidas sepulcrales, todas hacia el oriente. Dios les dé descanso y, aunque no sea el Seno de Abraham, concédales cualquiera otro seno donde se estén quietos y no hagan mohatras ni picardías. Comí en Happenheim, lugar pequeño situado al pie de unas montañas, delicioso en extremo por su amenidad y frescura, pero en este lugarejo de cuatro casas, distante de toda corte opulenta, ¡qué posada!, ¡qué sopa con huevo desleído a la alemana!, ¡qué buen asado de carnero!, cuando en las Rozas, en Canillejas o en Alcorcón haya otro tanto, entonces para mí tengo que no se gastará el tiempo en escribir apologías. Las mujeres van descalzas como nuestras vizcaínas con unos sombreros de paja de enorme tamaño.

Llegué a las siete a Manheim, que distará de Francfort catorce leguas poco más o menos.

22. Está situada cerca de la unión del Neker y el Rhin, es plaza fuerte y corte del Palatino del Rhin, ciudad moderna, muy parecida a Aranjuez aunque con mejores edificios, calles anchas y llanas, tiradas a cordel, casas las más de ellas con solo el cuarto principal y guardillas, plazas cuadradas y espaciosas, en la que llaman Plaza de Armas, hileras de árboles que forman un paseo, y en el centro una gran fuente que aún no tiene agua, con una especie de obelisco cubierto de bajorrelieves de trofeos y figuras, todo de plomo, cosa pesada y de mal gusto. En la Plaza del Mercado, la casa de la ciudad, grande y mazacota, en medio un grupo alegórico grande, no mal ejecutado, erigido a la gloria del actual palatino, Carlos Teodoro, la ciudad de Manheim coronada de torres, Mercurio apoyado lo sobre ella, los ríos Neker y Rhin y varios genios; la obra es toda de piedra y hecha con inteligencia. Un teatro con gran fachada, no pude ver lo interior de él, pero si corresponde a lo que se ve por fuera deberá ser muy bueno. El palacio del Elector es vastísimo y digno de verse por dentro. Hay una copiosa colección de pinturas, repartida en muchos salones, diré solamente lo que más me llevó en ella la atención. Dos marinas de Vernet, excelente cosa; un San Sebastián, de medio cuerpo, tamaño natural, de Caravaggio; la Muerte de Séneca, cuadro muy grande, por Jordan; la Prisión de Cristo, de Guido, y un San Francisco, pequeño, del mismo; otro gran cuadro del Martirio de San Andrés, por Rivera, y otro del de San Sebastián, obra de Vandyk. Un cuadro chico de Cristo, bajado de la Cruz, por Aníbal Caracci. Otros muchos de autores italianos, flamencos y alemanes, pinturas en pequeño de Teniers y Poussin, varios retratos de Rembrandt y otros del célebre Vandyk. Miniaturas y retratos pequeños de esmalte, donde hay cosas buenas. Un pequeño retrato de un hombre con su gorguera y sus bigotes y este letrero «Me stesso donno e'l cor, che dentro è ascosso», un retrato de una mujer vestida a la turca, obra de mosaico muy bien hecha, y otros mosaicos más pequeños, muy malos. Una colección de bajorrelieves y estatuas de marfil, que aunque no todo sea de gran mérito, es, sin embargo, cosa preciosísima, por lo mucho y bueno que hay. En un pasillo inmediato al gabinete de historia natural, hay una gran porción de monumentos romanos, todos

o la mayor parte, hallados por esta tierra, aras, columnas miliarias, inscripciones, bajorrelieves, sepulcros y varios troncos de árboles petrificados. Me pareció que en el gabinete reinaba mucha confusión, que faltaba mucho y sobraba bastante. Hay buenas piezas de minerales, cristalizaciones, fósiles y conchas, cuernos de Amón de gran tamaño, uno entre ellos de tres cuartas de diámetro, un rinoceronte muy bien conservado, más pequeño que el que se enseñaba vivo en Londres, escasa colección de cuadrúpedos, aves e insectos, peces, poquísimos. Las habitaciones del Elector tienen bastante adorno, lo principal consiste en tapicerías y estucos en los techos donde hay muchos bajorrelieves historiados o alegóricos, con mucho arabesco hecho con prolijidad, pero confuso todo y pesado. En una chimenea hay piezas de mosaico, muy buenas; en otras dos, cariátides del tamaño natural, con mucho estudio en las ropas. Una sala cuyos muebles son todos de plata, sillas, mesas, marcos de espejos... La capilla es muy buena, con el coro sobre el altar, al modo de la del palacio de Madrid. Prosigue en esta ciudad el pestilente humo de tabaco en los cafés, las capas con grande abundancia, muy pocas mantillas.

El calor ha dado en apretar estos días furiosamente, viajemos de noche. Mi curioso lector padecerá mucho con esta mudanza de plan pero, todo bien considerado, primero soy yo que mi curioso lector, viajemos de noche. Salgo a las 4, desde Manheim hasta Schwetzingen, hermoso camino, alineado de árboles, llanuras bien cultivadas, cáñamo y maíz. Schwetzingen, bonito pueblo, espacioso, limpio, buen caserío, jardines deliciosos, abiertos para el público. ¡Oh! ¡Carabanchel de Arriba! ¡Oh! ¡Vallecas! Siguen después, hasta Waghausel, pinares y bosques; por toda esta comarca se hallan a la orilla del camino y en los campos grandes cruces de Caravaca, objeto digno de las investigaciones de mi lector. Llegué a las ocho y media a Waghausel, población de nueve o diez casas, buena posada.

23. Salgo a las cinco. Llanuras muy parecidas a las grandes Landas de Burdeos, pero muy superiores en cultivo y población, cáñamo en abundancia, granos, pinares, monte de encina y roble, pedazos de camino magnífico, con grandes chopos de Lombardía a un lado y otro. Comí en Rastadt, en compañía de un úsaro y de un postillón que se limpiaba los mocos con la servilleta, los bigotes del úsaro daban sombra a todo el cuarto. Hallé al

23

salir de este pueblo una gran partida de soldados alemanes, con armas y bagajes, doce o catorce cañones de campaña y hasta unos cincuenta barcos chatos, puestos en otros tantos carros, procesión que me hizo detener cerca de una hora. Calor insufrible, me acongojo en medio del camino, ideas tristes de desamparo y muerte. Buen camino, terreno llano, a la derecha el Rhin y a la izquierda, la cordillera de montes de que ya he hecho mención, que corre constantemente de Norte a Sur. Buenos pueblos, mucha agricultura, pocas artes, muchas gallinas, patos, gorrinos y vacas. Los chicos gordillos todos y colorados, pocos Cristos y en cada puente, ya se sabe, un San Juan Nepomuceno. Llegué a Offemburg a las diez y media. La vil canalla de los postillones, de cada vez peor. Ya no veo ni capas ni mantillas.

24. De cinco a siete esperando a que pongan los caballos a la silla. Deliciosas vistas de campo, grandes vegas y los montes, que otra vez se acercan al camino, labrados por todas partes en escalera, con hortaliza, mieses, viñas y frutales y en su eminencia, pinos y robles. Muchos lugares, pozos, como en los que dejo atrás, de donde sacan agua muy buena para beber, gran porción de este territorio es lo del Margrave de Baden, a la derecha bosques, que ocultan al Rhin y a lo lejos las altas montañas de Alsacia. Comí en Kenzingen. ¡Ay, qué comida!, el barbero de Torrelodones guisa mejor. Todo el camino de hoy es sumamente delicioso, qué amenidad, qué cultivo por todas partes, las mujeres aran, cavan, siegan, acriban, aquí es la mujer compañera del hombre; en muchos parajes que dejo atrás sucede lo mismo. Refresca el tiempo y mi ánimo se alegra ¿y qué tiene que ver el alma con el frío, la materia con el espíritu, la tensión o laxitud de los nervios con esta centella de la divinidad?; ¡teólogos, filósofos, anatómicos celebrad junta, acordad vuestros dictámenes, reducirlos a uno y sepamos de una vez este gran misterio! Llegué a Freiburg a las seis.

25. Es ciudad pequeña, situada al pie de unos montes, con hermosos campos de mucha amenidad, abundantes en frutas y mieses. Minas de hierro y plomo inmediatas, molinos y ferrerrías, casas de campo muy pequeñas, sin la opulencia y lujo de las de Inglaterra y Francia, con mucho plantío de viñas en sus jardinillos, como en Burdeos. No hay en la ciudad edificio notable, si se exceptúa la Iglesia Mayor, obra gótica con todos los ornatos y garambainas propias de este orden y una infinidad de estatuas, todo por la parte

de afuera, pues en lo interior es bastante sencilla, la torre es muy alta, rematada en un prisma con muchas labores caladas, que hacen muy buen efecto. Vi algunos conventos convertidos en cuarteles por las supresiones de Josef II, pero aún queda una cartuja y en la ciudad Franciscos y no sé qué otros. Los muertos no se entierran en las iglesias sino en un cementerio distante de la población y lo mismo se practica en varios lugares de este país. Las mujeres del campo gastan un traje particular, una gorreta redonda a modo de un gran solideo de seda con un encaje de oro o plata en los días recios y sobre ella suelen ponerse su gran sombrero de paja, un jubón sin faldillas que les llega a mitad de la espalda, quedando entre él y los guardapiés un espacio de cuatro o seis dedos, por donde se deja ver un ajustador interior de distinto color. Los guardapiés, si así pueden llamarse, son sumamente cortos y con muchos pliegues, llevan dos regularmente; el de debajo no les pasa de la rodilla, el de encima es un poco más corto y de otro color y sobre éste se ponen un devantal, más corto todavía.

Hay varias hosterías o fondas cerca de la ciudad que se abren los domingos para el público, en ellas hay salas de baile con su pequeña orquesta, juegos de bochas y billar, cerveza, vino, refrescos y comidas. Aquí concurren hombres y mujeres de la mediana e ínfima clase, meriendan, beben, juegan, y bailan. El baile es éste: se dividen en parejas, el hombre abraza flojamente a la mujer poniéndola las manos debajo de los sobacos y ella las suyas en los brazos del hombre, se colocan alrededor de la sala, empieza la música y empiezan a formar un círculo por ella dando vueltas al mismo tiempo sobre su centro cada pareja, el compás es vivo, el baile largo y la agitación que resulta de tantas vueltas es tal que cuando lo dejan sudan a chorros. No advertí en esta danza otro primor sino el de que no se despachurran los pies unos a otros, ni se descalabran, ni se estrellan contra la pared. La música ya debe suponerse que es de lo más rechinante que puede oírse, pero se divierten y ríen, y el lunes vuelven a trabajar, esto es lo que importa. En estas concurrencias noté mucha franqueza, sencillez y alegría.

26. Salí a las cinco con dirección entre Oriente y Sur, buen camino entre grandes montañas, pedazos muy parecidos a Guipúzcoa, casas de madera repartidas a cortas distancias, tierras labradas donde lo permite la aspereza del piso, muchos árboles. Los pocos lugares que se hallan hasta mitad de

jornada son pobres y puercos, aunque no infelices ni destruidos, después habiendo subido cuestas muy altas mejora la calidad del terreno, se ven campos muy extendidos y abundantes en granos, y los lugares son mucho mejores. No hay viñas ni frondosidad, alrededor de ellos se atraviesan varios pedazos de monte es e eso y por último la *Forêt Noire*, el Monte Negro, sitio el más a propósito para robos y asesinatos, le pasé a boca de noche y con mucho miedo, llegué a las ocho a Schaffausen, primera ciudad de Suiza distante unas dieciséis leguas de Freiburg y cerca de cincuenta de Manheim.

El gasto de mi viaje desde entrar en Ostende hasta que llegué a Schaffausen ascendió a 1.400 reales, me parece muy poco y mucho más atendida mi falta de economía y la mala conciencia de postillones y posaderos. En esta gran distancia hay algunos malos pasos pero en general puede decirse que el camino es muy bueno y en muchas partes hermoso y magnífico. La agricultura está en muy buen estado y en particular desde Ostende a Bruselas y de Offemburg a Freiburg en Suabia, esta provincia, las orillas del Rhin, desde Bonn a Coblentz y la parte de Flandes, desde Ostende a Bruselas, me parecieron las más pobladas. Se hallan muy buenas posadas, pero muy inferiores a las de Inglaterra. Las hay muy grandes en Mastrick, Aix la Chapelle, Francfort y Manheim, pero yo experimenté que en éstas el viajero que va solo se halla peor que en otras de menos rumbo, los edificios son capaces de contener un regimiento, los criados no pueden acudir a tantos huéspedes, el posadero está en su gabinete y se hace inaccesible y solo el que lleva tres o cuatro criados que le sirvan puede estar cómodamente en ellas. Las sillas de posta, de Ostende a Suiza son de lo más indecente e incómodo que puede imaginarse, muy semejantes a nuestras calesas, regularmente son de cuatro ruedas, viejas, sucias, desabrigadas, llenas de remiendos, parches y apósitos, los caballos no del todo malos; los postillones del todo execrables, lerdos, sordos, embusteros, estafadores a no poder más. El vino del Rhin es un vinillo blanco, ligero y agradable. Las estufas alemanas, preferibles en mi opinión a las chimeneas, las colocan en los ángulos de las piezas, meten el fuego por la parte de afuera, calientan el cuarto, no dan humo ni esclavizan como las chimeneas y braseros. Son de hierro muy bien labradas con bajorrelieves o barnices que imitan porcelanas y mármoles. Pero es tiempo de hablar algo de Suiza.

27. Schaffausen, ciudad pequeña, pobre y puerca, situada entre montes; la baña el Rhin por la parte del sur. Las casas blanqueadas con yeso o pintadas por el estilo de los tapices, con figuras colosales o medallones, donde vi a Menelao y a Marco Antonio y a Pirro y a Elena y a Cicerón y otros personajes de la edad pretérita; otras hay con adornos de piedra pesados y ridículos. Muchas tiendecillas sucias y oscuras, comercio de bayetones, sargas, juguetes de madera, quincallería, sombreros ordinarios, peroles, tachuelas y otros artículos de poco valor. Muchos carros, trajes sencillos, sin asomo de lujo ni superfluidad. Fui a una casa de baños, entré en una pieza donde había hasta seis u ocho, comencé a desnudarme; entraron dos mujeres y empezaron a despojarse también; me metí en mi baño y ellas en el suyo, ¡qué costumbres! Fui por la tarde a ver la famosa cascada que llaman comúnmente la Caída del Rhin, distante de Schaffausen poco más de media legua. El río, que hasta allí camina claro y sosegado entre los montes que le coronan, se precipita de repente, con estruendo espantoso casi perpendicularmente desde unos setenta pies de altura, formando una espuma blanquísima y arrojando al aire parte de sus aguas, reducidas a un polvo sutil, que parece harina cuando el Sol da de frente, forma toda la cascada, ya en la parte del agua corriente, ya en la espuma que hierve entre las rocas, ya en la que salta más menuda, todos los cambiantes del iris; a un lado está el pequeño pueblo de Neuhausen y al otro, sobre un monte cubierto de árboles, el Castillo de Ballival. Desde aquí empieza el Rhin a ser navegable, sin interrupción, hasta que desagua en los mares de Holanda. Schaffausen es capital del cantón del mismo nombre.

28. Las postas se acaban en la raya de Alemania, por consecuencia, hube de ajustarme con un carruajero para que me llevase a Zurich. Salí a las ocho, la jornada es corta pero muy divertida, terreno desigual de pequeños montecillos y vegas, cubiertos de mieses, cáñamos, viñas, y árboles; los pueblos que se encuentran son pequeños y pobres. Eglisau está a casi a mitad de camino, pueblo situado a la orilla del Rhin, fui a bañarme a él, qué hermoso río, qué sosegado, qué cristalino, qué frescas aguas, qué multitud de peces, y con qué atrevimiento se acercaban a mí y al irlos a coger me burlaban; riberas deliciosas, soledad, silencio. Volví a la posada, buena comida, atravesé el río por un puente de madera, cubierto como un pasadizo, semejante

a otro que hay en Schaffausen; prosigue con muchas mejoras la agradable vista del campo hasta Zurich, sus inmediaciones son un jardín delicioso, abundantes aguas, sombras, frescura, amenidad, olores gratos; a la parte del medio día cierran el horizonte las montañas ásperas que dividen a Italia de la Suiza. Zurich dista de Schaffausen nueve leguas, llegué a las 6.

29. Zurich está situada al fin de un hermoso lago, que toma el nombre de esta ciudad, y un pequeño río que desemboca en él, la divide en dos. Muchas cuestas en ella, mal empedrada, casas muy altas, viejas y sin elegancia, calles torcidas, callejones estrechos, tenebrosos, largos. Quien haya visto las tiendecillas y mercancías de algunas de nuestras ciudades, por ejemplo de Alcalá, ve una copia exacta de las de Zurich: aquellas puertas en arco, aquellos mostradores sucios, aquellos escaparatillos con cintas, botones de metal, navajas, dedales y paquetes cagados de moscas, y aquella casaca y aquel peluquín del amo de la tienda. No hay cafés ni vi librería cuyo surtido pasara de treinta tomos, ¿y para qué es menester más? Sus campos están bien cultivados, comen bien y viven contentos, ¿no saben bastante?, ¿naciones ilustradas sabéis otro tanto?

En los pocos edificios modernos de alguna consideración hay mucha pesadez y mal gusto de adornos. Sobre las ventanas bajas de la Casa de la Ciudad hay varios bustos mal ejecutados, a un lado vi los de Temístocles, Epaminondas, Scévola, Cocles, Arístides..., y al otro, los de varios héroes nacionales, recomendables por los servicios que hicieron a su país, todos ellos, así los antiguos como los modernos, tienen un lema latino alusivo a sus virtudes patrióticas.

Vi sobre el río fábricas donde se pintan lienzos, levantando el agua que necesitan por medio de grandes ruedas con arcaduces, movidas por la misma corriente. Muchos talleres de varios oficios, artes útiles, pero rudas. Abundancia de frutas, excelente hortaliza, gran carnicería; mucha gente, ningún lujo; las damas de este país no me parecen las más a propósito para enseñar actitudes elegantes al teatro ni a las bellas artes, se visten para no estar desnudas y andan por no estar paradas.

Buena posada sobre la orilla del lago, deleitosa vista desde mis ventanas, enfrente montes con árboles y al pie de ellos pequeñas laderas con mucho cultivo y un sin número de casas pequeñas de labranza o de recreo, entre la frondosidad de jardines y frutales de que está cubierta toda aquella orilla, a otra parte la ciudad y el río, que la atraviesa, y a la del sur montes altos que me entristecen el ánimo al considerar que he de pasar por ellos. El lago, hermosísimo, sus aguas muy claras, barcos largos y chatos para el transporte de granos y otros frutos. A la parte de oriente una eminencia que domina la ciudad, con muchas casas de campo, algunas construidas con elegancia y comodidad, rodeadas de viñas, huertas y jardinillos. En éstos no reina el mejor gusto, galerías, pedestales, balaústres, pirámides, boliches de bojes y murtas, donde gime la naturaleza bajo, la tijera y el compás para producir formas extravagantes y mezquinas y esto en un país donde ella presenta por todas partes las más hermosas. Zurich es capital del cantón de este nombre, está fortificada, aunque pienso que no completamente, vi pararrayos en muchas casas y montaderos a la antigua en las puertas, muchas fuentes. La gente es sencilla y cortés.

Como muy bien y salgo a las 4 para Lucerna, distante de aquí unas ocho leguas, el camino es un reventadero para los infelices caballos por las penosas cuestas que hay que subir y bajar, por lo demás es viaje muy divertido. Montes de mucha frondosidad y repartidas por ellos y en las vegas y cañadas que forman, muchas casas de labranza, distantes unas de otras un tiro de piedra, las más son de madera, todo es rústico, pintoresco y pobre. El camino, aunque mucho más angosto que los de Inglaterra, se parece a aquéllos por los continuos vallados de arbustos y árboles que le adornan a un lado y otro. Hay muchos frutales y desde la silla de posta iba cogiendo ciruelas y manzanas. Abundancia de fuentecillas que se componen de un tronco perpendicular por donde sube el agua, un caño de hierro y otro gran tronco de nogal, socavado, que hace de pilón, a modo de una artesa. Hice noche en medio de estos montes en un lugarcillo infeliz, en cuya posada hallé una buena sopa, una excelente tortilla, pichones, pollos, jamón, un guisado de vaca, manteca, queso, barquillos y vino tinto y blanco. Apologistas, ¿se halla esto en Villaverde a las once de la noche?

Las apuntaciones de mi viaje van saliendo más largas de lo que al principio creí, por lo cual será necesario formar segundo tomo, contando siempre con el beneplácito y fíat de mi lector.

Viaje a Italia II
Lucerna, Lugano, Milán, Parma, Bolonia, Florencia
30. Salgo a las cuatro de la mañana y llego a las 11 a Lucerna, capital de cantón. Su situación es muy parecida a la de Zurich, a la orilla de un lago, dividida en dos porciones, puentes cubiertos que sirven de comunicación; un pequeño río y montes que la rodean; es más pequeña y de más estrecho horizonte que aquélla; llana, limpia, algunas calles espaciosas, edificios decentes, muchos nuevos o renovados, ninguno magnífico que merezca nombrarse. Las iglesias muy curiosas y adornadas, aunque no con el mejor gusto; en la Catedral hay un órgano, el mayor que he visto hasta ahora; la Iglesia de los Jesuitas está enriquecida con mármoles en sus altares; aún existen aquí los Padres de esta Orden extinguida, y continúan en la enseñanza de la juventud, no reciben novicios; en lo demás, permanecen como estaban antes. Hay un convento de Franciscos, otro de Capuchinos, uno de Monjas Ursulinas y no sé si alguno más. Un arsenal, donde hay fusiles, según dicen, para ocho mil hombres, debiendo advertirse que todo ciudadano tiene uno en su casa; unos cien cañones de varios calibres, espadas, cartucheras..., y porción de armas antiguas, que ya son inútiles. En la Casa de la Ciudad, donde se junta el Senado, hay una sala muy bien adornada, con los retratos de los Magistrados del Cantón desde unos trescientos años a esta parte, o poco menos, y varios cuadros, que forman una serie completa de los sucesos más célebres de este país. Es muy común este estilo en Suiza, y conveniente para renovar en la memoria del pueblo los hechos de sus mayores [...].[1]

En uno de los puentes que atraviesan el lago, hay también pinturas históricas de este género; en la Iglesia de San Francisco están pintadas las banderas que han ganado en varias batallas a sus enemigos, y aun en las paredes exteriores de las casas he visto representados sucesos nacionales. Cada Cantón es independiente de los otros; el de Lucerna se gobierna por un Senado, un Consejo y dos Magistrados, que llaman Escultetos, elegidos en el orden Senatorio. Todo ciudadano puede ser senador; pero

---

1 [«casi un renglón». En adelante seguimos las correcciones de Belén Tejerina en su edición.] (N. del E.)

ya debe suponerse que estas elecciones recaen siempre en ciertas familias o ciertos sujetos, a quienes su nacimiento o sus facultades elevan sobre los demás. Todos los Cantones componen una República Federativa, que en las ocasiones de peligro o utilidad común une toda su fuerza.

Hay también otras pequeñas repúblicas por este país, que regularmente suelen constar de una sola población, y éstas son aliadas de los Cantones; otras que están bajo la protección de ellos, y otros lugares que son súbditos y a los cuales envía el Cantón soberano un Gobernador, a sus habitantes los llaman *nuestros vasallos*. Además hay varios príncipes soberanos como el Abad de San Gall, que es un fraile benedictino muy gordo, gran comedor, que come con cubierto de oro y, después de haber comido el potaje, limpia la cuchara en su servilleta para proseguir comiendo las judías fritas; y un día decía a un huésped que le daba conversación: «Abbas Murensis est Princeps titularis, sed ego, ego sum verus Princeps». La multitud de estadillos de la Suiza y los Grisones, sus príncipes, su independencia, sus alianzas y la varia forma de su gobierno son digno objeto de la observación de cualquiera que visite estos países.

En Lucerna residen el Ministro de España y el Nuncio Apostólico, lo que a primera vista la da visos de Corte; pero es invisible a los ojos de un viajero el Soberano a quien estos personajes son enviados; ni palacio, ni guardias, ni ministros, ni cortesanos, nada se encuentra; sin embargo, yendo a una casa a visita, hallé un hombre muy gordo, vestido de negro, con su peluquín; y éste era precisamente el Esculteto, el Jefe Supremo de todo el Cantón.

Aquí no hay fábricas, ni manufacturas; cultivan el campo; hay mucha pobreza; por consiguiente, nada de magnífico; ni espectáculos, ni cafés, ni coches, ni trajes, ni edificios.

Las vistas de Lucerna son agradables: el lago, el campo y la ciudad, mirados desde cualquiera de las alturas vecinas, son cosa digna del pincel; y los montes que cierran el horizonte por la parte del Sur, escarpados, desiguales, desnudos, forman una masa oscura, que hace resaltar mejor todo lo restante, donde el agua, la verdura y los edificios presentan objetos varios y alegres. Olvidábaseme decir que encima de las salas del Arsenal hay unas vidrieras pequeñas, donde están pintados los escudos de los Cantones suizos, acompañados de figuras y otros adornos. Es de lo mejor que he visto en su línea por la hermosura de los colores, y es sensible ciertamente que este arte se haya perdido; las dichas vidrieras están hechas a principios del siglo pasado.

Una de las cosas que deben verse en esta ciudad es el modelo de la parte de Suiza, hecho por Mister Pfifer, Teniente General retirado del servicio de Francia. Este modelo, que es por el género del de Cádiz que hay en el Retiro, comprehende todo el Cantón de Lucerna y parte de los que le rodean. Los que conocen el país alaban la exactitud con que está ejecutado; es obra de mucho trabajo y mérito: allí observé sobre todo, la gran población de Suiza entre Lucerna y Zurich, la aspereza de los montes a la parte meridional la multitud de lagos y torrentes que de ellos se precipitan, habitación de osos y lobos, no de hombres. Toda aquella parte está cuasi desierta.

El cementerio de la Catedral es uno de los más charrangueros que he visto; tiene una pequeña galería con varios sepulcros, cuyos epitafios no son los mejores ejemplares en materia de gusto; las sepulturas, que están a cielo abierto, tienen cada una de ellas una cruz, la mayor parte de hierro, con muchos adornos de cartelas y festones dorados, óvalos y tarjetas con pequeñas pinturas de santos, y al pie su pililla de hierro o piedra, con agua bendita [...].[2]

Las mujeres labradoras o criadas de las casas van vestidas con un guardapiés muy corto, su devantal, su jubón, en mangas de camisa, muy anchas, el pelo dividido en dos trenzas colgantes, y un sombrerillo de paja, con lazos de varios colores. Las de una clase algo más elevada, en vez de trenzas llevan rodete, con una lámina de plata, larga y angosta, donde enlazan el pelo; las señoras de rumbo, ya se supone, llevan escofietas, sombrerillos o peinado de rizos. En esta ciudad hay muy buenas caras: las mujeres son vivarachas y alegres, los hombres parecen bonazos y sencillos.

La libertad de la Suiza está prendida con alfileres; he oído a hombres muy sensatos razonar sobre ello, y temen que el tiempo de perderla está muy inmediato. Podrían en caso urgente, poner cien mil hombres en campaña; pero tendrían que dejar el arado para tomar el fusil; por consiguiente, a los tres meses de guerra ya no habría víveres; para un armamento extraordinario necesitan cargar tributos sobre el pueblo, y éste no puede contribuir a tales

---

2 [«casi un renglón».] (N. del E.)

gastos. Toda la Suiza, en general, es muy pobre; las artes y el comercio pudieran haberla enriquecido, pero, por descuido imperdonable en los que la han gobernado hasta aquí, no se ha hecho. Ha debido su existencia por mucho tiempo a los celos recíprocos de Francia y la Casa de Austria; pero si la Francia decae, ¿quién la apoyará? En la ocasión en que yo pasé, las circunstancias eran tan críticas que cualquier partido que pudiesen tomar los suizos les debía ser necesariamente funesto [...].[3]

Además, me aseguran que no hay en Suiza todo aquel desinterés republicano, aquella energía de ánimo que es tan necesaria en estos peligros inminentes; que los que gobiernan no despreciarán los medios de aumentar su fortuna haciendo antesala en las secretarías de Viena, y que el pueblo, dormido en el ocio de una larga paz, necesitando todos sus brazos para la subsistencia diaria, ni resistiría largo tiempo ni creería perder mucho en la mudanza de su constitución [...].[4]

El vino de Suiza es un vinillo que, si fuese algo más fuerte, parecería vinagre aguado. Cuantas viñas he visto desde Bonn a Lucerna, todas están como las de Burdeos, esto es, trepados los sarmientos en estacas, y las cepas a unas tres cuartas de distancia unas de otras; no sé si este método es preferible al que se sigue comúnmente en España, o si será relativo a la situación, al clima o a la calidad de la tierra.

3. Después de haber comido con el Enviado de España, salgo a las seis, en compañía del secretario de legación Don Pascual Vallejo, y emprendemos nuestro viaje por el lago, en un barco chato, endeble, desabrigado y ridículo. Mucho miedo; cierra la noche; lobreguez profunda, montes a una parte y otra, sueño, frío; llegamos a Fliela a las 12; cenamos tortilla, y a dormir.

4. No se trate ya de sillas de posta; nuestro camino solo sufre sillas de caballos; monté en uno, mi amigo en otro y precedidos de los cofres y lo bagaje, empezamos a caminar, después de un buen pueblo llamado Altorf, por un país quebrado y áspero. Casas de madera, tierra pobrísima, gente infeliz; pero a mitad de jornada, ni casas ni gente; montes horribles; el río, que se rompe entre los peñascos; arroyos que se precipitan con estruendo de las alturas; cuestas, camino malísimo; una garganta estrecha, donde está

---

3   [«casi un renglón interlineado».] (N. del E.)
4   [«casi tres renglones».]

el que llaman Puente del Diablo, lugar espantoso, donde el río parece que baja a los abismos entre enormes peñascos, que le convierten en espuma y niebla; aire, frío, estrépito; grande y tremendo espectáculo; después del puente se entra por una boca, abierta a pico en el monte, que tendrá unas cincuenta varas de longitud; y al salir de ella se ve un valle espacioso, cubierto de verdura, hermosos árboles, y el lugar de Ursera al pie de un cerro, bien situado, formando un grupo pintoresco entre la frondosidad que le adorna. Comimos en él, y ¡qué mal comimos! Vuelta a montar: subimos un monte altísimo, llamado de San Gothardo, y hubimos de bajarle a pie y de noche. En su altura nace el [...][5] y el Reuss que, llevando su dirección hacia el Norte, atraviesa el lago y ciudad de Lucerna, y más adelante desemboca en el Rhin. Llegamos rendidos a Ayrolles; mala posada, malísima cara de posadero; qué gorro, qué ásperamente nos recibió, y ¡con qué abatimiento nos halagó después, cuando supo en la caballeriza que uno de nosotros era il Signor Segretario della Ambasciata!

5. Desde que se pasa el Monte de San Gothardo, se entra en Italia. Salimos de Ayrolles a las 6, caminando por unas vegas coronadas de montes, que se van estrechando, dejando en medio al *Tesin*, ya caudaloso con las muchas aguas que recibe de aquellas alturas, rápido, espumoso, entre enormes peñascos, cascadas, precipicios, árboles robustos, inculta y majestuosa naturaleza, lugares pobres, paredes de piedras, ermitas y pequeñas capillas, a modo de garitas, con pinturas de vírgenes y santos; muchos San Roque, y en las fachadas de las iglesias San Cristóbal, de gigantesca y disforme estatura. Empieza a llover a cántaros a las nueve de la mañana; dura todo el día, noche espantosa, tempestad en medio de montañas altísimas; truenos horribles, rayos y centellas; por todas partes torrentes, que ocupan el camino, y el *Tesin*, bramando a nuestra derecha, creciendo por instantes. Llegamos a una población de cuatro o cinco miserables casas, donde el estruendo de la tempestad, que duró doce horas, no nos permitió cerrar los ojos en toda la noche.

En la jornada de hoy, volví a ver uvas en grandes emparrados; es demasiado áspero y frío todo el país que se atraviesa de Lucerna a Ayrolles para

---

5 [«casi dos renglones pueden descifrarse *Tesin* que va por, parte, del, navío, al Po».] (N. del E.)

producir este fruto. En las tapias de piedras sueltas, que sirven de lindero a los caminos, hallará un naturalista exquisitas piezas de minerales, particularmente de hierro y plomo.

6. Salimos, lloviendo, a las seis, más por huir de la posada que por adelantar camino, y llegamos a las nueve a Bellinzona, buena villa, con muros y castillos, que en su tiempo serían muy fuertes; buena posada. Gástase todo el día en secar la ropa a la chimenea. Sigue lloviendo; mi compañero se va por la tarde para Génova, y yo me quedo a esperar que serene un poco el tiempo.

7. Ya no llueve de provecho; salgo a las siete, caballero en mi rocín, dirigiéndome a Lugano. Viaje divertido; atravieso el Monte Cenere, alejándome del *Tesin*, que queda a la derecha; desde las alturas de este monte se goza una vista muy divertida de la espaciosa vega de Bellinzona, más hermosa que fecunda, y que por muchas partes, en el invierno, es un estanque. El Monte Cenere está todo cubierto de hermosos castaños y nogales; en las cercanías de Lugano muchas viñas en emparrados, maíz y otros frutos; llegué a esta ciudad al medio día y después de un viaje de tantas leguas, en que la soledad, la falta de sueño, el cansancio, las intemperies y otros disgustos, me habían fatigado hasta el último punto, abracé a un amigo de mi padre, y todo se olvidó.

Lugano está situada a la orilla de un lago, cercada por el Norte, Oriente y Poniente de colinas y montañas: su población llegará apenas a mil vecinos; hay en ella mucho comercio, tiene dos mercados cada mes, y una feria al año, en que se compra y vende gran multitud de ganado de todas especies, caballos... Sus campos abundan en frutos; hay muchas viñas, algunos olivos y maíz y otros granos; sus cercanías son deliciosísimas, con muchos pueblecillos, caserías, y gran cultivo.

Esta villa está sujeta a los Cantones suizos, que de dos en dos años envían un Gobernador, con título de Capitán, éste es el supremo Magistrado, que administra justicia civil y criminal según las leyes del país, que se imprimen y publican bienalmente, a fin de que nadie pueda ignorarlas; así en las civiles como en las criminales las hay sumamente raras, y en estas últimas se ve que, exceptuando el homicidio, no hay delito alguno que no se castigue con pena pecuniaria. Esto, en otro país, produciría males incalculables; en éste no ha producido hasta ahora el trastorno y desórdenes que a primera vista parece que deberían reinar donde el dinero suple por las penas corporales. Viven en paz, no se matan unos a otros, ni hay otro daño considerable que el que resulta de los muchos litigios en que están enredados continuamente; cosa natural en todo pueblo donde la propiedad está muy repartida, como sucede aquí. De dos en dos años, vienen doce diputados de los Cantones a tomar residencia al Capitán, admiten las quejas a que haya dado lugar su administración, y le castigan si ha delinquido: del juicio de estos doce hay apelación a los Cantones en los casos extraordinarios. Este sistema de gobierno tiene inconvenientes y ventajas; el pueblo no conoce los tributos; las prisiones son rarísimas, y suponen un gran delito cuando llegan a verificarse; no hay tropa, ni alguaciles, ni se necesitan: esto manifiesta demasiado las costumbres sencillas de estas gentes.

Hay mucha industria, actividad, comercio y artes. Sorprende, por cierto, hallar entre estos peñascos pintores, arquitectos, estuquistas, escultores, marmolistas y otros artífices, de los cuales he visto varias obras en las iglesias y casas particulares; las de arquitectura, labrado de mármoles y pinturas decoraciones son las de más mérito, y en este último género no se hace más en Madrid. Estos hombres no se mantienen con tal ejercicio, ni como era posible; viven de lo que les producen sus cortas haciendas, y se están arrinconados, o en Lugano, o en los pueblos vecinos, de veinte o treinta familias; si alguna vez los llaman para trabajar, les pagan a un precio tan corto que admira por cierto. Tan general es el estudio de las artes en Italia, que después de llenar las ciudades populosas, centro del luxo y de la riqueza, se extienden hasta los pueblos más reducidos, y en ellos se encuentra una prueba del genio artístico y del buen gusto de la nación. Hay cuatro cafés con mesas de billar, abundan las gacetas de todas partes, y la de Lugano es una de las más estimadas; en una casa particular hay un pequeño teatro, donde se representa en algunas temporadas. Cuando yo estuve había uno en la plaza, hecho de palitroques y tablas, ruda semejanza del carro de Tespis, y allí hacían Arlequín, Pantalone y *Colombina* sus acostumbradas habilidades para entretener al auditorio, que asistía de pie al espectáculo; de cuando en cuando se descolgaba alguna de las actrices por una escalera de mano, y con un platillo y una vela de sebo encendida iba implorando la generosidad de los concurrentes, que la daban algunos cuartos: cosa tan corta, que no sé cómo viven aquellos infelices.

13. Salgo a las diez, atravesando el Lago de Lugano hasta Capo Lago, pequeño pueblo situado en su extremidad meridional; desde allí fui en un carricoche, por buen camino, aunque con muchas cuestas, hasta dos millas antes de Como, donde se entra en el Ducado de Milán. Ropa fuera; registro escrupulosísimo, papeletas, sellos, socaliñas; y al cabo de una hora de detención, prosigo mi viaje a Como, acompañado de un alguacil de vista, como un facineroso a fin de que no violente los sellos imperiales, y llegue mi cofre en toda su integridad al segundo examen de la Aduana. Llego a Como a las cuatro, y me veo en la precisión de buscar yo mismo al revisor de libros, para que vea su merced si entre los míos hay alguno contrario a la prosperidad del estado de Milán. El revisor era un abate, viejo, seco, y con sus grandes anteojos: trájele a remolco, abriose el cofre, y veo derramados por el suelo mis libros, mis cuentas, mis cartas, mis apuntaciones y mis pobres versos, en tanto que el brazo seglar de los aduaneros me revolvía todos los trapos con escrupulosa diligencia; pero quiso Dios [...][6] que mi inocente cofre no contuviese nada que pudiera dar recelos a S. M. Imperial: vuelta a sellarle, y a escribir papeletas, y a soltar dinero.

Como es ciudad pequeña, está a la orilla del lago de su nombre, rodeada de montañas, con reducido horizonte, sus contornos poco alegres; calles estrechas, y en algunas de ellas muchas tiendas; cafés con excelentes sorbetes; coches y lacayos, muebles desconocidos en el país que dejo atrás. Cuando el Emperador Josef II dio tras de los conventos, se suprimieron en Como catorce de monjas, y han quedado ocho [...].[7]

Así, aquí como en los Estados de Flandes, he oído muchas quejas acerca de la mala distribución que se ha dado a los fondos y caudales procedentes de estas comunidades reformadas, y lo mal que se ha cumplido lo que entonces se prometió: el dinero va derechito a Viena, y allí se desaparece, según dicen, sin saber cómo; si esto fuera cierto, sería cosa indigna; pero ¿qué no será verdad?

---

6 [«medio renglón».] (N. del E.)
7 [«un renglón y medio».] (N. del E.)

Por toda esta tierra, y en muchas partes de Suiza, particularmente en los pueblos situados en los valles húmedos, al pie de los montes, he visto muchas mujeres con paperas enormes, ya como panecillos, ya como grandes morcillas; pero entre las que padecían esta deformidad las he hallado muy viejas, prueba de que no es achaque mortal.

Tempestad furiosa y huracán toda la noche, ni más ni menos que el día 5; pero qué diferencia de oírlo desde la cama, a sufrirlo atasajado en un rocín.

14. Salgo a las cinco en el citado carricoche, acompañado de otros dos viajeros, buena gente. Luego que se sale de Como, muda de aspecto el terreno, desaparecen los montes y se empieza a gozar la vista de una hermosa llanura muy bien cultivada, con muchos árboles y grande abundancia de moreras. Se hallan al paso algunos pueblos de buena traza, pero sin artes; todo es labranza, y la escasez de casas aisladas por el campo me hizo sospechar que la mayor parte de él está repartida en pocas manos de algunos grandes propietarios, distribución poco ventajosa a la felicidad pública. Excelente camino hasta Milán, con troncos clavados en el suelo, que le sirven de guardarruedas, a un lado y otro; llegué a las once y media; buena posada.

15. Parece ser que la ciudad de Milán contiene cerca de ciento veinte mil almas; es grande, llana, rica y llena de hermosos edificios; hablaré de lo que vi en ella, remitiéndome en lo que falte a las descripciones que otros han hecho, donde podrá mi lector contentar en parte su insaciable curiosidad.

La Catedral, llamada *il Duomo*, se empezó en 1386, y no se acabará jamás; me dijeron que se destinaban cada año 32 libras para proseguir la fábrica, escasa dotación, que apenas bastaría para el gasto de los andamios. Los milaneses la llaman la octava maravilla, y pueden llamarla como quieran, puesto que no hay cosa con que compararla; es obra gótica de cinco naves, sostenidas por cincuenta y dos postes, de ochenta y cuatro pies de largo; la altura interior de la cúpula es de 238 y la exterior de 370. Se sube hasta la base de la última aguja por 512 escalones; desde aquella altura se ve toda la ciudad, sus hermosos y dilatados campos, y a lo lejos los últimos montes de Suiza, los Alpes y el Apenino. No se puede ponderar bastante el inmenso trabajo que se ha empleado en la fábrica de esta Iglesia; toda es de mármol, y toda tan llena de adornos, que al verlo se confunde uno entre las consideraciones de lo que se ha hecho, de lo que falta que hacer, de las sumas enormes que habrá costado, y de las que debe costar. Pasan de tres mil las estatuas que hay repartidas por el edificio; son de varios tamaños, y muchas de ellas absolutamente invisibles desde abajo, tanto más que las que están colocadas en lo alto son muy pequeñas, las barandillas, las escaleras, las agujas y estribos, todo está lleno de labores costosísimas. Josef Segundo, que no despreciaba el oro, dijo al ver esta obra, que era locura convertir el oro en mármol. Todos los altares de la iglesia son igualmente de varios mármoles, con algunos buenos cuadros; hay piezas de escultura, excelentes, en bronce y piedra, y una multitud de bajorrelieves, de mármol blanco, en la pared que rodea el altar mayor, con figuras que sostienen la cornisa; cosa, a mi entender, de mucho mérito, los relieves, que cada uno es de una pieza sola, representan la vida de Cristo, y están firmados por Andrés Biffi. Algunas vidrieras vi pintadas según el antiguo estilo, pero valen bien poco; concluiré diciendo que esta fábrica es única en su línea; que es capaz de sorprender a cualquiera por su grandeza; que hay en ella exquisitas piezas que admirar en materia de artes; y que en cuanto a si es locura o no gastar el dinero en este edificio interminable, soy enteramente del dictamen de mi lector.

Cerca de esta Iglesia está el Palacio del Archiduque, con decoración exterior sencilla y elegante. El Hospital es un grande edificio, con fachada de ladrillo y portadas de piedra, más modernas que lo restante, y mal asociados los adornos griegos con los góticos; tiene un patio muy espacioso, con galería alta y baja, sostenida en columnas, que forman veintiún arcos, a lo largo, y diecinueve, a lo ancho. En la capilla hay hermosas columnas de granito cárdeno y buenas pinturas; me dijeron que había en camas 1364 enfermos.

En la portada de la Cárcel Pública vi las armas del Rey de España y las de la Casa de Fuentes, y esta inscripción:

Philipo III. Hispan. Rege potentissimo, Fidei Catholicae defensore, imperante. Don Petrus Enrriquez Azevedius Fontium Comes, externi belli victor et domestici extinctor invictus: destera amabilis, sinistra formidabilis: bene agentibus distributis praemiis, improbis vero suppliciis, carcerum fores regiae curiae objetit, ut Principis advigilantis oculus fidissima sit justitiae custodia. 1605

Fuera de la que llaman Puerta Oriental hay un gran paseo, a donde concurre diariamente multitud de coches y gente de a pie; se parece bastante al pedazo del camino que hay desde la Puerta de San Vicente a la Fuente del Abanico. Está en alto, como aquél; tiene dos calles de árboles a los lados, y será de aquella longitud, con poca diferencia; pero es mucho más ancho y sin cuesta; inmediato a él está el Jardín Público, bastante grande, con plantío de castaños, paredes de olmo, que forman varias calles y plazuelas, y grandes pedazos de céspedes; linda con el Jardín del Conde Dugnani, que para que el público gozase de más hermosas vistas, hizo abatir las cercas, dividiéndole del Jardín público por medio de un foso. Junto al mismo Jardín está el nuevo Palacio del General Belgiojoso, que fue ministro del Archiduque gobernador de Flandes. Es obra de muy buen gusto: orden jónico, pilastras y columnas en la fachada principal, estatuas sobre la balaustrada que corona el edificio, y bajorrelieves entre las ventanas del piso principal y segundo. Hay además, en el mismo jardín, una gran casa, donde se refresca, se come, se baila y se juega; antiguamente era un convento [...].[8] Los coches que vi en el paseo eran exactamente como los que se ven en el Prado de Madrid, ni mejores ni peores; pero aquí hay más lujo en materia de criados, no hay señorcillo que no lleve su par de lacayos, y otro par de volantes delante del coche, y alguna vez vi tres, con sus gorretas de volatín, sus vestidos blancos, y sus hachones de pez por la noche; y ve aquí cinco o seis haraganes empleados en arrastrar a un podrido. Éste es el uso que se hace de los hombres, como si el género humano abundase en demasía, como si no hubiera provincias desiertas, como si no faltasen manos al arado, al remo y al buril.

El Colegio de Brera, que hoy tiene título de Universidad perteneció antiguamente a los Padres de la Compañía; la Iglesia es vieja y fea, pero el edificio adjunto, donde están las escuelas y habitaciones de los profesores, es cosa digna de la riqueza y la magnificencia [...][9] jesuítica; gran patio, con galería

---

8   [«3? palabras».] (N. del E.)
9   [«2 o 3 palabras con (doble)».] (N. del E.)

alta y baja, sostenida por columnas pareadas; escalera espaciosa, bellos claustros, habitaciones cómodas, todo es grande y bello. Hay un jardín botánico un buen observatorio, con excelentes instrumentos de París y Londres; una academia de artes, con escuela de diseño, y una librería pública, que me dijeron constaba de ochenta mil volúmenes; las colecciones de historia, antigüedades, biblias, santos padres, expositores y historia natural, me parecieron lo más completas. Esta biblioteca se ha formado modernamente, y aún no están bien arreglados los índices. Me dijeron que carecen de medios para aumentarla, y aún por eso noté algunos ramos de literatura muy incompleto y harta escasez de obras modernas. Tienen también una colección de medallas estimable.

Fui a visitar al abate Parini, profesor de Bellas Letras en este Colegio, que ha adquirido reputación por sus poesías, hombre de más de cincuenta años, alto, estropeado de piernas, gesto avinagrado; le sorprendió el motivo de mi visita. Los españoles viajan poco, y los que lo hacen, no suelen acostumbrar a dar molestia con su presencia a los hombres de mérito que hallan al paso: ¿para qué?, ¿no basta visitar al banquero?

La Biblioteca Ambrosiana, que igualmente está abierta para el público, asciende a cuarenta y cinco mil volúmenes, la mayor parte de ellos colocados en una gran sala, según sus tamaños, por lo que es imposible formar idea del mérito o abundancia de las obras que contiene; en una pieza separada están los manuscritos, y entre ellos los hay muy preciosos. Merece verse la colección de esculturas, pinturas y dibujos, de los mejores artífices italianos, distribuida en dos grandes salones inmediatos a la librería, bajorrelieves de la Columna Trajana, modelos de estatuas antiguas las más célebres, algunas obras de escultura de Miguel Ángel, Algardi y otros; la forma de un dedo pulgar de la estatua colosal de bronce de San Carlos Borromeo, que está en Arona, junto al Lago Mayor; desde el nacimiento de la uña hasta la extremidad del dedo tiene una cuarta de longitud. Entre las pinturas son estimables los cartones originales de Rafael, de la Escuela de Atenas; varios cuadros pequeños de Breughel, que representan los cuatro elementos; varios países, flores..., cosa menudísima, ejecutada con la mayor delicadeza e inteligencia; una adoración de los pastores, de Bassan...

En la Iglesia de San Marcos hay cuatro o seis cuadros excelentes. En la de San Fedele merecen verse unas columnas gigantescas de granito cárdeno, cosa preciosa; en las de San Antonio y San Francisco de Paula, vi gran multitud de presentarlas de plata, colocadas en las paredes: piernas, brazos, ojos, manos, tetas, niños y caballeritos vestidos de militar, puestos de rodillas. En la de San Eustorgio hay un gran sepulcro, donde se dice que estuvieron enterrados los tres Reyes Magos, los cuales tres Reyes Magos fueron conducidos a Colonia por orden de Federico Barbarroja, cuando destruyó a Milán en 1162.

En la calle llamada Corsia de Porta Ticinese, se ve el único monumento romano que existe en Milán, y es un pedazo de pórtico o galería con dieciséis columnas corintias y una inscripción colocada en uno de sus extremos, dedicada al emperador Lucio Vero. La Iglesia de San Lorenzo, que está detrás de este pórtico, tiene una gran cúpula octógona, cuatro tribunas, columnatas y escapadas por todas partes, que parece una jaula, algunos dicen que es obra de mérito; a mí, que no entiendo de arquitectura, me pareció ridícula, extravagante llena de aquello que se llama licencias poéticas El púlpito, hecho de exquisitos mármoles, es cosa lo pesada y mazacota.

Saliendo de la ciudad por la puerta inmediata a esta iglesia, se ve un gran pedestal con varios adornos de escultura, entre ellos el escudo de España y el de la casa de Fuentes. Se erigió con motivo de la construcción del canal que está inmediato, destinado a facilitar la comunicación con el Po, que no se ha podido lograr por varios motivos. La inscripción que está repetida en los dos vanos del pedestal, dice así:

Philipo III, Hispanias et Indias maxime et potentiss Rege Mediolani Duce Regnante. Don Petrus Enrriquez Azevedius Provinciae Mediol. Gubernator vel opere hoc praeclaro Fontium Comes Verbani et Lardi huc ductas aquas irriguo navigabilique rivo Ticino et Pado immiscuit, ubertatem et jucunditatem agrorum artificum studio publicas et privatas opes accessu et commercio facili amplificamdo.

Hay dos teatros en Milán, el uno estaba cerrado; vi solo el que llaman Teatro Nuevo, que es el mayor, destinado a la ópera; tiene una buena fachada, y un pórtico con un terrado encima, adonde puede salir la gente, en tiempo caluroso, a gozar del fresco. La sala es muy espaciosa, de forma elíptica, con cinco órdenes de palcos, y una galería alta sobre ellos, donde se acomoda la gente de librea; enfrente del teatro está el aposento del Archiduque, con buenos adornos de espejos y colgaduras; y contado éste y otros ocho que hay sobre la escena, llega a ciento noventa y cinco el número total de los palcos. Enfrente de la puerta de cada uno de ellos hay una pieza destinada para los criados, o para guardar capas, sombreros, manteletas..., donde preparan los refrescos o calientan los platos cuando quieren cenar, puesto que durante el espectáculo suelen entretenerse en jugar a los naipes en el mismo palco, o en comer y beber. En un gran salón y otros dos adyacentes, inmediatos a los corredores de los aposentos, hay cuatro mesas de billar y otras pequeñas para naipes y otros juegos. El proscenio está adornado con cuatro columnas corintias, y en la parte superior hay un reloj, mueble muy incómodo para los poetas libertinos que quieran ceñirse a la unidad de tiempo. La sala, exceptuando algunos casos extraordinarios, no tiene más luz que la que recibe del mismo teatro; el número de instrumentos de la orquesta varía, según las ocasiones; el día en que yo asistí a una ópera bufa, conté sesenta. Las decoraciones son lo mismo que las de Madrid, ejecutadas por los Tadeis; el coro en el día que yo estuve, se componía de veinte voces, y en algunas escenas del baile conté ochenta personas en el teatro; pero se me hace muy duro de creer que tal vez haya cuatrocientas, como dice La Lande, en su *Viaje de Italia*; he visto el teatro interiormente, y no me parece posible. Noté que el público tiene aquí libertad de hacer repetir los pasajes que más le gustan, no lo pide a gritos y bramidos, como los ingleses, pero lo insinúa no dejando el palmoteo hasta que el actor vuelve a comenzar «da capo».

En la Iglesia llamada Le Grazie hay un buen cuadro, de Godenzio Ferrari, de un San Pablo, entrando por los pies de la Iglesia, a la derecha, la primera capilla. La Lande equivocó éste con otro que hay más adelante, y en un altar del crucero está otro del Tiziano, que representa la Coronación de Espinas. Se han criticado las piernas del Cristo, y no sin razón, a mi entender, pero con este defecto y todo, siempre es obra inestimable y digna de aquel gran maestro. Se ve también en el refectorio la Cena de Cristo, pintada al fresco por Leonardo Vinci, muy estimada de los inteligentes. En la Iglesia de San Vittore hay un buen cuadro del célebre Battoni, y en la Sacristía una cabeza de San Ambrosio, bordada por la Peregrina, cosa de mucho mérito. La Iglesia de San Ambrosio es de las más antiguas de esta ciudad; el altar mayor no me pareció «très beau», como dice La Lande, sino muy digno de conservarse tal cual es por su ruda y venerable antigüedad, tiene cuatro columnas de pórfido, cosa preciosa; el púlpito es de piedra, y antiquísimo. También vi en una galería que rodea el patio de los pies de la iglesia, un sepulcro muy sencillo, con esta inscripción, que copié exactamente, aunque rodeado de cinco o seis pobres pegajosos, que no cesaban de aullar pidiéndome ochavos: «Jacet D. Baganus Petrasanta Miles et capitaneus Florentinorum qui obiit anno Dmni. 800, ad cuyus funus interfuerunt quatuor Cardinales». Por último, Milán es muy buena ciudad, hay bastantes fábricas, talleres, industria, riqueza, abundancia de comestibles, buenos edificios, curiosidades y diversiones.

18. Salí de ella antes de la una de la mañana, por un hermoso camino que dura hasta Parma, aunque desde Milán a Lodi le hacen muy mala vecindad las acequias y estanques que tiene a los lados, noté mal olor de agua detenida y mucha niebla; por todo este país hay muchas fiebres, originadas de tanta humedad, los campos están bien lo regados y cultivados, abundantes en mieses, frutos, moreras... Lodi es famosa por sus quesos y las lenguas de vaca saladas, que son exquisitas. Luego que se pasa un pueblo llamado Casale, se entra en el Ducado de Parma; para llegar a Plasencia se atraviesa en un puente volante el Po, ancho y sereno, sus orillas por aquella parte, poco deleitosas. Plasencia, gran lugarón; registro a la puerta, y «mi raccomando a la sua generosità». Pasé de Fiorenzuola, distante dos postas de aquella ciudad, iba leyendo en mi carricoche, bien ajeno de toda desgracia, me ocurre el mirar por la ventanilla de la trasera, y me encuentro sin cofre, pie a tierra; desata el postillón uno de los caballos, corre más de media legua, y vuelve con la plausible noticia de que el cofre no parece, esto es, de que he perdido, además de mi ropa, mis apuntaciones diarias de trece años a esta parte, las cuentas de mis intereses en España, las recomendaciones para los Embajadores, las observaciones hechas en mis viajes por Francia, Inglaterra, Flandes, Alemania...; las traducciones del inglés, el

trabajo de todo un año, obras manuscritas y qué sé yo qué más; si esto es bastante para hacer desesperar a cualquiera, nadie extrañará la desesperación en que me vi. En fin, preguntamos por todas partes; nadie da razón; observamos las cuerdas que ataban el cofre, y estaban cortadas; vuelta a Fiorenzuola; declaración al Podestà. Como veneno en la posada. Salgo otra vez, acompañado de tres soldados con sus tres fusiles, pero sin pólvora ni baquetas; los dejo en el paraje sospechoso para que lo pregunten, registren, prendan y, si es menester, disparen. Llego a Borgo San Domino, repito mi relación al «Colonello dil terzo», como si dijéramos, al Generalísimo de aquella comarca; yo no sé cómo se lo dije, que al oírlo monta en cólera, inmediatamente llama a su segundo, y dale orden para que luego, luego, luego, salga al frente de quince hombres, que para aquel país equivalen a un ejército de veinte mil infantes y cinco mil y doscientos caballos y que con los dichos quince ocupe los pasos, examine los puestos, corra la campaña y no deje malva que no examine; ítem más, manda que a las nueve de la noche se toque a rebato en dos pueblecillos inmediatos al paraje en que me sucedió el caso lastimoso, para que todos los vecinos salgan a buscar mi malogrado cofre. Yo, al oír aquello, confesemos nuestros defectos con ingenuidad, lector amantísimo, sentí un vaporcillo de vanidad, que me ocupó la cabeza por un instante; la tropa en armas, las órdenes a rajatabla por todas partes, rebato en los pueblos, alboroto, conmoción general; y todo esto ¿por qué?, por mi cofre: ¡oh, precioso cofre!, ¡inapreciables manuscritos! Vuelvo a montar en mi silla de Posta; el Coronel me consuela, me promete y jura por el bastón que empuña, hacer parecer mis versos, si el centro de la tierra los ocultara, y enviar un extraordinario a Parma con las novedades lo que vayan ocurriendo; suena el látigo, me despido, y rompiendo por entre la apiñada multitud, que me rodeaba con reverente y silencioso estupor, prosigo mi viaje, y llego a Parma a las diez.

19. Es Ciudad, según me dijeron, de más de treinta mil almas, llana, calles y plazas espaciosas; las casas construidas con económica sencillez; la del Conde de San Vitale es grande, con buena decoración de arquitectura, un buen atrio, y la escalera mal colocada en un rincón, la del conde Grillo es también muy buena, con dos hermosas columnas de mármol en la portada; debiendo advertirse que el tal Conde tiene un grillo por armas, según consta

en su propio escudo, que está en la fachada de su palacio, y no me dejará mentir. Estas dos casas son las únicas que merecen nombrarse.

La habitación del Infante Duque consiste en tres o cuatro casas unidas, sin adornos ni magnificencia, y una portadilla de piedra, cosa mezquina; el antiguo palacio de los Farneses está separado; es de ladrillo, y a estar concluido, sería una obra en que a lo menos se vería grandeza y proporción. El Infante pasa la vida en Colorno [...][10] y allí se dice que ha gastado unos sesenta millones de reales; su mujer vive, separada de él, en el Palacio de Sala.

La Catedral es muy antigua, lo más precioso que hay en ella es la pintura de la cúpula, obra de Coreggio, muy maltratada ya, y con poca luz; junto a la puerta del costado izquierdo hallé la siguiente inscripción sepulcral:

> ¡Eheu!, quam propere te mors intercepit, mea uxor innocentissima! non ergo flos juventuae, non oris decor, cum pudore, pietate, fideque conjunctus, non martiri infelicissimi vota, neque trium populorum lacrymae, atram diem morari potuerunt! Mariae Millesiae Mediolanensi conjugi incomparabili, mihique ereptae dum annum, vigessimum secundum ageret, aeternum moerens possui, Ruffinus Rossi, augusti Principis ab intimo cubiculo, praefectus viarium et Aedilis urbanus 1778.

¿Y mi cofre? Mi cofre pareció inmediatamente, en virtud de la irrupción de los quince hombres y lo del rebato que se tocó por aquellos contornos; hallose en casa de un inocente labrador, que ya se disponía a abrirle para ver si contenía géneros prohibidos; la noticia del hallazgo me sorprendió, y llenó mi ánima de contentamiento.

Pero volvamos a hablar de Parma. El Teatro Antiguo es cosa magnífica; las dimensiones de este edificio, según La Lande, son 350 pies de largo, inclusa la escalera y vestíbulo; su ancho 96. La profundidad del teatro más de veinte toesas, su boca 36 pies, y la altura de la sala 60. Ésta tiene alrededor catorce gradas, al modo de los antiguos circos y teatros o de nuestras plazas de toros, quedando entre ellas y la escena un grande espacio vacío, como el que ocupan en nuestros Coliseos la luneta y el patio; dícese que

---

10 [«medio renglón».] (N. del E.)

le llenaban de agua por medio de varios conductos, que aún existen, y que allí se daba una especie de espectáculo naval; sobre las dichas gradas se levantan dos cuerpos de arquitectura, el primero dórico, el segundo jónico, que forman dos galerías, alta y baja, con arcos y columnas, siendo cada arco un aposento; el entablamento está coronado con una balaustrada. Todo ello está lleno de estatuas y entre ellas hay dos ecuestres, inmediatas al proscenio; sorprende, por cierto, la magnificencia y buen gusto de esta obra, y es lástima que esté ya en estado de ruina. Este teatro no ha sido usado desde el año 1733; el repararle sería muy costoso, y la corte de Parma no es de las más opulentas de Europa. Inmediato a él hay otro muy pequeño, que sirve ahora para los conciertos, se dice que antiguamente representaron varias veces en él los príncipes y princesas de la casa Farnese. Es obra de Viñola, sumamente ligera y bien distribuida.

La Biblioteca, que está en el mismo edificio, esto es, en el Palacio Farnese, es cosa muy buena, grandes salones con estantes magníficos, mucho aseo y buen orden, parece que el número de volúmenes ascenderá ya a sesenta mil o poco menos; entre los manuscritos los hay muy raros. Vi unas obras de San Ildefonso del siglo XI; un alcorán, hallado en la tienda del Visir que cercó a Viena a fines del próximo anterior, y algunas otras curiosidades de este género muy apreciables como también algunos de los monumentos hallados en las ruinas de Velleia; los índices no están concluidos todavía; el método de ellos, que es el mismo que siguen en la Academia de las Ciencias de Burdeos, me pareció sumamente sencillo y cómodo. Se arreglan los apellidos de los autores con el mismo orden que se usa en un diccionario histórico, empezando desde *Aa* y concluyendo en *Za*, y en unos naipes se escribe el apellido, y a continuación el título de la obra, el número de tomos, el lugar de la impresión y el estante en que se hallará. Estos naipes, repartidos en cortas proporciones, se colocan en cajitas separadas, donde está escrito por la parte exterior las letras que contienen; por ejemplo: *B, Baz*; el siguiente *Bee, Bon...*, y estos cajoncillos ocupan un estante, donde se ve desde luego en qué parte está el autor que se busca, como los títulos están separados en los naipes, se va aumentando el índice sin necesidad de borrar, ni añadir, ni confundirle con llamadas, que al cabo de tiempo obligarían a renovarle para poderle entender, sin que esto obste a que en los estantes estén colocadas las obras por el orden de las materias. En una de las salas de esta librería se ve un pedazo de la bóveda de la Iglesia de San Juan Evangelista, donde Correggio pintó la Coronación de Nuestra Señora, se hallaba ya muy deteriorada aquella pintura, y quebrantada la fábrica, y han salvado un pedazo en que está la Virgen, y Jesucristo, que la corona, separándole y llevándole a dicha librería; esto de arrancar paredes donde hay pinturas al fresco, y pasar las pinturas de una pared a un lienzo, o de un lienzo a otro, es común en Italia.

Hay en Parma una Academia de Bellas Artes, que ha producido ya excelentes discípulos, distribuye premios, y está considerada como una de las mejores de Italia; merecen verse los dibujos y cuadros premiados, que están expuestos a la curiosidad pública en las salas de la Academia, que me parecieron de mejor escuela y mayor mérito que los si que se ven en Madrid en los concursos de la de San Fernando; por el contrario, en la escultura me parece haber visto en Madrid cosas mejores, la colección de yesos sacados del antiguo es muy inferior a la nuestra, hay algunas estatuas encontradas en Velleia: dos de Mesalina, una de Agripina, y no sé qué más, cosa excelente en el estudio de los ropajes. El famoso cuadro de Correggio, donde representó a la Virgen con el Niño, San Jerónimo, La Magdalena y un Ángel, encanta, me parece justa la crítica que se ha hecho de que el niño no tiene dignidad; es cierto, aquel niño no es una divinidad; es un chiquillo como todos los demás; pero qué viveza tiene, qué inquietud, cómo quiere enredar con las hojas del libro de San Jerónimo, que le presenta el Ángel, mientras con la otra manecilla agarra los cabellos de la Magdalena. Qué complacencia muestra la Virgen, la Magdalena qué amor afectuoso y reverente. El Ángel, cómo se ríe; este cuadro está lleno de gracia y expresión, y. tiene tal frescura de colorido, que a cierta distancia parece que acaba de salir de las manos de aquel grande artífice.

La Ciudad de Velleia arruinada, a lo que parece, por el rompimiento y caída de unas montañas hacia el IV siglo; dista de Parma diez u once leguas, se han hecho excavaciones en ella, y se han sacado varias estatuas, inscripciones, muebles, instrumentos y otras curiosidades; se ha levantado un plan de la parte descubierta hasta ahora, pero ya no se trabaja, muchos años hace, por falta de dinero; y es lástima, pues, dejando aparte cuán interesante sería proseguir las excavaciones por lo que toca a la historia, a la literatura y a las artes, mirándolo solo como una mera especulación de comercio, produciría considerables ganancias.

Si el estado de Parma no es rico y opulento en lo que permite su extensión, no es culpa ciertamente de la naturaleza; su terreno y su clima son los más aptos para la propagación de frutos y animales, y el Parmesano está reconocido por el país más feraz de la Lombardía; la agricultura es buena; pero la agricultura, por sí sola, es incapaz de dar prosperidad a una nación, faltan artes, fábricas, industrias, comercio; exceptuando una calle de Parma, donde se ven tiendas y talleres, todas las demás están desiertas, ni se oye otro ruido que el canto de los gallos y el ladrido de los perros. Las pocas fábricas que hay son rudas e imperfectas; el país abunda en sedas y lanas, y es necesario proveerse de los extranjeros para vestirse de un paño fino o ponerse unas medias decentes; la seda la venden en rama para que otros la trabajen y se la vuelvan a vender; se dice que los parmesanos son holgazanes; pero ¿ha hecho ya el Gobierno cuanto debe para excitar su aplicación?, ¿les ha dado los auxilios que necesitan para ejercerla con utilidad?, ¿ha facilitado las comunicaciones?, ¿anticipa los fondos para las grandes empresas?, ¿ha esparcido ya las luces de las ciencias y las artes, para que unas y otras prosperen unidas? Si lo ha hecho, no hay duda en que los parmesanos son holgazanes.

Fui a ver al célebre Bodoni, hombre de excelente carácter, joven, de bella presencia, gran viveza, instruido, amable; en cuanto a su mérito tipográfico ¿qué puedo yo añadir a lo que manifiestan sus obras, esparcidas ya por toda la Europa, que las admira?

22. Salimos Don Antonio Robles [...][11] y yo después de comer; a la primera posta después de Parma se halla el pueblo de San Hilario, perteneciente ya al Ducado de Módena; la ciudad de Reggio, que está más adelante, es población considerable, con muchos soportales en las casas. Llegamos a Módena a las diez.

23. Es Ciudad de veinte mil almas, o algo más, no tan grande como Parma, pero mucho más bonita, buenas casas, muchos soportales; un palacio, que habita el Duque, con gran fachada y pórticos, y hermosa escalera, de

---

11 [«probablemente Vives».] (N. del E.)

estructura magnífica; espaciosa sala de baile, con adornos de escultura y pintura; decoración grandiosa, aunque no del mejor gusto; gran pintura en la bóveda, ejecutada por Franceschini; las demás habitaciones muy bien adornadas; cubiertas las paredes de cuadros, entre los cuales hay un par de docenas de ellos, cosa estimable; lo mejor es del Guerchino, Guido Rheni, Anibal Carrachi, Leonelo Spada, y un buen cuadro del Tiziano, que representa la mujer adúltera.

Hay una Galería de Curiosidades. Obras en madera, de un trabajo delicadísimo, un escritorio de ámbar, una guitarra de mármol, varias piezas de historia natural, en que no vi nada completo que pudiese formar colección, algunos bustos antiguos, dibujos de los bajorrelieves de la Columna Trajana, obra muy estimable de Julio Romano; esto es lo que hay allí de más particular.

El Teatro de Módena es de muy mala forma; y aunque pequeño, basta para el concurso que puede ir a él. El Duque iba todas las noches de incógnito, a un palco particular, con la *Signora* Chiara, ridícula vieja, que ha sabido tenerle enamorado por espacio de treinta años; le ha dado sucesión masculina, no ha pretendido jamás el título de Duquesa; ha conservado siempre un grande influjo sobre su amante, y no se dice que haya oprimido a nadie ni haya abusado de su poder. Vi en este Teatro una máscara pública, el concurso llegó a mil personas y todo el disfraz se reducía a la máscara o a llevar unas narices de pasta en el sombrero. A la mitad de la función se hacía una extracción de lotería, con dos premios para los jugadores. El día de cumpleaños del Duque en que hubo corrida de caballos, gala, besamanos, iluminación del Teatro..., conté hasta 42 coches en el Corso, de los cuales deben descontarse algunos de las ciudades inmediatas.

Hay una buena biblioteca, con museo de medallas..., pero no tuve ocasión de verlo. Hay una universidad, un hospital, un hospicio, una academia de artes, y otros establecimientos útiles; muchos judíos, en cuyas manos está la mayor riqueza de la ciudad. La Catedral es viejísima, en sus paredes exteriores hay muchas inscripciones y antiguallas, cosa curiosa, algunas de ellas son romanas. Vi en la Iglesia de San Miguel el sepulcro del célebre Muratori; esta Iglesia está muy adornada, pero de mal gusto, con muchos santos, santas y venerables de la familia Estense; grandes estatuas de corto mérito. Junto a ella, en una plaza que forman el Hospital y el Hospicio, hay una estatua ecuestre de mármol, que representa a Francisco III, padre del actual Duque, inmediato a esta plaza hay un buen paseo, de ocho calles de árboles, formando los rayos de una rueda, en cuyo centro se levanta un templecillo octógono, de tres cuerpos de arquitectura; también está abierto para el público un jardín, cerca del palacio ducal, no muy grande, pero vario y agradable, con bosquecillos, flores, bancos, juego de bochas, hitos para tirar al blanco... En las caballerizas del Duque vi el pellejo de un caballo, lleno de paja, famoso en su tiempo por su fortaleza y ligereza; debajo dél, está, en buen castellano, esta inscripción:

Alazán tostado, antes muerto que cansado.

24. Salimos a las dos de la tarde. A corta distancia de Módena se entra en el territorio del Papa, dejando a un lado del camino la fortaleza llamada Forte Urbano cerca de Castel Franco, población pequeña que es la primera plaza fuerte del Pontífice [...].[12] El camino de aquí a Bolonia, como igualmente el que anduvimos ayer, es muy bueno; el terreno muy feraz; las posesiones, divididas con largas hileras o calles de árboles, y al pie de cada uno de ellos parras, que se enlazan de uno en otro, formando colgantes y festones, cosa pintoresca. Algunas casas de campo antes de Bolonia, a donde llegamos a las siete.

25. Según el censo hecho en 1784, hay en Bolonia 69.700 almas, treinta y ocho conventos de hombres y otros tantos de mujeres, con 2059 individuos profesos de uno y otro sexo. Buena ciudad, donde se vive como se quiere, sin riesgo de que nadie se escandalice. No hay edificios que en lo exterior sean considerables por su magnificencia; pero en lo interior se vive cómoda y deliciosamente. Hay conventos enormes, hermosas iglesias, limpias, alegres, bien adornadas, y en donde se halla mucho que admirar en materia de bellas artes. Bolonia ha sido patria de excelentes pintores; y en varias casas principales se conserva una multitud de sus obras, como también de los mejores maestros de otras escuelas, capaces de alimentar la curiosidad de todo extranjero aficionado. Vi las colecciones del Conde

---

12 [«un renglón y una palabra».] (N. del E.)

Zambeccari, de Sampieri y Ranuzzi, donde se hallan excelentes cuadros de los tres Carraches, Guido Rheni, Dominiquino, Guerchino, Albano y otros; en la primera de estas galerías vi el famoso cuadro de Holofernes, pintado por Miguel Ángel de Caravaggio; terrible cosa por cierto. Judit le atraviesa la espada por el cuello; la cabeza, desgreñada, sangrienta, amoratada con las ansias de la muerte, da horror al verla. Judit muestra en su semblante el esfuerzo que la cuesta aquel hecho atroz; la criada que le está sujetando, grosera e insensible, solo se ocupa en oprimir con su fuerza varonil a aquel jayán temido. En este cuadro, se manifiesta que el patético de la tragedia no se expresa menos con los pinceles que con la pluma.

En la casa de Ranuzzi, cuya fachada se atribuye al célebre Paladio, hay una escalera espaciosa y magnífica, aunque no del mejor gusto, y como postiza a lo restante de la fábrica. En la de Sampieri se conservan pinturas de gran mérito, el pequeño cuadro de Albano, en que representó una danza de cupidillos alrededor de un árbol, está ejecutado con toda la gracia imaginable; y el de San Pedro, de Guido Rheni, que se dice ser el más perfecto de cuantos se conocen en Italia, sorprende y maravilla al ver que el arte pueda llegar a tanto. Son muchas las pinturas que hay repartidas por las Iglesias, y entre ellas son las más estimadas la Santa Cecilia, de Rafael, en San Giovani di Monte, y la Santa Inés, de Dominiquino, en la Iglesia de esta Santa.

Ni son solas las artes del diseño las que hacen célebre a Bolonia entre las demás ciudades de Italia; la música se cultiva con el mayor ardor; y así en los espectáculos profanos como en los sagrados, que se repiten frecuentemente con extraordinaria magnificencia y pompa, compiten los músicos, así en la composición como en la ejecución de voces e instrumentos. La Academia Filarmónica se compone de sujetos de conocida habilidad. Asistí a una función anual que celebra en honor de San Antonio de Padua, su patrono, en la citada iglesia de San Giovanni in Monte y al paso que regalaban mi oído los sonidos más deliciosos, se ofrecían a mis ojos por una y otra parte las grandes obras de Dominiquino del Guerchino y del inmortal Rafael.

Algunas veces suele haber cuatro o cinco teatros abiertos en Bolonia, pero mientras mi residencia no hubo espectáculo, por estar prohibidos en todo el Estado Pontificio a causa, según se decía, de la revolución francesa [...].**¹³**

El Teatro Nuevo es algo más pequeño que el de Milán, sin las comodidades de aquél en cuanto a las salas de juego y conversación; lo interior de la sala no es de madera, sino de fábrica de ladrillo, a lo cual y a los muchos ángulos que forman los palcos interior y exteriormente, se atribuye el no lo percibirse en muchos parajes la voz de los actores. Durante el espectáculo no hay en la sala otra luz que la que viene de la orquesta y el teatro. No se alzan los telones por medio de pesos que bajan encañonados por conductos de madera, sino al modo de Madrid, con hombres que se dejan caer, asidos de las cuerdas.

Las boloñesas gastan basquiña y mantilla negra, y ésta muy estrecha, tanto, que apenas las llega a media espalda. Toda la ciudad está llena de soportales, igualmente cómodos en tiempo de calor que en los de lluvia, y los hay tan largos y espaciosos, que bastan para el paseo público cuando la estación no permite salir al campo; y uno de ellos, que va a la Iglesia de la Madona de San Luca, tiene dos millas de largo. Hay grande abundancia de escudos de armas pintados, con mucho adorno de cartelas y garambainas, y no se entra en el portal de ningún noble sin hallar tres o cuatro, uno detrás de otro, con los blasones de la casa a éstos se añaden los que ponen en las paredes de las iglesias, lo que regularmente son de papel, con una inscripción debajo, que dice: Pregate a Dio per l'anima del fu don Hettore Picinini, Don Zenobio Panzzuti, Don Scipione Culignani... Lo mismo sucede en Parma. Es muy notable que una ciudad tan grande no tenga alumbrado público. Es muy peligroso andar de noche por Bolonia, pues además de los encontrones a que uno se expone, es fácil estrellarse, o contra los postes de los soportales, o en los escalones de las bocas calles que los dividen, esta mala policía es general en todo el territorio del Papa. En un país en que, por decirlo así, las artes se revierten, no será mucho que haya también abundancia de poetas. No hay esquina que no esté en todo tiempo embadurnada de versos, hechos a varios asuntos, sagrados y profanos: «In ben dovuta lode

---

13 [«cuatro renglones pueden descifrarse las palabras siguientes: se puede llegar a comp?, des, que conseguir que allí está a pesar de, cabrones pidamos que, solución y donde, que aun hay, lágrimas, lugar de».] (N. del E.)

de la signora Lucrezia Franceschini, cantatrice... Sonetto al Signore Cornelio Tamburini, virtuoso di musica. Canzone al signore Don Tullio Piffarelli, elletto Parrocho della Chiesa de W. Terzetti», en una palabra, cantarinas, bailarinas, capones, elecciones de párrocos y magistrados, misas nuevas, profesiones de monjas, todo es asunto de las doctas plumas de poetas vergonzantes, sin hablar de los epitalamios, epicedios, genetlíacos, odas, cantatas y todo género de metralla rítmica, con que se llora o se celebra cuanto bueno o malo o indiferente sucede o sucederá, y que corren impresos de mano en mano, y nacen y mueren en un día. Además de los citados versos de esquina, hay otros de no mayor mérito, pero menos efímeros, colocados al pie de las innumerables imágenes, de Cristos y Virgencitas, que se hallan a cada paso por las paredes de las calles y soportales, acomodadas en nichos con su farolillo delante.

Había en Bolonia seiscientos y tantos ex-jesuitas españoles; vi entre ellos a Lasala, aplicado, estudioso, de bello carácter, autor de varias tragedias frías, leí dos que acababa de publicar, *Don Giovanni Blancas* y *Don Sancho García*, y me parecieron entrambas de corto mérito. Colomés, autor de la *Inés de Castro* y otras obras estimables, está reducido a la mayor estrechez, teniendo que sufrir los caprichos de un «nobile bolognese», a quien sirve de secretario; es lástima que nuestro gobierno carezca de noticias acerca de los sujetos beneméritos de esta extinguida religión, y que no saque de ellos la utilidad que podría, mejorando al mismo tiempo su mala fortuna. Don Manuel de Aponte ha traducido la *Iliada* y la *Odisea* en verso con admirable fidelidad, ilustrando su obra con notas doctísimas; no se ha lo impreso, ni acaso se imprimirá. La cátedra de lengua griega, que regenta en la Universidad, no le da para echar aceite al candil, es hombre muy instruido, de exquisito gusto en la poesía, modesto, festivo, amable, y está atenido a la triste pensión que se les da a todos [...].[14] El citado Aponte tenía una criada, si merece este nombre la que no percibe salario ni emolumentos, que te asistía, hija de una pobre vieja, oyó muchas veces las lecciones que daba su amo a los discípulos, mostró afición y el amo, que enseñara el griego a los perros de la calle, empezó a enseñársele a ella, en una palabra, la muchacha le ha aprendido en términos, que hace temblar al más estirado grecizante.

---

14 [«tres renglones y medio».] (N. del E.)

Ha hecho varias odas en esta lengua, aplaudidas de cuantos son capaces de juzgarlo, tiene excelente gusto en la poesía, y por las traducciones italianas que he visto de sus propias obras, creo que merece la grande estimación que se hace de su talento; es Catedrática de partículas griegas en la Universidad, y se llama Clotilde Tambroni.

En ninguna parte he visto establecimiento de estudios tan completo como el Instituto de esta Ciudad que ha servido de norma a muchas célebres academias de Europa.

En él está la Escuela de Dibujo, dirigida por la Academia Clementina, compuesta de profesores de pintura, escultura y arquitectura, y en las salas que ocupa se ven las obras premiadas de sus alumnos, las de sus individuos, y varios modelos sacados de los mejores originales antiguos. La Biblioteca contiene más de cien mil volúmenes, con una colección numerosa de antigüedades. Entre las antigüedades hay algunas escrituras en papiro, más fino que el de la obra de Martín Polono, de Milán, y contiene donaciones hechas a la iglesia de Rávena. Hay también una tabla egipcia, en basalto, más grande y menos bien conservada que la de Turín, con jeroglíficos y figuras como en aquella, grecas y adornos. Tiene un buen Gabinete de Historia Natural. Hay en él una numerosa y exquisita colección de raíces, maderas y semillas exóticas, y que son muy apreciables las de fósiles, mármoles, conchas y serpientes. El Laboratorio de Química tiene muchos y excelentes instrumentos de física para la enseñanza de esta ciencia, modelos de fortificaciones, otros de navíos, otros de piezas de artillería, morteros y cuanto pertenece a esta parte de la matemática aplicada al arte militar, que nadie estudia, modelos, en gran cantidad del feto humano en todas las situaciones posibles, y otros de varias partes del cuerpo para el estudio de la anatomía; instrumentos y máquinas ingeniosas; un buen observatorio... Algunas de sus salas están pintadas por Peregrino Tibaldi, y en una de ellas hay un gran retrato, hecho de mosaico, del Papa Benedicto 14, cosa preciosa. La fundación de este establecimiento, sus progresos, y el método de sus estudios está ya dicho en tantos libros que sería inoportuno el repetirlo, aun cuando no fuese superior a mis conocimientos. En cuanto a las curiosidades de la Historia Natural, son notables dos pieles humanas, curtidas de diferente modo, bastante gruesas y fuertes; hay una piedra de la vejiga, de enorme tamaño; un pedazo de piedra elástica, mucho más pequeño que el del Museo Liveriano de Londres, gran colección de semillas americanas, de mármoles y reptiles; la de cuadrúpedos y peces me pareció muy escasa.

Octubre

6. Salimos Don Antonio Robles y yo a las siete de la mañana, y a corta distancia de Bolonia, caminando entre Oriente y Sur, hallamos los montes donde acaba la gran llanura de que queda hecha mención atrás; estas alturas tienen comunicación con el Apenino; en las cercanías de Bolonia y en las de Florencia están bastante pobladas de casas sueltas, con iglesias parroquiales a trechos, pero en medio de estos dos extremos es país bastante despoblado, inculto y áspero; el camino de una a otra ciudad es excelente. A las cuatro postas de Bolonia se entra en la Toscana, y se empieza a notar el ceceo de los florentinos, fastidioso en los hombres, gracioso en las mujeres, particularmente si son bonitas, por el privilegio especial que goza este sexo de convertir en gracia los defectos mismos. Mi compañero se pone malo; gran calor; los postillones, canallas, pedigüeños, insolentes a no poder más. Llegamos a media noche a Florencia.

7. Luego que entré en esta ciudad me sorprendió la magnificencia del empedrado de sus calles hecho de grandes piedras, de una tercia de grueso, cortadas en ángulos desiguales, muy bien unidas unas con otras, e igualadas por la superficie exterior con el cincel, de suerte que el piso de las calles de Florencia es tan suave como el de la galería de un palacio. Toda la ciudad es muy llana, y en la parte menos antigua hay calles bastante rectas y espaciosas; muchas casas grandes de piedra robusta, sencilla arquitectura en su decoración, tal vez pesada, pero de un género grandioso. Todos estos edificios son antiguos, y he visto muy pocos modernos de consideración, lo que prueba, en mi dictamen que Florencia no está hoy en el punto de su prosperidad, y que esta época ya pasó, muchos años ha. La Catedral, o el Duomo, como aquí se llama, es cosa grande, en lo interior, exceptuando algunas estatuas, está muy desnuda de ornatos; ni en todo el cuerpo de la iglesia hasta que se llega al crucero hay altar ninguno y parece a primera vista templo de protestantes, la cúpula es un octógono muy espacioso, alto y atrevido; en una de las paredes de esta iglesia hay un antiguo cuadro, donde

está retratado el Dante. La parte exterior es mucho más agradable, por estar revestida enteramente de mármoles de diferentes colores, formando dibujos, muy parecidos a los embutidos, y entalles que se hacen en madera. Al lado del Duomo, y enteramente separada de él, hay una hermosa torre, muy alta cubierta igualmente de mármoles, que hacen bellísimo efecto a la vista. La iglesia de San Juan, llamada *il Battistero*, porque en ella se bautizan todas las criaturas que nacen en Florencia, es muy antigua, de forma octógona, con tres puertas de bronce, llenas de bajorrelieves, dos de ellas son cosa de mucho mérito, la cúpula, por la parte interior, está adornada con figuras de mosaico, obra muy antigua, más apreciable por esta circunstancia que por el acierto en la ejecución. Fuera de la ciudad hay un gran cementerio, donde se entierran todos los muertos, que los conducen de noche. Delante de la puerta de San Gallo, hay un arco de triunfo, erigido en honor del Emperador Francisco I; me pareció pesado en partes, y muy cargado de ornatos, éstos son de mármol blanco, lo restante de la obra es de piedra de color de tabaco, y esta mezcla de colores quita seriedad a la fábrica, y la hace pajarera. Enfrente del arco hay un jardín público, gracioso, no muy grande, pero suficiente para la concurrencia diaria. Las iglesias en general están adornadas con mucho lujo de mármoles y estucos, tal vez con poca economía, algunas de ellas no tienen la techumbre en bóveda, sino plana, con molduras, festones y arabescos de oro, que hacen bellísimo efecto. Hay en ellas muy buenas pinturas, pero creo que en esto es más rica Bolonia que Florencia. Los templos de aquella ciudad están llenos de las mejores obras de la escuela boloñesa y aunque en Florencia ha habido buenos pintores, no han sido en tanto número y parece haber debido la celebridad de que goza en la historia de las artes, a los muchos; excelentes escultores que han florecido en ella. La abundancia de obras de escultura en esta ciudad es tan grande, que se cuentan hasta ciento y sesenta estatuas repartidas por las calles y plazas públicas, y en la que llaman Plaza del Gran Duque pasarán de veinte las que hay, así a las puertas del Palacio Viejo como en un pórtico abierto que está inmediato; lo que me pareció mejor que todo fue el Grupo de la Sabina, compuesto de tres figuras mayores que el natural, obra de Juan de Bolonia, una estatua de Perseo, con la cabeza de Medusa en la mano, y la estatua ecuestre de bronce, de Cosme I; hay también una gran fuente, con una estatua colosal de Neptuno, y alrededor del pilón ninfas y sátiros; me pareció pesada la estatua principal, como igualmente el carro que la sirve de basa. Los bustos que se ven a cada paso en las fachadas y puertas de las casas, y las demás obras de escultura en lo interior de ellas, así antiguas como modernas, y las que adornan las iglesias en altares, sepulcros, pórticos... no tienen número. En la Plaza de la Anunziatta hay también otra gran figura ecuestre, de bronce, que representa al Gran Duque Ferdinando I, obra también del citado Juan de Bolonia, en la cincha del caballo tiene grabada esta inscripción:

De metalli rapiti al fero Trace.

Pero donde parece que se han reunido las maravillas más preciosas de las artes, unidas al estudio de las antigüedades y la historia, es en la célebre Galería inmediata al Palacio Viejo. La primera vez que entré en ella me sorprendió la abundancia de piezas exquisitas que contiene, colección digna de un gran soberano, digna del estudio de los amantes de la Antigüedad, del filósofo, del artífice, del poeta, y agradable al mismo tiempo aun a aquellos que solo quieren entretener con la variedad los ojos, sin que la fantasía ni el corazón se encienda o se conmueva a la presencia de tales objetos. Es muy apreciable la colección de bustos de los emperadores, no interrumpida hasta Galieno, y algunos de ellos repetidos. No siempre la fisonomía anuncia las inclinaciones del ánimo, pero la de Calígula, la de Caracalla, la de Otón, Vitelio y Mesalina, son tan conformes con las pinturas que de ellos nos hace la historia, que sorprende la semejanza; en el rostro de Calígula vi su torpe afeminación, su embrutecimiento, su ánimo cruel; el de Caracalla no se puede mirar de cerca sin terror; el de Mesalina, no cabe duda, es el rostro de aquella ilustre prostituta, cuyo desenfreno pintó con tal vehemencia el satírico Juvenal.

¿Por qué los ropajes de nuestras estatuas modernas no se parecen a los de las antiguas?, ¡qué bellos pliegues y qué sencillez en toda su composición!, ¡qué actitudes en los cuerpos tan naturales, sin dejar de ser expresivas!; entre las muchas estatuas que vi me agradaron mucho una Vestal, una Leda, un Esculapio y un Augusto; las ropas de esta última están hechas con una inteligencia, que desaparece la ficción del arte y todo es verdad cuanto los ojos miran en ella. Hay muchos cuadros de mérito en esta Galería, colocados con buena distribución. Entre los que representan varones célebres, antiguos y modernos vi a nuestro Gonzalo Fernández de Córdova, Antonio de Leyva, Hernán Cortés y algunos de nuestros reyes, si bien no en todos hallé gran mérito por lo que toca a la semejanza. Pero en esta Galería no está lo más precioso, y el que se complace con las buenas piezas que contiene, siente después una especie de arrepentimiento al ver la Venus, el Apolino y las demás estatuas que la acompañan; éstas, y una gran porción de pinturas de los mejores artífices, con todo lo perteneciente a monumentos griegos, romanos y etruscos, está repartido en veinte salas, que se comunican con la Galería por varias puertas. En la colección de retratos de pintores célebres, vi a mis paisanos Ribera y Velázquez; hay dos Venus de Tiziano, cosa digna de su pincel, particularmente la que está en la sala que llaman la tribuna, dicen que es el retrato de su dama. ¡Oh, quién tuviera una dama como ella, aunque no tuviera una habilidad como él! Pero es error, su dama podría tener aquella cara, aquellas manos o aquellos muslos, pero aquella forma total no ha existido jamás sino en la fantasía del pintor; la naturaleza le ofreció separados los objetos, como hace siempre; él supo formar lo de muchas partes hermosas un todo perfecto, y éste es el gran secreto de los buenos artífices. Esto es lo que se llama invención, de aquí resulta aquella belleza que, sin dejar de ser natural, jamás se encuentra tal en los objetos que la naturaleza nos ofrece, éste es el don concedido a las artes, por eso la música, la poesía, la pintura, son divinas; por eso se llaman hijas de Júpiter. En la Iglesia de San Lorenzo se ve la capilla de los Médicis, destinada para sepultura de los soberanos de aquella familia. Es de forma octógona, con una gran cúpula, rica en mármoles, bronces y mosaicos; hasta ahora solo están concluidas las paredes de la cornisa de abajo, lo restante, que es toda la media naranja, es de ladrillo; hay seis urnas sepulcrales, las cuatro de ellas de granito de Egipto, cosa preciosísima por el tamaño, la dureza, el color y la brillantez; las seis urnas están ya ocupadas con los cuerpos de Cosme I, Francisco I, Fernando I, Cosme II, Fernando II, y Cosme III, pero de estos seis sepulcros solo hay dos concluidos enteramente, falta el altar, la puerta y toda la cúpula; como ya se ha dicho, he oído decir que seguirán la obra, y ¿para qué?, ya no hay lugar para más sepulcros; los que hay están llenos, y los soberanos de la Casa de Austria se interesarán muy poco, y harán bien en que los Médicis, que ya no existen, tengan un entierro magnífico. Esta obra es ciertamente riquísima y grandiosa, pero me pareció que hacían malísimo efecto ciertos recuadros de mármoles de varios colores, colocados entre las pilastras; yo quisiera toda aquella obra más sencilla, y, por consiguiente, más seria y correspondiente a su objeto.

En la citada iglesia de San Lorenzo está la famosa biblioteca de manuscritos, llamada *Médico Laurenciana*; el número de volúmenes que contiene pasa de cuatro mil, los hay entre ellos muy curiosos y antiguos, la mayor porción es la de Santos Padres y Expositores. El salón de la librería no tiene estantes, a un lado y otro hay dos filas de bancos, cuyos respaldos por la parte exterior están en forma de atriles, y allí están los libros, asegurados con cadenas y cubiertos con un paño o cortina, de suerte que el que está sentado, por ejemplo, en el banco número 2, tiene delante de sí los libros que están en el atril que forma el respaldo del banco número tres; a la esquina de cada banco está pendiente una tablilla con el índice de las obras que se hallan en él, lo cual es muy cómodo para el público.

Uno de los teatros de esta ciudad es el que llaman de la Pergola, moderno, grande, bastante parecido al de los Caños, con ciento dieciocho palcos con cuatro pisos, uno en medio, bien adornado, para el Gran Duque, y otro pequeño sobre el proscenio, adonde va de incógnito, esto es, cuando no quiere tener visitas. Vi la ópera de *Inés de Castro*, cosa indigna en cuanto al poeta, buen aparato y decoraciones, buenos bailes, la sala sin luces, en el patio hombres y mujeres en bancos, rumor continuo, el público hace repetir los pasajes que más le gustan; a la entrada de la sala hay mesas de billar, Café... El Teatro del Cocomero es más pequeño, malísimos cómicos, malísimos cantores. Allí vi representar *Il Diabolo maritato a Parigi*, farsa la más disparatada y necia que pueda verse; tuvo mucho aplauso y gran concurso, y el patio y los aposentos reían a un tiempo. Vi echar por fin de fiesta el primer acto de una ópera bufa, y de allí a dos días el segundo; vi la Comedia de *Federico II* fielmente traducida del original, con todas sus misiones morales, con todas sus extravagancias, y desaciertos, con todas aquellas pinturas de hambre calagurritana; se llenó el teatro y tuvo mucha aceptación, ¡Oh!, si

Comella supiese que sus obras se declaman ya en las escenas de la docta Ausonia, qué dulce consolación no sentiría!

En la Iglesia de Santa Cruz, donde se ven los sepulcros de Miguel Ángel Buonarrota y de Galilei, se ha hecho otro, pocos años ha, al condenado Maquiavelo; empeñose el Gran Duque Pedro Leopoldo en que había sido un gran hombre, y que no era justo que su cuerpo estuviera olvidado en un rincón; mandole hacer un gran sepulcro de mármol, con su retrato y una honorífica inscripción [...].[15]

El Arno atraviesa la ciudad, dejando una gran parte de ella al Sur y otra mayor al Norte, es un riachuelo que en el verano apenas lleva agua, y cuando se hincha sobrepuja los espolones de una y otra orilla, inunda las calles y causa estragos terribles en todo el contorno. El Jardín del Gran Duque, llamado de Boboli, contiene una porción de estatuas muy considerable, está situado en un terreno muy desigual, tanto que en muchas de sus calles es necesario ir con gran cuidado para no escurrirse y rodar, es frondoso, monótono y triste No hay alumbrado de noche en las calles.

Viaje a Italia III y IV
Roma, Nápoles
13. Salimos en posta a media noche; país quebrado, buen camino. Al día siguiente pasé por Siena, ciudad donde, según se dice, se habla con más pureza el toscano. No me detuve en ella, ni pude ver el anillo que el Niño Dios dio a Santa Catalina cuando se desposó con ella, reliquia preciosísima que se venera en la Iglesia de Santo Domingo. Grandes pedazos de terreno incultos, o desnudos de árboles, en donde hay cultivo, se ven moreras, viñas y olivos; en general es tierra de granos. Llegamos a las 8 de la noche a Poderina, posada miserable y puerca, mala cena, mala cama. Salimos el 15 a las 6 de la mañana, subiendo y bajando grandes montes, donde se ve mucha aridez y poca población, Ponte Centino es el primer lugar del Estado Pontificio, y el que se halla después Acuapendente, todo el país muda de aspecto; muchos árboles, mucha amenidad y frescura, cascadas, valles frondosos, agradables vistas. Se halla después el lugar de San Lorenzo Nuovo, población fundada pocos años hace sobre una altura, desde donde

---
15 [«más de 4 renglones».] (N. del E.)

se goza la hermosa vista del Lago del Bolsena, bajando esta eminencia, se pasa por el antiguo pueblo de San Lorenzo, destruido y abandonado, y siguiendo la orilla del lago, pasé por Bolsena, que algunos quieren sea la antigua capital de los Volscos. Caminamos toda la noche.

16. Al amanecer nos hallamos a vista de Roma, que se descubre a gran distancia. El campo que se ve desde aquellas alturas está muy desnudo, pocos árboles, pocos pueblos, aún representa la imagen de la desolación; su aridez anuncia demasiado que aquél ha sido muchas veces el teatro de la guerra, y que la gran Roma, señora del mundo, cayó de su antigua grandeza en manos de enemigos feroces. Buen camino, donde se ven algunos pedazos de la Vía Flaminia, sobre la cual está construido en partes. Atravesamos el Tybre por el Ponte Molo, que está en el mismo paraje donde estuvo el Puente Emilio, famoso por la batalla de Constantino contra Maxencio, entramos en Roma a las 10.

Estuvimos en ella muy pocos días; y no habiendo tenido tiempo de ver ni observar, sería fuera de propósito hablar en esto; convido a mi lector para mejor ocasión con mis apuntaciones romanas. Bastará decir que en todos mis viajes no hallé posadero más ladrón que el célebre Sarmiento, español, el cual nos desolló vivos en los pocos días que estuvimos de hospedaje en su casa.

25. Salimos después de comer y en todo el camino de Roma hasta Albano, que es en muchas partes la Vía Apia, hallamos a un lado y otro, además de dos grandes acueductos, muchos sepulcros, templos y edificios destruidos; y a la entrada de Albano, desde donde se ve la dilatada campiña de Roma, una gran mole, semejante a una torre, que se dice ser el sepulcro de Clodio; las cercanías de Albano son muy amenas y frondosas; en todo lo restante se hallan grandes pedazos enteramente incultos. Llegamos a las 8 de la noche a Velletri. ¡Oh, quién pudiera pintar la cara del posadero y las de sus criados! Su tono grosero, áspero y desagradable, y más que todo, la avaricia sórdida que reinaba en aquella gruta de ladrones, donde fue menester ajustar ochavo a ochavo el cuarto, la cama y la cena de aquella noche, diligencia absolutamente necesaria en estos países, so pena de que a uno le pidan al salir cuanto se les antoje, sin conciencia, y lo que es peor, sin apelación. La cena fue correspondiente a la cara del hosterero.

26. Salimos a las 3 de la mañana; y a corta distancia siguiendo un hermoso camino alineado de árboles, que va entre dos canales, nos hallamos enmedio de las Lagunas Pontinas, donde, a pesar de lo mucho que se ha trabajado, logrando hacer capaces de cultivo muchos terrenos, queda tanto por disecar, que, en opinión de algunos, parece empresa imposible querer concluirlo. Las aguas cenagosas cubren grandes pedazos; en verano infectan todo aquel contorno los vapores que exhalan y aun cuando yo pasé a fines de octubre, olían mucho; la niebla cubría los campos y en invierno será un páramo horrible. Las tierras que se han podido usurpar a aquellos pantanos son fertilísimas; pero si se hubiese de hacer un templo a la diosa Calentura o a la Amarillez, allí deberían hacérsele; y como Apolo se complacía con su patria Delos y Venus con Chipre, la Fiebre y la Hedema preferirían a cualquiera otro país las Lagunas Pontinas, como la más digna habitación suya. Esta peste acaba antes de llegar a Terracina, población situada a la orilla del mar, donde vi muchas casas nuevas, que anunciaban riqueza y prosperidad. De allí a dos leguas se pasa por Fondi, perteneciente ya al Rey de Nápoles, cuya principal calle es un resto de la Vía Apia; sigue un buen camino, con montes desnudos a una y otra parte. Cerca de la población llamada Mola di Gaeta se ve un gran sepulcro, muy destruido, que se cree ser el de Cicerón, construido en el mismo paraje en que le mataron. Siguiendo adelante, se goza desde el camino la vista del mar, y a lo lejos se ven los montes cercanos a Nápoles [...][16] y la isla de Ischia; a las orillas del Garillano, en una llanura, hay muchos restos romanos, largo acueducto, un anfiteatro destruido, templos y sepulcros; se pasa en barca dicho río estrecho y profundo por aquella parte; se hallan muy buenos lugares, bien situados entre colinas y vegas abundantes en frutos, muchos árboles, parras y olivos. No obstante haber caminado sin cesar todo el día, no pudimos llegar a Capua antes que cerrasen las puertas, y hubimos de quedarnos en una posada de la posta llamada Francolisi, posada de harrieros, desaliñada y pobre; pero al fin ni el huésped ni sus ministros eran tan feos ni tan desvergonzados como los de Velletri, de dolorosa recordación.

27. Salimos a las cinco, y pasando por un puente el pequeño río Vulturno, atravesamos Capua, plaza fuerte, situada a corta distancia de las ruinas de

---

16 [«una palabra».] (N. del E.)

la que tanto distrajo al terrible Aníbal; en sus plazas y calles vi pedazos de estatuas e inscripciones antiguas. Desde esta ciudad a la de Nápoles se ven muy hermosos campos, sembrados de mieses y plantados de árboles, a los cuales enlazan parras; camino magnífico, con doble arboleda a un lado y otro; las muchas casas que se ven por todas partes anuncian desde luego la inmediación de una gran capital. Llegamos a las 9.

Se cuentan en esta ciudad más de cuatrocientos mil habitantes. Las calles en general son estrechas, las casas muy altas, con cuatro o cinco pisos, todas con terrado y balcones, las plazas de forma irregular, pocos edificios considerables por su decoración; toda la parte de la ciudad del lado de Poniente, edificada a las faldas de una montaña, está en cuesta y tan rápida que es necesario gran cuidado para no escurrirse y rodar, particularmente cuando la lluvia moja la lava del Vesubio, dura y lisa, de que están empedradas las calles. En general están muy puercas, oscuras de noche por falta de alumbrado público, y las más principales embarazadas con puestos de vendedores de pan, frutas, carnes, chamarileros, verduleros..., y los que sacan fuera de las tiendas porción de sus mercancías para exponerlas más a la vista pública. Los maestros de coches, carpinteros, sastres, zapateros, caldereros y otros oficios trabajan en las calles como en su casa propia, de donde resulta además del ruido insufrible que producen, y la basura y despojos con que empuercan el piso que impiden el paso aun en las más anchas y concurridas, como se ve particularmente en la de Toledo, que es la principal de la ciudad. Ni en Londres ni en París he visto más gente por las calles que en Nápoles, y en ninguna tanto ruido y estrépito; los gritos de los que venden comestibles, los de los cocheros, los que dan los muchachos en particular, y la gente del pueblo, que habla en voces desentonadas, y el rumor confuso de las tiendas y talleres de los menestrales, mezclado al son de las campanas y coches, es la más intolerable greguería que puede oírse. El pueblo, que, como he dicho, es numerosísimo, es también puerco, desnudo, asqueroso a no poder más; la ínfima clase de Nápoles es la más independiente, la más atrevida, la más holgazana, la más sucia e indecente que he visto; descalzos de pie y pierna, con unos malos calzones desgarrados y una camisa mugrienta, llena de agujeros, corren la ciudad, se amontonan a coger el Sol, aúllan por las calles, y sin ocuparse en nada, pasan el día vagando sin destino hasta que la noche los hace recoger en sus zahúrdas infelices. Gentes que no conocen obligaciones ni lujo en nada, con poco se mantienen, y es de creer que en una ciudad tan grande no falte de los desperdicios de los poderosos o de la sopa de tantos conventos, una cazuela de bodrio con que pueda cada uno de ellos satisfacer las necesidades de su estómago, que son las únicas que conoce; y además, malo será que no pueda adquirir dos o tres cuartos, que es lo que le basta para hartarse de castañas, peras, queso, polenta, macarrones, callos o pescado frito en los innumerables puestos de comestibles que se hallan en cualquiera parte de la ciudad destinados a mantener lazaroni. Este es el nombre que dan a estas gentes; su número es tan crecido, que muchos le han fijado en cuarenta mil; y aunque esto no sea, hasta para inferir que es crecidísimo y temible. La clase de los mendigos, aunque inferior a ésta, es en exceso numerosa. No hay idea de la hediondez, la deformidad y el asco de sus figuras, unos se presentan casi desnudos tendidos en el suelo boca abajo, temblando y aullando en son doloroso, como si fuesen a espirar; otros andan por las calles presentando al público sus barrigas hinchadas y negras hasta el empeine mismo; otros, estropeados de miembros, de color lívido, disformes o acancerados los rostros, envisten a cualquiera en todas partes, te esperan al salir de las tiendas y botillerías, donde suponen que ha cambiado dinero; le siguen al trote, sin que le valga la ligereza de sus pies; y si se mete en la iglesia para sacudirse de tres o cuatro alanos que suele llevar a la oreja, entran con él, se halla con otros tantos de refresco, le embisten juntos al pie de los altares, y allí es más agudo el lloro y más importuna la súplica. Cuando se ve tanta mendiguez, y al mismo tiempo se considera que apenas habrá corte alguna en Europa que tenga más establecimientos de caridad, más hospitales y hospicios que Nápoles, no es posible menos sino que se diga que el sistema de administración es el más absurdo en esta parte y que el origen de tal abandono existe en la ignorancia o el descuido de los que mandan, sin que la multitud de fundaciones de esta especie sea el medio oportuno de corregirle.

El Hospicio de Nápoles es el edificio más grande de la ciudad, y en una inscripción que tiene a la puerta se dice que está destinado para todos los pobres del Reino, y ¿qué son los que inundan las calles?, ¿pobres o pícaros?, si son pobres y no pueden trabajar por su edad o sus dolencias, ¿de qué sirve el hospicio, que no los recoge? Si son ociosos, vagabundos, ¿qué hace el Gobierno, que no los emplea y les hace trabajar? Si son pícaros, viciosos, incorregibles, ¿por qué no los envía a remar en sus galeras?

Fácil es de inferir que en una corte llena de vagabundos, los robos, las violencias y asesinatos serán frecuentes. Nápoles ha sido siempre famosa por las raterías y navajazos; y aunque últimamente la policía ha ejercido no poco rigor contra los malhechores de esta especie, y ha contenido en parte estos excesos, la causa existe todavía, y, por consiguiente, sus efectos, aunque no con tanta frecuencia. En una ciudad como Nápoles no hay alumbrado público, los faroles de algunos particulares, colocados sin orden y donde menos se necesitan, son insuficientes, y quedan calles y barrios enteros en la más horrible oscuridad. En el invierno, a las diez de la noche, acabados ya los espectáculos, reina en toda la ciudad un silencio lo profundo, todas las puertas están cerradas, no parece gente por la calle, y nadie puede salir sin llevar consigo un criado con una luz, y aun con todo eso va muy expuesto. El que se atreva a ir solo, rodeado de tinieblas a tales horas, por calles largas, estrechas, torcidas, solitarias, donde todo es peligro y horror, va muy expuesto a pagar con la vida su temeridad.

Las clases más ilustres y distinguidas no ofrecen menos motivo de disgusto al que de cerca las observe. La nobleza infatuada, como en todas partes, con sus escudos de armas y sus arrugados pergaminos, es tan soberbia, tan necia, tan mal educada, tan viciosa, que a los ojos de un filósofo, de un hombre de bien, es precisamente la porción más despreciable del Estado. El lujo ha llegado al exceso en ella; la ignorancia, la frivolidad, la insensatez parecen ser su especial patrimonio, el juego, la intemperancia, la disolución son vicios comunes, que ya no se admiran ni escandalizan; o por mejor decir, estos vicios parecen costumbres. Qué poco honor se ve en los nobles, con qué facilidad faltan a su palabra, con qué desvergüenza se prestan a las acciones más indecorosas, qué poco les importa atropellar el decoro y la justicia por el interés. Pero entre todos los vicios, el del juego es el dominante en esta corte; las casas de los más ilustres personajes de ella son grutas de ladrones, donde se despoja al infeliz que no los conoce, o que imagina que en el juego solo debe temer la mala suerte, y no la perfidia, el artificio ni las trampas infames de los tahures. Así es que el extranjero que cae en sus redes se halla desnudo sin saber cómo, maldice su mala fortuna, y al día siguiente de haber perdido entre sus Señorías y sus Excelencias cuanto dinero trajo, ni sus Excelencias ni sus Señorías le conocen, luego que le desuellan, le desprecian y le olvidan. Pero no basta no querer jugar; es menester renunciar absolutamente a la asistencia de tales casas. Luego que la gente se reúne, se ponen las mesas, se sacan los naipes, todos acuden a la señal, todos juegan y ¿qué hará el hombre más juicioso, sino jugar también? ¿Se quedará solo a mirar aquel espectáculo? ¿Se hará ridículo a los ojos de todos? ¿Dirá que no sabe jugar? La banca y el faraón no necesitan estudio. No tiene dinero ¿qué importa?, se le presta cuanto dinero quiere; juega y pierde; y si se obstina en no jugar, pierde su opinión, y al otro día se le cierra la puerta.

Si en Nápoles no hay justicia, no es por falta de tribunales y jueces. Basta presentar la lista de los juzgados, tribunales y juntas [...][17] existentes en Nápoles y prescindiendo de los demás del Reino, para conocer cuán grande debe ser el desorden y confusión que produzcan tantas jurisdicciones encontradas, cuán fácil será a los malvados confundir la verdad, atropellar la inocencia y eludir el azote de las leyes, y qué difícil a la virtud sencilla penetrar este caos legal, sin que los artificios, las dilaciones, los obstáculos que deben producir la multitud y complicación de autoridades, la desanimen y la opriman. Debe advertirse que en esta lista no se incluyen todos los tribunales de Nápoles que ejercen jurisdicción [...],[18] sería obra demasiado molesta hacer mención de todos ellos:

Consejo de Estado: Se compone del Rey y de sus ministros.
Supremo Consejo de Hacienda.
Tribunal de la Real Cámara de la Sumaria.
Tribunal Misto: que decide las competencias entre los tribunales eclesiásticos y seculares.
Tribunal de la Familia Real: con jurisdicción civil y criminal sobre todos los dependientes de palacio.

---

17 [«casi un renglón».] (N. del E.)
18 [«dos palabras».] (N. del E.)

Audiencia General de Guerra y Casa Real.
Superintendencia General de la Real Hacienda y Aduanas del Reino.
Superintendencia del Fondo de la Separación de Productos de los Reales Castillos, Presidios...
Tribunal del Almirantazgo.
Audiencia General de los Ejércitos.
Junta de Guerra.
Junta de la Lotería.
Tribunal de Moneda, Pesos y Medidas
Diputación de Espectáculos, Teatros...
Tribunal de la Salud.
Consulado del Arte de la Lana.
Consulado del Arte de la Seda.
Real Protomedicato.
Tribunal de Fortificaciones, Agua, Empedrado...
Superintendencia de la Cruzada.
Tribunal contra el del Santo Oficio, establecido en 1746, para invigilare contro chi intraprenda cosa che senta d'Inquisizione.
Tribunal de la Vista y Revista de Cuentas de la Ciudad.
Real Cámara de Santa Clara.
Sacro Real Consejo de Santa Clara.
Gran Consejo de la Vicaría.
Juzgado del Capellán Mayor
Curia Arzobispal...

El número de abogados y procuradores establecidos en la ciudad pasa de seis mil, según los cálculos más moderados de que he tenido noticia; y si a éstos se añaden los agentes, escribientes y otros dependientes del foro, no parecerá exagerado el número de once mil, a que algunos quieren que ascienda. Los abogados, llamados «Pagliette», porque antiguamente usaban un sombrero de paja aforrado en tafetán, son (si la voz pública es bastante documento para un extranjero) la canalla más ignorante, más enredadora, más hambrienta, pérfida y vil que puede hallarse; por todas partes los he visto denigrados; todos se quejan de su excesivo número, de sus artificios y sus embrollos. Y ¿qué han de hacer cuando son tantos?, sino embrollar, alargar los pleitos, confundir la verdad y vender la justicia para existir. Aunque en Nápoles no hubiese otra calamidad que este pestífero enjambre de golillas, bastaría él solo a producir daños sin número. Pero, por más que la opinión pública los abomina, por más que el Gobierno mismo esté persuadido de la insuficiencia y las picardías de tales gentes, ellos son los que ocupan los mejores empleos, ni el Ministerio ha pensado hasta ahora en sacar de otras clases los sujetos que necesita, para poner en ellos su confianza. Los pagletas siguen obteniendo las plazas más lucrativas; y esto añadido a las ganancias que les proporciona la confusión de las leyes, la multitud y complicación absurda de tribunales y jurisdicciones, por cuyo medio los pleitos se eternizan y ellos en tanto despojan a sus clientes infelices, aumenta su número, en vez de amenorarle. Y por otra parte, ¿a qué han de aplicarse? El número de los eclesiásticos no es menos monstruoso, pues solo en la ciudad de Nápoles se contaban, entre curas y frailes en el año de 92, seis mil seiscientos treinta, y en todo el Reino, sin contar la Sicilia, pasaban de sesenta y cuatro mil. El comercio, meramente pasivo, se reduce a los frutos del país y exceptuando la navegación de las costas, toda la exportación de sus frutos se hace con bastimentos extranjeros y aun este comercio, tan reducido e insuficiente, está oprimido hasta el exceso con trabas, reglamentos, privilegios absurdos y cuanto es capaz de destruirle enteramente, lejos de fomentarle. La carrera militar no ofrece tampoco un grande aliciente por el estado de disolución y ruina en que hoy se halla el ejército del Reino, sus costas están abiertas al primer invasor, sus castillos y fortalezas desmanteladas y la nación, dormida en indecorosa paz, ni ejercita el valor de sus hijos, ni les da ocasiones de aspirar a la gloria o al interés, premio del mérito. La marina está, por consiguiente, en decadencia y abandono; la mercantil reducida a setecientos buques de transporte, que pocas veces se alejan de las costas, como ya se ha dicho; y la Real apenas llegará a dos docenas de buques de guerra, aunque se cuenten todos los navíos que hay en el puerto, viejos, desarmados y acaso inútiles para salir al mar. Pues ¿cómo ha de amenorarse el número de los leguleyos famélicos donde faltan otras proporciones? Si el clero y las religiones abundan en gente;

si la agricultura carece de estímulos y libertades que la vivifiquen [...],[19] si las artes mercantiles, imperfectas y rudas, bastan apenas para el consumo interior; si el comercio, la marina, y el ejército no ofrecen recurso, ¿qué hay que hacer, sino aplicarse al foro, y si la multitud de los concurrentes obliga a ello, mentir, embrollar y estafar para comer?

Los abogados van vestidos de abates con su cuello y valona negra, ribeteada de blanco, y su peluquilla redonda; los jueces usan el mismo traje que nuestros togados. Las mujeres, exceptuando la ínfima clase, van con basquiña y mantilla negra de seda, atándose la mantilla a la cintura; en el manejo de ella no observé tanta gracia y coquetería, que pudiese compararlas con mis paisanas españolas. En los lugares cercanos a Nápoles eché de ver un lujo excesivo, que se manifiesta particularmente en los días más festivos del año, particularmente por la Pascua de Navidad; las mujeres, muy feas en general, de tostada piel, regordetas y ordinarias, van cubiertas de galones de oro, con lo que adornan sus jubones de terciopelo y sus zagalejos y delantales de seda; llevan por lo común una cofia muy pequeña, en que recogen [...][20] el pelo, bordada de oro, con grandes arracadas y collares de coral, aljófar o perlas; los hombres van igualmente galoneados, y en los sombreros, las chupas y chalecos con que se engalanan en tales ocasiones, no se ve menos profusión que en sus mujeres. Ellas y ellos dejan sus lagares y haciendas, y en los días más solemnes del año se van a divertir a Nápoles, corriendo por los hermosos caminos que conducen a la corte, en disparados calesines, de los cuales hay una innumerable multitud. Los curas usan un traje casi igual al de los clérigos de España; sotana abotonada de alto abajo, manteo, sombrero de canal, y el pelo cortado, sin rizos ni polvos.

El número de frailes en la ciudad de Nápoles era en el año de 92, 4.150 y el de monjas de 4947. Hay en ella 34 parroquias, 125 iglesias beneficiales y 200 conventos, inclusos los de ambos sexos, sin que entren en este número los conservatorios o colegios de mujeres, de los cuales muchos pueden considerarse como otros tantos conventos [...].[21] Innumerables monumentos de piedad y de religión, funciones de iglesia, procesiones, jubileos, novenas,

---

19 [«2 renglones».] (N. del E.)
20 [«casi 3 renglones».] (N. del E.)
21 [«más de tres renglones».] (N. del E.)

cofradías de penitencia; predicación ya en lo interior de los templos, ya en las plazas y esquinas; culto y reverencia a las imágenes desde las aras más suntuosas hasta las tiendas oscuras de los que venden queso, todo anuncia un pueblo cristiano y devoto [...].**22** Sus iglesias están llenas de imágenes milagrosas, la multitud de ofrendas de plata, que penden alrededor de sus capillas, manifiestan [...]**23** cuantas veces la humanidad doliente y afligida ha sido aliviada a fuerza de portentos [...].**24** No hay para qué hacer mención de la multitud de cuerpos de santos que enriquecen sus templos, vírgenes, mártires, confesores, viudas, pontífices, molesta ocupación sería referirlos todos. [...]**25**

Entre los conventos de monjas hay algunos en que solo se reciben señoras de las más ilustres familias del Reino, tales son, por ejemplo, los de Donna Regina, Donna Romita y Santa Chiaram [...]**26** / [...]**27**

El orgullo y ridícula fatuidad de los grandes ha establecido ya por uso inveterado y constante que las hijas de tal o tal familia deben llevar tal dote; basta preguntar cuál es el apellido de la novia para saber qué dote lleva. Si el padre no puede darla toda la cantidad que corresponde a su casa, no hay novio para su hija, aunque fuese un prodigio de hermosura y de virtud, por la poderosa razón de que suponiendo que el novio ha de ser igual a ella en lo rancio y colorado de la sangre, si la admitiese con rebaja en el dote padecería su reputación, pues creerían que siendo menos ilustre su apellido que el de su esposa, había prescindido de los intereses por adquirir con tal enlace la nobleza que le faltaba. Y aun cuando las partes contrayentes se convinieran ¿cómo lo sufriría la parentela de entrambos? ¡Dar mi sobrina a un hombre que la toma sin contar el dote! Alguna maula hay en su árbol genealógico, cuando tan a ciegas la recibe, algún abuelo suyo hizo zapatos. Casarse mi primo con esa mujer, y no recibir entero el dote ¿pues qué? ¿Mi primo vale menos que ella? ¿Pues que no somos iguales? No señor; el dote de estilo, y sino no hay boda. Bueno fuera que porque el padre de la muchacha es un

---

22 [«4 renglones y medio».] (N. del E.)
23 [«1 renglón y medio».] (N. del E.)
24 [«más de 4 renglones y medio».] (N. del E.)
25 [«30 renglones y una palabra».] (N. del E.)
26 [«más de 5 renglones».] (N. del E.)
27 [«9 renglones y una palabra».] (N. del E.)

perdido, quedase afrentada para siempre nuestra familia [...].[28] El noble que o por mala administración de sus intereses, o por lo crecido de su familia, no está en estado de dar a cada una de sus hijas la dotación correspondiente, las envía a servir a Dios; todo se consagra al ídolo del mayorazgo, al señorito zonzo encargado de multiplicar la generosa estirpe [...].[29] Hay ochenta religiosas en Donna Romita [...],[30] 350 en Santa Clara.

Entre las cosas que me parecieron raras en Nápoles, una fue la multitud de monjas que se ven por las calles [...],[31] éstas ya se supone que no son de aquellos ilustrísimos conventos de que acabo de hablar [...].[32] Otra, el enjambre de santeros y ermitaños que andan por todas partes pidiendo limosna con su tablilla [...],[33] sus barbas largas y erizadas, traje pintoresco, lleno de girones y arambeles, sandalias, correa en la cintura, rosario y Cristo [...].[34] Otra, las cofradías de penitencia, que llevan a enterrar de noche sus hermanos difuntos, todos van vestidos de blanco y cubierto el rostro, ni más ni menos que nuestros antiguos disciplinantes, con luces en las manos, en dos hileras y precediendo al ataúd cubierto, adornado con molduras doradas, y paño rico, bordado de oro igualmente. No cantan, ni rezan, y este silencio mismo añade horror al espectáculo. Cuando van a juntarse o para asistir a entierro o a cualquiera otra función de comunidad, van en coches alquilones; y el ver en cada coche cuatro fantasmas de aquella catadura, es cosa por cierto rara y tremenda.

La mala fe que reina generalmente en los contratos es tal, que para comprar en Nápoles cualquier cosa, necesita un forastero dar la comisión a uno del país que lo entienda, so pena de perder la paciencia y ser engañado irremisiblemente. No basta ofrecer la mitad ni la tercera ni la cuarta parte de lo que pide el vendedor, porque frecuentemente sucede dar por cinco aquello porque pidieron cuarenta, y esto después de apurar todos los artificios y maulas judaicas, después de haber protestado mil veces, en las

---

28 [«3 renglones y una palabra, se lee boda».] (N. del E.)
29 [«3 renglones y una palabra».] (N. del E.)
30 [«2 palabras».] (N. del E.)
31 [«3 renglones».] (N. del E.)
32 [«casi 4 renglones».] (N. del E.)
33 [«casi 1 renglón».] (N. del E.)
34 [«1 renglón».] (N. del E.)

rebajas sucesivas que van haciendo, que aquél es el último precio, que nadie lo dará más barato, que las circunstancias le obligan a despacharlo por menos de su valor; en suma, no hay perfidia ni mentira que no pongan en uso. Lo dan, en fin, por la quinta o sexta parte de lo que al principio pidieron, y averiguado el caso, queda engañado el comprador en la calidad y en el precio. Cualquier ajuste que se hace es un origen de molestia y desazón, no basta cumplir exactamente cuanto se prometió; es menester sufrir después un aullido importuno del pegajoso napolitano, que llora pidiendo más; se le da más, y dice que es poco; se le da más, y dice que es poco todavía; nunca se va contento. En Nápoles llaman industria al adquirir dinero por medio de fraudes y mentiras, *buscare* al estafar, *assasinare* al robar, *son assasinato* quiere decir: me han quitado un carlín, y al dinero le llaman *il mio sangue* [...].[35]

Así como el pueblo romano necesitaba *panem et circenses*, se dice que el de Nápoles necesita *farina, furca e festini*. Algunas veces se ha padecido escasez en Nápoles, y no ha dejado de atribuirse a falta de previsión del Gobierno pero fuera de estas pocas excepciones, es necesario confesar que la ciudad de Nápoles es acaso la más abundante en comestibles que haya en Europa, ya se atribuya a la prodigiosa fertilidad de sus contornos, o al constante celo de sus magistrados en esta parte; lo cierto es que admira la abundancia de mantenimientos que se ve por sus plazas y calles: pan, carnes, embutidos, pescados, legumbres, frutos, verduras, quesos, pastas, dulces, bebidas, vino, licores; desde lo más necesario a la conservación de la vida hasta lo más exquisito que han inventado las artes para halagar la gula, todo se presenta a la vista pública; y el vulgo está contento cuando, aunque no coma, sabe que tiene que comer. Dicen que además de harina, necesita horca; yo diría que necesita buen gobierno, educación y ocupación. Si hay delitos en esta clase de gentes, atribúyase al abandono en que están o por mejor decir, agradézcaseles que no sean más delincuentes. Ciudadanos infelices, nacidos a la miseria y al abatimiento, hambrientos, desnudos, envilecidos, para quienes ni el honor, ni los placeres, ni las riquezas, ni la autoridad existe (pues se reputan como propiedad de otras clases más afortunadas); sin educación en su niñez, sin ilustración en sus errores, sin

---

35 [«24 renglones y una palabra».] (N. del E.)

proporciones para el trabajo honesto, y, por consiguiente, sin medios para la virtud; sin esperanzas de mejor fortuna, y, por consiguiente, sin estímulos para las acciones útiles a la sociedad; condenados a vivir envilecidos, ignorantes y pobres, capaces de pasiones como todos los demás, se admiran de que cometan delitos. Y para evitar este mal no hay otro medio que la horca. No, si la ocupasen los que la merecen, no sería el vulgo el que contribuyese más víctimas al suplicio. Sin duda estas consideraciones han hecho indulgentes a los tribunales; y mientras el origen del mal no se remedie como debe, procuran moderar el rigor de las leyes, castigan la culpa con las cadenas y aplican pocas veces la pena capital. El pueblo de una gran corte necesita fiestas; y tanto más las necesita, cuanto más oprimido esté; así se le distrae de la consideración de sus miserias, y tal vez interrumpe el llanto por admirar la pompa de los espectáculos, que le ocupan a un tiempo los ojos y los oídos.

Los teatros de Nápoles no son para el ínfimo vulgo, no tanto porque el precio de ellos sea excesivo, cuanto porque esta clase infeliz apenas tiene para comer. La religión suple a este inconveniente; en pocas partes se celebran con tal frecuencia ni aparato las funciones eclesiásticas, como en Nápoles. Se adornan los templos y las calles con pabellones y colgaduras; resplandecen los altares con multitud de luces, que forman varios dibujos de estrellas, arcos y pirámides alrededor de las imágenes; y entre los adornos preciosos de plata y oro y mármoles exquisitos, el canto, la música, las vestiduras, las ceremonias [...][36] las flores, los inciensos, los fuegos artificiales, el aparato militar que acompaña al triunfo, todo añade magnificencia, decoro, novedad, y hermosura al espectáculo. [...][37] La religión [...][38] uniendo el placer al culto, suspende, distrae, alegra al numeroso pueblo espectador, cuyos sentidos deleita y arrebata con la multitud de objetos agradables que le presenta. No cabe dificultad, las funciones de iglesia y las procesiones, que tan a menudo se celebran en Nápoles con el más brillante aparato, consideradas políticamente, contribuyen mucho a la tranquilidad del pueblo.

---

36 [«3 palabras interlineadas».] (N. del E.)
37 [«2 o 3 palabras».] (N. del E.)
38 [«casi un renglón; sobre la tachadura, añadido entre renglones uniendo el placer al caligrafía que parece de otra mano que no es de Moratín que puede identificarse con la de Melón».] (N. del E.)

He notado ya, lector amantísimo, que no me da el naipe para esto de transiciones; y en prueba de ello he aquí que después de haber hablado de tan profundas materias, voy ahora a tratar de putas y alcahuetes.

¿Quién podrá fijar el número de putas que hay en Nápoles? Como este ejercicio carece de examen, como no está erigido en gremio, como no sufre ni veedores ni demarcaciones, ¿quién podrá averiguar de cuántos individuos se compone, aunque visite desde los dorados palacios de los príncipes a los ahumados rincones de la abatida plebe? En ambos extremos se hallan hermosuras fáciles; el precio es diferente, el contrato es el mismo, los mediadores no. Un abogadillo enredador, un guardia de corps tramposo y perdido, un marquesito hambriento, un abate modesto y sutil, conducen hasta el fin las empresas más difíciles en este género; y el que padezca ilustres manías en amor, y guste de blasones y escudos y cuarteles rojos y campos de gules, será feliz, contribuyendo por medios discretos con oro, con telas o brillantes. El teatro es el aparador de Venus; un buen anteojo, un amigo que informe de la habitación, y un criado que sepa llevar un papel, es todo cuanto en este caso se necesita. Las ventaneras forman la clase más numerosa; las cercanías de Palacio, la Calle de Toledo y sus alrededores, como también las del Serraglio, Ponteoscuro y Arrabal de Capua en la extremidad opuesta de la ciudad, abundan en este género mercantil. Hay mucha prostitución; pero no llega a la de París ni Londres. [...][39] / [...].[40]

Estas mujeres no son tan callejeras como en Madrid las de su oficio, por la razón de que éstas viven más seguras en su casa; ni aquí escandaliza verlas todo el día de muestra a la ventana, desde donde con una seña expresiva convidan a los aficionados que fijan la vista en ellas. Viven en lo más público de la ciudad, y esto las ahorra de salir a pasear por las calles su mercancía. El desaliño de sus cuartos, la discordancia de sus trajes y prendidos, su conducta loca, su destemplanza, su abatimiento, sus trampas y embustes; la socaliña, la vileza, las arrugas y la devoción de sus tías y madres, todo es como en España. El precio a que venden sus favores es muy moderado, y como el arte de hacerlos valer necesita mucho talento y no poca instrucción, continuamente se quejan de la inconstancia de sus amantes. Entre todas

---

39 [«9 renglones».] (N. del E.)
40 [«casi 6 renglones».] (N. del E.)

ellas solo vi miseria y abandono, presentan el vicio en toda su deformidad e incapaces de inspirar pasiones vehementes, lo son también de adquirir aquellas riquezas escandalosas que acumulan en otras cortes algunas de su ejercicio. El poder de la hermosura, las gracias y la juventud es harto débil si el talento y la educación no las acompañan.

En Nápoles [...][41] es el mal venéreo más común, y más funesto acaso, que en cualquiera otra parte de Europa. Paisanos míos, mancebitos barbiponientes, que por huir la estrechez de un colegio o la sujeción doméstica, con pocos años, mucha locura y ninguna instrucción, venís presurosos a gozar las delicias de la seductora Parténope, ya que no tengáis ni prudencia ni virtud, tened miedo a lo menos, y si no sois continentes, sed cobardes.

¡Qué infames, qué puercos, qué despreciables, qué embusteros y malvados son los alcahuetes! ¡Cómo corren toda la ciudad de un lado al otro, cómo se introducen en los cafés, en las tiendas, en las casas de juego, cómo se insinúan con los forasteros, cómo los espían y salen al encuentro al acabarse los espectáculos, ofreciéndoles sus servicios, proponiéndoles hermosuras venales de todos géneros, de todas edades, de todos precios! Ellos son los azuzadores del vicio, los que propagan la corrupción de las costumbres, los que facilitan la infidelidad del tálamo, los depositarios de tanta debilidad humana, de tanto resbalón femenil; protegidos de las ilustres damas que procuran un desahogo a su temperamento, mal satisfechas de un esposo anciano, o distraído en otra parte, o debilitado por los desórdenes de las modestas viudas, que necesitan en la austeridad de su retiro un suplemento de aquella felicidad que interrumpió la muerte; de las doncellas tímidas que se rezuman de apetito, y no pueden sufrir en paz las dilaciones de un padre descuidado. Alcahuetes hay para todas, no hay necesidad que ellos no socorran, ni estorbo que no faciliten. Las putas se sirven de ellos como los comerciantes de los corredores: los miman, los regalan, y ellos por su parte no solo las procuran parroquianos sino que las dispensan todo favor y protección. Si se ofrece buscar dinero para salir de un apuro, pagar al casero, acallar a los alguaciles, alajar el cuarto, vestir a las recién venidas, regalar al cirujano, facilitar una fuga, ocultar un preñado, costear un casamiento, ellos lo hacen todo. No hay rincón de la ciudad que ellos no

---

41 [«casi 3 renglones».] (N. del E.)

visiten, ni mujer que no conozcan, ni concurso público a que no asistan, ni feria en donde no se hallen. ¡Qué diligentes, qué callados, qué intrépidos, qué serviciales con todo el mundo! ¡Oh, Nápoles!, ¿cuál corte de Europa competirá contigo en punto de alcahuetes? ¿Cuál de ellas te excederá ni en el número ni en la excelencia de ellos? Bastaría solo el Signor Luigi para asegurarte esta preeminencia. Qué hombre alto, desvaído, encorvado con el peso de la edad y de los afanes graves de su ministerio, de venerable calva, de aspecto halagüeño y señoril, limpio, cortés, humilde, fiel, devotísimo de San Jenaro y honrado a no poder más, prendas que, unidas a la inteligencia de su arte, le hacían amable a cuantos tenían la fortuna de conocerle. Si mis elogios no fuesen atribuidos a la expresión del agradecimiento, más que a la de una admiración desinteresada y justa, no acabaría aquí su panegírico, y emplearía mi débil talento en recomendar a la posteridad remota el mérito de tan esclarecido varón.

Los dos Sitios Reales cercanos a Nápoles y más concurridos del Rey son Caserta y Portici. Caserta es ciudad pequeña, situada a unas cuatro leguas al norte de Nápoles, en una llanura fertilísima, en que otro tiempo estuvo la célebre Capua, tiene a la parte del Norte los montes de Tifata, desnudos y áridos, que en verano, heridos del Sol, necesariamente producirán sobre la ciudad, que está a sus faldas, un reverbero y calor infernal, al mediodía se ve el mar, la isla de Caprea y el Vesubio.

El Palacio comenzado en 1752 bajo la dirección del célebre arquitecto Vanvitelli, es regular, grandioso, y digno acaso de otro monarca más poderoso que el de Nápoles, las paredes son de ladrillo, la decoración de piedra, de un orden compuesto; todo él forma un gran cuadrilongo, y en las dos fachadas principales tiene tres puertas, que abren la comunicación de una a otra parte; tiene cuatro patios; por medio de los cuales atraviesa el pórtico de la entrada principal. La escalera es magnífica, adornada de mármoles y pinturas; lo interior de los cuartos, esto es, la parte que está habitada, pues aún falta mucho por concluir y adornar, está mueblado con buen gusto, pero no con particular grandeza. Hay muchos cuadros repartidos por las habitaciones de la familia Real, pero ninguno de gran composición, la mayor parte de ellos son marinas y países. Hay uno muy grande, obra de Angélica Kauffman, en que representó del tamaño natural al Rey, a la Reina y todos sus hijos. Puede verse en el *Viaje de Italia* de La Lande la variedad de exquisitos mármoles que se han empleado en este edificio. Los jardines tienen grande extensión, pero me parecieron muy mal, paredes de olmo, árboles pequeños todavía, calles tiradas a cordel sin variedad, sin alegría; todo monótono, todo hecho con la tijera y el compás; la falta de fuentes, de estatuas y otros adornos añaden soledad y silencio al sitio. La cascada, que está enfrente del palacio, es cosa magnífica, podrá tener una milla de longitud, ancha, abundante en aguas, en cuya superficie nadan hermosos cisnes, y en su centro peces de gran tamaño. Las aguas bajan desde lo alto de la montaña, rompiéndose entre peñascos artificiales, muy mal ejecutados, cuya masa total hace un efecto confuso, pesado y ridículo. Qué diferencia entre las cascadas de los montes de Suiza y ésta, dibujada primero en papel de Holanda, y ejecutada después a fuerza de cincel. Cuando el arte quiere suplir por la naturaleza, solo produce extravagancias. La parte de cascada que entra en el jardín es mejor, caen las aguas por unos escalones espaciosos formando hermosos estanques, por donde se puede navegar en pequeños barcos; está adornada con estatuas que la enriquecen, y allí el arte no es impostor. Cerca de estos jardines hay un edificio real, llamado Santo Leucio, donde el Rey ha establecido una fábrica de tejidos de seda; allí se hila, se tuerce y se teje. El Soberano, protector de esta fábrica, va muy a menudo a ella, y en dulce oscuridad pasa muchos días del año, retirado en aquel asilo, donde ni el tumulto de la corte, ni los cuidados del Gobierno, ni las desazones domésticas turban su [...][42] descanso. [...][43] / [...][44] [...] /.[45]

[...][46] La ciudad de Caserta no tiene edificios de consideración, ni hay regularidad ni limpieza en sus plazas y calles; como el Palacio es tan grande, que en él puede caber toda la comitiva del Soberano cómodamente, no es mucho que los señores que le sirven no hayan pensado en edificar casas propias para habitarlas el tiempo que Su Majestad reside allí. Esto, y la predilección particular que el Rey manifiesta a su casa de Santo Leucio, adonde,

---

42 [«una palabra».] (N. del E.)
43 [«casi 4 renglones».] (N. del E.)
44 [«10 renglones, a continuación un * indica la inserción del fol. 52 r = 78: Fácil es... temeridad» corregido según la indicación de Belén Tejerina.]
45 [«6 renglones».] (N. del E.)
46 [«5 renglones y medio».] (N. del E.)

como ya se ha dicho, se va solo y con muy pocos criados, ha hecho que Caserta no mejore de aspecto, y en vez de un sitio real, parezca solo un lugar grande, habitado de labradores y gente humilde.

El acueducto para conducir las aguas a Caserta es obra del mencionado arquitecto, que construyó el Palacio. Esta obra tiene unas doce millas de longitud y se ve al descubierto al pie del monte Taburno, y después en el valle de Durazzano. En este paraje es mayor el puente; su extensión desde monte Longano a los de Tifata, es de mil seiscientos dieciocho pies franceses; su altura, desde lo más profundo del valle, ciento y setenta y ocho. Tiene tres órdenes de arcos que entre todos llegan al número de ochenta y nueve; el agua va por un conducto cubierto, y encima de ella hay un camino que sirve de comunicación a las dos montañas y otro más bajo sobre los primeros arcos, atravesando por en medio de sus pilares. Esta obra bastaría a inmortalizar la memoria del artífice, y la imagino comparable a lo más digno que nos ha dejado la antigüedad. La fábrica se compone de fajas alternadas de piedra y ladrillo, muy semejante a la del anfiteatro de Galieno, que se ve en Burdeos.

Siguiendo la costa del Golfo de Nápoles, entre Oriente y Sur, se halla, a cosa de legua y media de la ciudad, el sitio Real de Portici, al cual se va por un buen camino, con edificios a un lado y otro, que forman una continuada población. Al salir de la ciudad se dejan a la izquierda los Cuarteles de Caballería, se pasa el Puente de la Magdalena, en medio del cual se ve a un lado un San Juan Nepomuzeno, y a otro un San Jenaro con el brazo derecho levantado, en ademán de contener las erupciones del Vesubio, para que no lleguen a la ciudad. Por debajo de este puente pasa el humilde Sebeto, sus aguas la hermosa llanura que desde allí se descubre, llena de árboles y hortalizas. Más adelante, entre el camino y el mar, están los graneros públicos, uno de los mayores edificios de Nápoles, capaz de contener las cosechas de todo el Reino; y siguiendo el camino, que a excepción de muy cortos espacios, puede considerarse como una calle, se llega a Portici, situada en la falda del Vesubio y a corta distancia del mar. Es muy buena población, llena de casas de placer, con multitud de jardines deliciosos. La situación es muy agradable, por las hermosas vistas del mar, la isla de Caprea, situada a la extremidad occidental de la costa, el Golfo y Puerto de Nápoles, la ciudad y la hermosa Cordillera de Paussilipo, que cierra el horizonte por la parte del Norte. Nada hay que no sea agradable en esta situación, sino la vecindad del volcán terrible, que a cada instante amenaza ruinas espantosas, como se ha verificado tantas veces. Ni las casas de los señores, ni el palacio del Rey, tienen magnificencia, aunque en lo interior son cómodas sus habitaciones; estos edificios distan mucho de la elegante simplicidad de las casas de campo inglesas, y del lujo y ornatos arquitectónicos con que hermoseaban las suyas los franceses «dum fata deusque sinebant».

La habitación de los Reyes está adornada con mucho gusto; pero nada me pareció mejor que los mosaicos antiguos de que están revestidos los suelos, cosa inapreciable por su singularidad y su primor, algunas mesas de lava y mármol, y un gabinete de china de la fábrica de Nápoles, como también algunos bajorrelieves antiguos, de mucho mérito. Debajo de dos pórticos, que están a los lados del Patio o Plaza de Palacio, por donde atraviesa el camino, hay dos bellísimas estatuas ecuestres de mármol, sacadas de Herculano, que representan a Marco Nonio Balbo y a su hijo del mismo nombre. La actitud de entrambas es la más sencilla, no producen sorpresa al que las ve, pero aumentan su placer al paso que las va examinando; fijan por instantes su atención, y no puede separarse de ellas sin hacerse una cierta violencia. Éste es el verdadero carácter de las obras más bellas, sencillez, hermosura y verdad; estos mismos efectos produce un idilio de Teócrito comparado con una égloga de Virgilio, una comedia de Terencio con una del afluente, pomposo y extravagante Calderón; una figura de Rafael con la Magdalena de Le Brun; la Venus de Médicis con cualquiera estatua del Bernini.

El Museo de Portici es tan singular en su género, que no hay otro que se le parezca. Hay en él una gran cantidad de inscripciones, columnas, aras, bustos, y estatuas de vario mérito, una de Ciria, mujer de Balbo, el padre, de excelente ejecución en las ropas; un Augusto de bronce, desnudo, con el rayo en la mano; un Tiberio, también desnudo; dos cónsules, dos vestales, un fauno dormido, un sátiro ebrio, reclinado sobre un pellejo; un Mercurio sentado, conocido ya en España entre los modelos de la Academia de San Fernando; algunos bustos desconocidos, y otros que representan personajes célebres de la Antigüedad, entre ellos Pirro, *Berenice*, Platón y Séneca.

Esto es lo que me pareció más digno entre los mármoles y bronces que allí se guardan. Los demás objetos de que se compone este museo son varios mosaicos antiguos, colocados en el suelo de las estancias y en los armarios de ellas, todo lo más particular relativo a la historia, a la religión, a las artes, a los usos y costumbres de unas ciudades que dejaron de existir diecisiete siglos ha. Las excavaciones de Herculano, Pompeya y Stabia han descubierto en nuestra edad los tesoros que por lo tanto tiempo ocultó la tierra, y no es posible mirar sin maravilla colección tan preciosa. Allí se ven los instrumentos y utensilios de los templos: trípodes de bronce, jarrones, tazas, pateras, cuchillos, y cuanto era necesario al culto y a los sacrificios; lacrimatorios de vidrio, dioses lares, armas y arreos militares; pesos, candelabros y todos los demás muebles domésticos, hasta las vasijas de la cocina; cántaros, pucheros, platos, marmitas, moldes para labrar las masas, almireces..., monedas, joyas, adornos femeniles, pedazos de galón y telas, juegos de niños, tarjetas para entrar al espectáculo, instrumentos de cirugía, tablas de escribir, estilos, volúmenes en crecida cantidad, que parecen grandes rollos de tabaco habano hechos de la planta papiro, secos por el calor, y que al tocarlos se deshacen en cenizas, si bien ha llegado ya a descubrirse el medio de desarrollarlos y leerlos, aunque no sin mucha dificultad. Ni es menos admirable la colección de comestibles hallados en las habitaciones de Pompeya: panes, huevos, almendras, nueces, higos, dátiles, piñones, vino y aceite, del cual solo ha quedado un extracto sólido y transparente. Varios instrumentos de música, un bajorrelieve que representa una escena cómica, y entre los personajes uno que acompaña con dos flautas la declamación, un grupo de un sátiro y una cabra, cosa excelentemente ejecutada, pero torpísima, muchos priapos de varios tamaños, y algunos pequeñísimos de marfil, que se ponían las mujeres al cuello y en la cintura para procurarse la fecundidad. La colección de pinturas halladas en las excavaciones de Herculano y Pompeya se compone de cerca de setecientas piezas de diferentes géneros, unas son adornos a la greca y arabescos, otras representan frutos y caras, otras animales vivos, pájaros...; otras países, marinas y varias perspectivas de arquitectura, y otras, por último, figuras humanas, unas solas, como amores, musas, saltatrices, bacantes, y otras agrupadas que representan asuntos de fábula o de historia. Estas pinturas halladas en las paredes de los antiguos edificios que se han descubierto, hechas sobre una especie de estuco, las han serrado en forma y, cuadrángula y colocándolas en marcos, con cristales delante, algunas hay en piedra, pero son muy pocas, y más pueden llamarse dibujos que pinturas. Hablando en general, me pareció bien todo lo que es adorno: los frutos, correctos en el dibujo, pero tocados débilmente; algunas pinturas de pájaros hechas con mucha inteligencia, copia exactísima del natural; los países, de corto mérito, sin inteligencia en la graduación de las luces ni en la perspectiva; los asuntos de arquitectura, de un género caprichoso y extravagante, sin conexión ni belleza, algunas figuras aisladas de saltatrices, cupidos...; diseñadas con gracia y expresión, y en los grupos entre los cuales deben contarse la pintura de Teseo con el Minotauro a los pies, la de Hércules y Flora, la de Chirón y Aquiles, y alguna otra de las más grandes de la colección, a pesar de muchas incorrecciones que han notado los inteligentes, se ve un buen carácter de diseño, bellos desnudos, gracia en la expresión y buen estudio de ropajes. En general me pareció, si por estas obras se ha de juzgar el estado de la pintura en aquella edad, que en medio de estas perfecciones que todos admiran, pueden notarse a los antiguos los siguientes defectos: 1.º Errores clásicos de perspectiva. 2.º Poca inteligencia en graduar las luces para expresar la cercanía o distancia recíproca de los objetos. 3.º Ningún arte en agrupar las figuras. 4.º Poco uso de los escorzos, defecto que, unido al anterior, da a la composición una frialdad y languidez insufrible, que no bastan a suplir ni la corrección ni la expresión, las cuales deben ir acompañadas con la invención poética de los grupos y actitudes, y el uso oportuno y correcto de los escorzos, último esfuerzo de la ilusión. Es inútil que yo pondere cuán preciosa es una colección de pinturas sacada de las entrañas de la tierra, libradas de los estragos espantosos de las erupciones y terremotos, donde se ve el lujo, las costumbres y el estado de las artes de aquellas naciones que desaparecieron del globo dejando a la posteridad estos inapreciables monumentos. Tales consideraciones, unidas a la de ser el único que existe en Europa, dan estimación a este museo de pinturas; pero si prescindiendo de lo demás, nos ceñimos al mérito intrínseco de estas obras, yo las trocaría todas por un buen cuadro de Rafael. No diré lo mismo en cuanto a escultura, puesto que así las piezas de este género que componen la colección de Portici, como las de Roma, Florencia y otras ciudades de Italia, son pruebas irrefragables de la superioridad de los antiguos.

Debajo de Portici Resina está sepultada la ciudad de Herculano, los edificios más considerables de ella, que hasta ahora se han descubierto, son un foro y un teatro; en el foro se hallaron las dos estatuas ecuestres de los Balbos, una de Vespasiano y otras de varias familias ilustres. El proscenio del teatro tiene ciento treinta pies de ancho, y en las veintiuna gradas destinadas a los espectadores y los espacios restantes, se ha calculado que cabían diez mil personas. La cantidad de ceniza y lavas que cayeron sobre esta ciudad fue tal, que sus edificios se hallan a sesenta, ochenta y cien pies de profundidad. Esto hace muy difícil la excavación, pues además de la consistencia y grueso de las materias que hay que romper a pico, es necesario sostener con postes y estribos las excavaciones, para que todo no se hunda y arruine; y además, cómo es posible taladrar un terreno sobre el cual existen en pie tantos edificios, sin que éstos se resientan. Mientras permanezcan Resina y Portici no se pueden adelantar los descubrimientos de Herculano.

Siguiendo el camino, que va siempre inmediato al mar, se hallan después de Resina la Torre del Greco y la de la Anunziata, poblaciones contiguas unas a otras con poca o ninguna interrupción, bien situadas y alegres, de mucha gente, llenas de casas de campo, con jardines, huertas y abundante cultura. Atraviesa el camino por encima de un gran torrente de lava que arrojó el Vesubio en 1760, mezclada con cenizas y enormes piedras; abrasó todo el terreno, destruyó los edificios que halló al paso, y bajó hasta el mar, con estrago espantoso. A poca distancia se hallan las ruinas de Pompeya, ciudad antigua, que hasta la mitad de este siglo permaneció tan oculta a la vista humana, que nadie se atrevía a fijar el paraje en que estuvo. La multitud de cenizas que cayeron sobre ella detenidas en los huecos de sus calles y edificios, formaron una elevación de terreno, el cual, haciéndose con el tiempo vegetal y fértil, comenzó a labrarse, y hoy se ve encima de los templos, teatros y sepulcros de Pompeya enlazarse las parras a los chopos, y segar el labrador mieses abundantes. Las excavaciones que se hacen en este sitio cuestan poco trabajo, así porque todo es ceniza lo que hay que romper, como porque es mucho menor la profundidad a que se encuentran las ruinas que en Herculano. Hasta ahora se han descubierto dos calles, una de ellas con la puerta de la ciudad y varios sepulcros, un cuartel, un templo de Isis y dos teatros.

No es posible caminar por aquel paraje sin una especie de entusiasmo que todos aquellos objetos inspiran. Éste era el teatro; aquí se acomodaba el pueblo, allí la nobleza; por allí salían los actores; aquí se oyeron los versos de Terencio y Plauto; este recinto sonó con aplausos públicos, los hombres desaparecieron, y el lugar existe. Éste era el templo, allí está la inscripción, allí las aras; las paredes lo anuncian todavía en pinturas y estucos, los atributos de la deidad. Aquí se degollaban las víctimas; aquí, escondidos los sacerdotes, prestaban su voz a un mudo simulacro, y el pueblo, lleno de terror, creía escuchar la divinidad misma, anunciando a la ignorancia humana los futuros destinos. Ésta es una calle, empedrada está como las de Nápoles, con lavas que ha vomitado ese volcán vecino, a un lado y otro hay ánditos para que pase el pueblo seguro de los carros, aún se ven las señales de las ruedas. Veis aquí las tiendas, allí se vendieron licores; la insignia que está a la puerta, la señal que ha dejado el pie de las copas sobre el mostrador, y las hornillas inmediatas para tener caliente la bebida lo manifiestan. Allí hay otra donde se vendían Príapos, la insignia está esculpida sobre la puerta, allí está el aparador, repartido en gradas, donde se exponían estos dijes a la vista pública. Éstas son casas de gente rica, éste es el pórtico, sostenido en columnas de ladrillo revestidas de estuco, con decoración dórica; allí está el patio, con la galería que le rodea; estancias pequeñas, altas, con mosaicos en el suelo y pinturas en las paredes; el baño, la estufa, con pared hueca, por donde se comunicaba el jardín, la fuente, la bodega con grandes cántaros, la sala de conversación, la de comer, la alcoba, el poyo donde estaba el lecho; pinturas voluptuosas por todas partes, triunfos de amor. Veis allí los sepulcros que erigió la patria agradecida a sus hijos ilustres, la inscripción anuncia sus nombres y su calidad, allí reposan sus cenizas. Qué silencio reina en todo el contorno. Qué soledad horrible. Y todavía el Vesubio arroja llamas y retumban sus cavernas con rumor espantoso.

Este monte, distante dos leguas y media de Nápoles, hacia la parte oriental, tiene de altura unas seiscientas toesas; su figura es cónica con base muy ancha; la parte superior se compone de lavas, piedras, cenizas, arenas y escorias, sin hierbas ni plantas, ni árboles, ni animales, ni hombres, aspereza horrible, cavernas profundas, soledad, silencio en la parte inferior, donde es el terreno fertilísimo, hay mucha cultura de árboles y viñas que producen excelentes vinos, y en lo más llano, cerca ya del mar, se ven las alegres poblaciones de Portici, Resina, Torre del Greco, Torre de la Anunziata, y otras muchas que le rodean. Si se considera la inmediación de este volcán, y el riesgo inminente de que un día reviente incendios, trastorne toda su circunferencia y sepulte en fuego y cenizas aquellas moradas deliciosas, centro del lujo y de los placeres, se conocerá cuán fácilmente se olvidan los hombres del peligro, por más que vean presente la amenaza.

Portici está edificada encima de Herculano opulenta; Pompeya se descubre ahora, después de haber permanecido largos años oculta bajo las cenizas que en ella cayeron; en los jardines del Rey, y en otras varias partes en que se han hecho excavaciones profundas, se hallan hasta treinta capas distintas de lava, y estas seis o siete veces interrumpidas con tierra vegetal y restos confusos de edificios; que es decir, treinta veces aquel terreno, que ahora habitan los hombres con tal seguridad, ha estado cubierto de torrentes de fuego con el transcurso de los siglos; seis o siete veces se han olvidado los hombres del estrago anterior, han cultivado y han habitado aquel territorio; otras tantas se han repetido aquellos horrores; y no obstante, hoy viven sobre tantas ruinas, sin temer que la naturaleza, en solo un momento, renueve igual en destrozo. La Montaña de Soma, que por el lado de Oriente y Mediodía rodea al Vesubio, parece ser una parte dél, ambos están sobre una misma base, y parece haberlos desunido algún hundimiento, de que resultó una abertura lateral, aumentándose después la cima del volcán con las materias mismas que arroja. La Montaña de Soma, por la parte interior, que mira al Vesubio, toda está rota y quebrantada; y a la opinión de haber sido en otro tiempo estos dos montes uno solo, se fortifica, no solamente por la forma de entrambos, sino también por la identidad de las materias de que se componen. Este volcán tiene además de la boca principal, varias aberturas, que rompe u obstruye sucesivamente la dimensión de la crátera; se ha encontrado diferente en varias ocasiones y también la distancia que hay desde sus bordes hasta donde se halla el fuego; toda la parte interior de su gran boca, compuesta de ásperas masas de piedras, lavas, cenizas, pómez y escorias metálicas y bituminosas, presentan a la vista varios colores, siendo los principales el blanco, verde, amarillo, ceniciento y morado. Casi siempre arroja humo, con más o menos abundancia; de noche se ven salir por su boca llamaradas y materias líquidas, que se revierten en varias direcciones, y a corta distancia se congelan. Si se examinan las señales que a dejado este volcán en sus erupciones, se pierde la imaginación en el cálculo de su antigüedad; la memoria de los hombres, limitada y oscura, abraza apenas un corto espacio de su edad larga, anterior a todos los monumentos que conocemos y a las naciones de que tenemos alguna noticia. La primera erupción de que hablan los escritores es la del año de 79 de Jesucristo, en que perecieron Herculano y Pompeya. Plinio el Naturalista, que se hallaba en Myseno, atravesó el mar con deseos de observar sus efectos, y murió a las faldas de este monte, sofocado por el humo. Desde entonces hasta la edad presente se cuentan treinta y tres o treinta y cuatro erupciones más o menos terribles, que han hecho de aquel país un montón confuso de ruinas, convirtiéndole muchas veces en un desierto. No pueden leerse sin admiración y horror los efectos de estas erupciones. Suena un rumor confuso en las cavernas de la gran montaña, sale humo espeso por su boca, le agita el aire, y esparce oscuridad y fetor por los campos vecinos; se aumenta el estruendo, revienta el monte, y entre una espesa lluvia de ceniza ardiente, que cubre la atmósfera y sepulta en tinieblas a la populosa Nápoles, con estampidos y relámpagos, sale una columna altísima de fuego, arrojando al aire enormes piedras candentes, que se precipitan a los valles, brama impetuoso el viento, se altera el mar, tiembla la tierra, inflámase por todas partes el monte, y derrama torrentes de agua entre las lavas que desde su altura bajan ardiendo al mar, abrasando y reduciendo a cenizas los árboles, las mieses, los edificios, las ciudades, que al pasar aniquila o sepulta irritados los elementos, anuncian el trastorno final del mundo, y en solo un momento desaparecen naciones enteras.

El palacio del Rey es un vasto edificio, de buena arquitectura, pero exceptuando su fachada principal, que da a una plaza irregular y espaciosa, que llaman Largo di Palazzo, todo lo restante está confundido por los edificios adyacentes o por los pedazos que le han ido añadiendo para hacerle más grande, está inmediato al mar, y se comunica con el castillo que domina el muelle y puerto, llamado Castel Nuovo. La fachada que da a la plaza tiene cerca de 100 toesas de largo, se compone de tres cuerpos, con pilastras dóricas, jónicas, y corintias; tres puertas, con grandes columnas de granito, que sostienen los balcones; el cornisamento está adornado con pirámides y urnas, y en medio un reloj, arreglado al uso común de Europa. A un lado y otro de la puerta principal hay dos inscripciones, la una de ellas es ésta:

> Amplissimas aedes quas pro Philippus 3 Rex. Max pacis et justitiae cultor e solo faciundas jussit Ferdinandus Castro Lemensium Comes, Caterina Zunica et Sandoval inter heroinas ingenio et animi magnitudine praeclara et Franciscus filius, in hoc Regno Proreges optimi, aedificandas curarunt, Anno 1602.

El patio de este edificio es demasiado pequeño; la escalera espaciosa y magnífica, sin otro adorno que unas estatuas que representan ríos, cosa muy mala, en la capilla no hay otra cosa notable que una imagen de la Virgen, de hermoso mármol blanco, obra de mérito. El patio, y la galería baja que le rodea, parecen depósitos de basura y estiércol y cuando en el palacio del Rey se observa esta falta de limpieza, no hay para qué decir que es general en Nápoles, las calles y plazas y parajes más concurridos de la ciudad están puercas y hediondas hasta el exceso, y los portales y escaleras de las casas particulares parecen basureros y letrinas. Cercana al Palacio está la fábrica de la china donde vi obras muy bien trabajadas; entre ellas me parecieron estimables las pequeñas figuras que allí se hacen para adorno de los gabinetes o de las mesas, la mayor parte de ellas ejecutadas por originales antiguos. En cuanto a los precios de estas obras, a la economía y utilidades de esta fábrica, baste decir que es cosa del Rey. Establecimientos de esta especie son siempre ruinosos, en vez de producir ganancias al Soberano, sirven solo de enriquecer a los empleados, sin beneficio del público; favorecen la rapiña y el monopolio, ahogan la industria nacional, y estorban los progresos de las artes y del comercio. Un Rey no debe hacer platos, ni tejer terciopelos, ni vender salitre, ni pintar naipes, ni destilar aguardiente; debe reinar.

Siguiendo la orilla del mar por la parte del Norte se halla la Plaza y Barrio de Santa Lucía, habitado de pescadores; en dicha plaza se vende pescado en grande abundancia; más adelante está el Castillo del Huevo, Castel del Uovo, llamado así por su figura oval; está situado sobre un peñasco, donde se dice que antiguamente fue la casa de Lucullo; se comunica con la orilla por un puente de más de doscientos pasos; a la entrada del castillo hay esta inscripción:

> Philippus 2. Rex Hispaniarum pontem a continenti ad Lucullanas arces olim austri fluctibus concuassatam nunc saxeis obicibus restauravit firmunque redidit. Don Joanne Zuñica Prorege Anno MDLXXXXV.

A corta distancia de este castillo, sobre la misma costa, se ve el único paseo de Nápoles, llamado Villa Reale, consiste en un gran terraplén, que podrá tener la longitud del salón del Prado, aunque más angosto; por la parte de tierra le ciñen verjas; y por la del mar un pretil; está plantado de parras y chopos, que forman dos galerías, dejando en medio una calle espaciosa, en medio de la cual, dentro de un gran pilón redondo, han colocado sobre un pedestal, el famoso grupo antiguo del Toro Farnese, más digno, en verdad, de conservarse con el mayor cuidado en un museo, que de ser expuesto en paraje tan público, donde, aunque nada hubiese que temer por parte de los sacrílegos muchachos, las injurias del tiempo degradaran obra tan perfecta. Dice La Lande que éste es uno de los más bellos paseos del Universo; si lo dice por su situación y por las hermosas vistas de que goza, tiene razón, pero el paseo en sí no me pareció digno de tal elogio. Los emparrados en forma de bóveda que tiene a un lado y otro, donde los alegres pámpanos están ahorcados y aprisionados entre celosías de madera, para darles la forma arquitectónica que describió el compás; las fuentecillas pequeñas, ridículas, donde apenas se ve un chorrito como una sangría; los cuadros de césped y box, los arbolillos frutales, enanos y retijereteados, que los adornan, todo es tan simétrico, tan violento, tan diminuto, que más que deleita, angustia al que guste de ver la naturaleza en el bello desorden de su libertad. Los coches no entran en este paseo, ni hay capacidad bastante para ellos; van por el lado de tierra, entre el terraplén y la acera de casas que llaman Chiaia, hasta Possilipo, larga cordillera que en gran parte rodea a Nápoles y cierra la vista del golfo con dirección de Norte a Sur. Este monte es muy delicioso, desde su altura se ve a la izquierda la ciudad de Nápoles y su hermosa ribera; enfrente la Montaña de Soma, el Vesubio y las alegres poblaciones de su falda, el espacioso Puerto y la isla de Capri a la parte del Mediodía; todo él está lleno de casas de campo, donde en el rigor del estío gozan los poderosos fresco ambiente, frondosidad sombría, quietud suave. La parte de la costa que está a sus pies llamada Mergelina, célebre por los peces de que abunda, fue posesión del dulce Sannazaro que enamorado de aquel sitio deletoso decía:

> O lieta piaggia, o solitaria valle,
> o accolto monticel, che [mi difendi
> d'ardente Sol con le tue ombrosse spalle.
> O fresco e chiaro rivo, che discendi
> nel verde prato tra fioriti sponde,
> E dolce ad ascoltar mormorio rendi

La casa de este poeta fue destruida por Filiberto, Príncipe de Orange, general de Carlos Quinto, ofensa bárbara que jamás le perdonarán las musas. Sannazaro edificó después sobre sus ruinas un convento de Padres servitas, con una iglesia dedicada al Parto de la Virgen; en dicho templo se ve su sepulcro, todo de mármol blanco, muy bien ejecutado. En la parte superior está el busto del poeta, debajo de él la urna que guarda sus cenizas, un bajorrelieve de sátiros y ninfas, en alusión a sus poesías bucólicas, y a los lados dos grandes estatuas de Apolo y Minerva, que [...][47] han querido transformar poniendo debajo de Apolo un letrero que dice *David*, y en la parte opuesta *Judit*. El epitafio que se ve en dicho sepulcro es del cardenal Bembo, y dice así:

D. O. M.
Da sacro cineri flores; hic file Maroni Sincerus, musa proximus, ut tumulo.
Vix. Ann. LXXII. A. D. MDXXX.

---

47 [«un renglón han corregido sobre ha» en el original.]

No obstante, a pesar del conocido mérito de este poeta, algunos han dicho que Sannazaro está demasiado cerca de Virgilio.

En la misma montaña de Possilipo, a distancia de dos tiros de bala de este paraje, volviendo hacia la ciudad, está sobre la boca de la gruta de Puzol el sepulcro de Virgilio, si basta una tradición constante a creerle tal. Está dentro de una viña cercada, perteneciente al Duque de Pescolanciano; se va a él por sendas pendientes y torcidas, entre malezas incultas; y al verle, solo se encuentran ruinas mal distintas, que afligen el ánimo y satisfacen poco la curiosidad. Parece que la fábrica se componía de dos cuerpos cuadrángulos de arquitectura, con una cúpula encima, plana en la parte superior, dentro se ve una pieza cuadrada, pequeña, cerrada en bóveda con nichos en las paredes; una puerta, con una ventana encima y dos troneras en el techo. Si es cierto que aquí se guardaron las cenizas del divino Marón, fuerza es lamentar los estragos del tiempo, y más que todo, la ignorancia de nuestros abuelos, que así dejó perecer este monumento respetable. Se dice que en lo interior de este sepulcro estaba la urna funeral, sostenida de nueve columnas de mármol, y que en ella se leía el dístico de «Mantua me genuit, Calabri rapuere...», así dicen haberlo visto Pedro de Estefano, que escribió sobre las iglesias de Nápoles en 1560, y Alfonso de Heredia, Obispo de Ariano citado por Capaccio Silio Itálico iba frecuentemente a venerar el túmulo de Virgilio, con la reverencia debida a un templo, compró el terreno en que estaba, y también la casa de campo de Cicerón, por lo que dijo Marcial:

> Silius haec Magni celebrat monumenta Maronis,
> jugera facundi qui Ciceronis habet.
> Heredem, dominumque sui, tumulique larisque
> non alium mallet nec Maro, nec Cicero.

La gruta de Puzol es una excavación hecha en el monte de Possilipo, que le atraviesa de una a otra parte, sirviendo de comunicación entre Puzol y Nápoles. El piso es llano y empedrado; su dirección recta, su anchura suficiente al tránsito de dos carros; tiene de alto a las dos extremidades unos cincuenta pies, por en medio es más baja, y de largo trescientas sesenta y tres toesas. Además de la luz que recibe por ambas bocas, tiene dos ventanas por la parte superior, que aunque la añaden poca claridad, sirven para dar al aire más corriente; toda esta obra está hecha a pico, sin otro artificio ni más pedazos de fábrica que los necesarios para igualar algunas hendiduras o quiebras. Si el día no es muy claro, hay en ella demasiada oscuridad, y los que van y vienen con carruajes gritan *a la marina* o *a la montaña* para avisarse recíprocamente unos a otros del lado a que deben inclinarse; las voces de los pasajeros y el ruido de las caballerías y las ruedas retumba en aquella oscura bóveda, y parece que va a caer la gran montaña que tiene encima. En medio de esta gruta hay una pequeña capilla, socavada igualmente en la piedra con una Virgencilla, una lámpara moribunda y un santero mugriento, pálido, de ásperas barbas, que parece un sacerdote de Hécate funesta [...].[48] Se ignora el tiempo en que esta obra se hizo; unos la atribuyen a los habitantes de Cumas, y otros a un Marco Coccejo, que no se sabe quién fuese, baste decir que Séneca habla de ella, y se queja de su longitud, su oscuridad y el mucho polvo que había cuando la pasó viniendo de Bayas. Don Pedro de Toledo, Virrey de Nápoles en tiempo de Carlos Quinto, la redujo a la forma que hoy tiene, dando más anchura a las dos ventanas, nivelando el piso y empedrándole como las calles de la ciudad. El vulgo, que no se cansa en revolver historias, atribuyó esta obra a Virgilio, diciendo que la había hecho por encanto y un día, pasando por allí Roberto Rey de Nápoles, acompañado del Petrarca le preguntó lo que sentía de esta opinión vulgar, a lo que el poeta le respondió: «Non ho mai letto che Virgilio sia stato mago, e quelle che veggio intorno, sono vestigia di ferro, non orme di diavoli». Ni es ésta la única hechicería atribuida al cantor de Eneas; también se creyó antiguamente que un caballo de bronce, del cual se conserva todavía la cabeza en casa del Príncipe de Columbrano, en la calle del Seggio di Nido, o había sido fundido con artes y conjuros mágicos por aquel poeta, y que tenía especial virtud para curar las enfermedades de las caballerías, y el pueblo tenía de costumbre (como hoy sucede con San Antón) llevar a dar vueltas alrededor del caballo encantado todos los rocines y mulas y burros de la ciudad, esperando de la poderosa protección de Virgilio que los librase de muermo y torozón y postemas frías. Un arzobispo de Nápoles, no pudiendo sufrir esta bestialidad, mandó deshacer el

---

48 [«2 renglones».] (N. del E.)

caballo, y conservando la cabeza, empleó lo restante en una campana, que aún existe en la catedral. Si la gravedad de la historia no desdeñase la narración de estos hechos menudos, algo más sabríamos de las costumbres de las naciones y los extravíos ridículos de la razón humana.

En una de las eminencias que dominan la ciudad de Nápoles, a la parte del Norte, está el Palacio Real, llamado de Capo di Monte, obra empezada en tiempos de Carlos III y aún no concluida. Lo que hay hecho ha costado sumas enormes, y es verisímil que esta fábrica no se acabe jamás; el arquitecto de ella fue un hombre intrépido y revoltoso, que sin haber saludado los principios del arte, pasó de un vuelo de herrador que era, a constructor de palacios; supo introducirse y embrollar y esto bastó para que, prefiriéndole a muchos buenos artífices, se le encargase la construcción de esta obra, por una de aquellas predilecciones absurdas que son tan frecuentes en las cortes, donde la charlatanería es un mérito, y no se conoce otra justicia que el favor. Así es que el tal palacio, en la parte que está concluida, anuncia demasiado la corta habilidad de su artífice sin proporción, sin ligereza, sin elegancia; todo es mazacote, extravagante y rudo; y la única expiación de haberle empezado, será no proseguirle. En él se ha colocado el Museo Farnese, que se compone de una buena colección de pinturas, y otra de antigüedades. Entre las pinturas, son muy estimadas la de Cristo muerto en el regazo de la Virgen, con algunos ángeles, de Aníbal Caracci. Una gran Venus del mismo autor, con varios amorcillos que la acompañan; me pareció la composición desanimada y fría, mal agrupadas las figuras, y un tono general de colorido falso y desagradable. Otro cuadro, del mismo autor, de Rinaldo y Armida. Una Santa Familia, de Schidone, y otro que llaman la Carità, grande obra del mismo artífice, muy estimable por los excelentes toques de luz. El naufragio de Ulises, gran cuadro de Guido Rheni; una Magdalena, del Guerchino; una Sacra Familia de Julio Romano, y, sobre todo, la famosa Danae del Tiziano, desnuda y en el acto de recibir a Júpiter transformado en lluvia de oro. Esta pintura es una de las mejores de aquel gran maestro; me pareció de una gran corrección y de tan bello colorido que parece la verdad misma. Acaso hubiera debido dar al rostro de Danae otra expresión; toda la figura anuncia aquella dulce languidez de una posesión tranquila, pero no el éxtasis de las primeras delicias de amor, ni mucho menos la tímida sorpresa de una virgen que recibe en sus brazos a Jove tonante. Hay algunas otras pinturas de mérito, de Bassan, Correggio, Marco de Siena, Pablo Veronés, y Lucas Jordán. En la colección de antigüedades hay bellísimos vasos etruscos, grandes y bien conservados, pinturas de corto mérito, halladas en la antigua Nola, un numeroso monetario de emperadores romanos de los de Oriente y de varias ciudades antiguas; estas monedas están colocadas al aire, dentro de unos círculos unidos, que forman unas listas, las cuales están encajadas en una especie de cajón, y desde afuera se vuelven por medio de un botón que tiene cada una, y así se ven las medallas por una y otra parte, sin sacarlas de donde están. Hay también varios camafeos antiguos, y una taza redonda de ágata oriental, de ocho pulgadas de diámetro y una pulgada y nueve líneas de profundidad, en lo interior hay un bajorrelieve sobre cuya explicación varían las opiniones. No es cosa de gran mérito, pero esta pieza, por su materia y su tamaño, es inapreciable. Entre varios objetos de historia natural, que no merecen nombre de colección, vi una enorme pieza de cristal de roca hermosísimo, que podrá tener tres cuartas de altura y otras tantas de diámetro.

Hay muchos y muy buenos templos en Nápoles, sin que por esto puedan compararse a los de Roma, enriquecidos con bellas pinturas de autores nacionales y extranjeros; artesones dorados en las techumbres, estucos y exquisitos mármoles que cubren su fábrica, altares, balaustres y pavimentos de piedras, multitud de labores de entalle en el suelo y en las paredes, profusión de adornos, más ricos tal vez que elegantes; la arquitectura, en general, recargada de ornatos, que destruyen la hermosa simplicidad de sus órdenes, y la dan un carácter profano y teatral, harto distante de la majestuosa sencillez que es propia del templo.

La piedad de los fieles ha enriquecido estos santuarios con preciosas dádivas, ornamentos, vasos sagrados, alhajas de crecido valor, donde compite con el precio de los metales y finísimas piedras de que se componen, la elegante forma que las dio la mano del artífice. De pocos años a esta parte, el Rey se ha apoderado de gran porción de estas riquezas, así en las iglesias de la Corte como en las de las provincias y acaso hubiera sido plausible determinación si hubiese motivado este despojo, si la nación, informada de los objetos útiles en que estas sumas debían emplearse, hubiera visto la buena administración de ellas, si al mismo tiempo que las aras del Señor se desnudaban de inútiles adornos, se saqueaban los bancos y fondos públicos, no hubiera crecido el lujo, la pompa vana y la escandalosa disipación en los palacios del príncipe; si cuando este lujo sagrado se suprimía, se hubieran fortificado los castillos, aumentado la marina, organizado el ejército, se hubieran suprimido las pensiones, se hubieran moderado los gastos de batidas, de las cuales una llega a 60.000 ducados, y las otras a treinta mil, repitiéndose anualmente con pródiga arbitrariedad estos excesos; y por último, si el viaje del Rey no hubiese empobrecido el erario y aumentado la deuda pública, habiendo derramado desde Nápoles a Viena los tesoros que depositó en sus manos la nación, para que con ellos la gobernase, la ilustrase, la enriqueciese y la hiciera formidable a sus enemigos.

La Catedral tiene una fachada gótica de mala figura; pero sus adornos, y los capiteles de las columnas, si así pueden llamarse, formados de grupos de flores, están hechos con mucha delicadeza y prolijidad. Lo interior de la iglesia me pareció muy mal, porque habiéndola querido poner a la moderna, ha resultado un embrollo monstruoso de proporciones y adornos entre gótico y griego, que no se puede tolerar. El techo está lleno de pinturas de Santafede, con molduras y compartimentos dorados, y en las paredes de la nave y crucero hay muchos cuadros de Jordán, representando varios santos patronos de Nápoles, fundadores, apóstoles... Los hay entre ellos de mucho mérito, corregidos en el diseño, y coloridos con la franqueza de pincel propia de aquel artífice. La Capilla de San Jenaro tiene una magnífica portada de piedra, con dos hermosas columnas de mármol negro; lo interior corresponde al ingreso. La decoración es corintia, con cuarenta y dos columnas de mármol; el entablamento es de estuco, y sobre él se levanta una gran cúpula de bella proporción, pintada por Lanfranco; las pechinas son obra de Dominiquino, buen dibujo, pero de un colorido flojo y monótono. Hay repartidas por la capilla diecinueve estatuas de bronce, que representan varios santos; éstas y las esculturas que adornan los siete altares me parecieron de corto mérito; no obstante, esta obra aunque recargada de adornos, con demasiada profusión, es grandiosa y rica. Detrás del altar mayor se conservan las dos garrafillas de la sangre de San Jenaro, que se liquida dos veces al año. El tesoro correspondiente a esta capilla, debido a la devoción que los napolitanos tienen al Santo, es inmenso. Entre varios sepulcros antiguos que hay en la iglesia, se ve el del rey Andrés, obra muy sencilla, la inscripción dice, hablando de este príncipe: «Joannae uxoris dolo et laqueo necato». Los críticos están divididos acerca de este suceso, unos dicen que la reina no le mató, y otros que hizo muy bien en matarle, en atención a que el tal Andrés era un badulaque tudesco, finchado, tonto, vinoso y aborrecido de todo el Reino. La pila bautismal de esta iglesia es un gran vaso antiguo, de piedra de toque, con las asas rotas, lleno de bajorrelieves, que representan atributos de Baco, tirsos, máscaras y guirnaldas de yedra. Es muy común ver en Italia, empleados en los usos más santos estos monumentos profanos del paganismo.

El convento de Santo Domenico Maggiore es la principal de las veintiocho casas que tiene en Nápoles esta religión. La iglesia es gótica, adornada con estucos modernos, cosa pesada y de mal gusto. Hay muchos sepulcros antiguos, y capillas propias de familias ilustres; en la de Pinelli hay un buen cuadro del Tiziano, que representa la Anunciación. En otra se venera el Crucifijo que habló a Santo Tomás, diciéndole:

—Bene scripsisti de me Toma quam ergo mercedem accipies?

A lo que el Santo respondió:

—[...]⁴⁹ Non aliam nisi te ipsum.

A los lados del altar mayor de esta capilla hay dos sepulcros de mucho mérito, así en las figuras como en los bajorrelieves y arabescos que los adornan. La sacristía es muy bella, con mármoles y oro y cajonería de maderas finas; en el techo hay pintada una gloria, obra estimable de Solimena. En esta sacristía se conservan los cuerpos de varios reyes de Nápoles y otros personajes ilustres, colocados en unos cofres de terciopelo, galoneados y adornados de escudos de armas, con varios atributos de coronas, cetros, espadas y bastones, y una serie de retratos que los representan; entre ellos está el famoso marqués de Pescara, Don Fernando Dávalos, su epitafio atribuido al Ariosto, me pareció muy ridículo, salvo siempre el dictamen de mi lector. Dice Así:

---

49 [«3 o 4 palabras».] (N. del E.)

¿Quis jacet hoc gelido sub marmore? Maximus ille Piscator, belli gloria, pacis honor.
¿Nunquid et hic pisces cepit? Non, Ergo quid? Urbes, Magnanimos Reges, Oppida, Regna, Duces.
¿Dic quibus haec cepit Piscator retibus? Alto Consilio, intrepido corde, alacrique manu.
¿Qui tantum rapuere Ducen? Duo numina, Mars, Mars.
¿Ut raperent quiscuam compulit? Invidia.
At nocuere nihil, vivit; nam fama superstes,
Quae martem et Mortem vincit et Invidiam.

La Iglesia de San Felipe Neri tiene una buena fachada de mármoles, obra moderna, dividida en dos cuerpos, el inferior corintio, y el superior compuesto, con dos torres a los lados, dos estatuas de Moisés y Aarón sobre la portada, y otras dos de San Pedro y San Pablo a los extremos del edificio. La nave principal de esta iglesia está sostenida con doce hermosas columnas corintias de granito, de 24 palmos de altura, con capiteles de mármol de Carrara. Los altares, igualmente de mármol, son de muy buena arquitectura, y el mayor se compone de exquisitas piedras. Hay algunas pinturas al fresco de Solimena; una a los pies de la iglesia, por Jordán; gran composición, en que representó a Cristo echando a los mercaderes del templo, y en los altares hay un San Francisco, bella pintura de Guido Rheni; un San Alejo, de Pedro de Cortona; una Santa Teresa, del citado Jordán, un San Jerónimo, de Gessi. El techo de la iglesia es de estuco dorado, con bajorrelieves y adornos de lo mérito. En la sacristía se ven también algunas buenas pinturas. La biblioteca de esta casa es una de las mejores de Nápoles.

El gran convento de monjas de Santa Clara tiene una buena iglesia, en que se han hecho desaparecer la antigua construcción gótica a fuerza de adornos, de mármoles, oro, estucos y pinturas; el techo de este templo es justamente el más celebrado de Nápoles, pintado por Sebastián Conca. Esta iglesia, alegre, espaciosa, y enriquecida con multitud de ornatos, que producen una bella confusión, más parece un salón de baile magnífico que un templo de religiosas franciscanas, cuyo instituto anuncia solo austeridad, pobreza y penitencia. Hay varios sepulcros antiguos de reyes y príncipes, y en una capilla está enterrado el Infante Don Felipe, hijo mayor de Carlos III.

La Trinitá Maggiore es una iglesia espaciosa y de bella proporción, de orden corintio, con multitud de mármoles que la adornan, y algunas buenas pinturas; entre ellas, un gran fresco de Solimena, sobre la entrada principal. En el Altar de San Ignacio, hay dos buenas estatuas de Cosimo Fanzago que representan a David y Jeremías; pero, como es ya costumbre que todo profeta debe tener larga y erizada barba, y éste, porque así lo quiso el artífice, está muy bien afeitado, parece una vieja, y no otra cosa, a lo cual contribuye no poco el tener cubierta la cabeza con parte del manto. Hay cierta rutina en las artes, de la cual no es fácil apartarse sin tropezar en graves inconvenientes.

La capilla de los príncipes de San Severo, inmediata al palacio de esta familia, puede considerarse como una galería de escultura, tantos son los sepulcros y estatuas que hay en ella, cuyo número no deja de producir confusión en un espacio tan reducido. La arquitectura de esta pequeña iglesia no es del mejor gusto; toda es de mármoles y de composiciones que los imitan, la bóveda está pintada al fresco, no sin pesadez y confusión. Hay muchos sepulcros de los señores de la familia de Sangro, príncipes de San Severo, y de sus mujeres, con estatuas del tamaño natural, donde hay algunas de mucho mérito. Hay una figura de la Modestia cubierta enteramente con un velo, obra de Antonio Corradini, de singular mérito, por haber sabido dar a las ropas que la cubren tan oportunos toques, que manifiestan el bello desnudo del cuerpo; pero me parece que el artífice se equivocó en dar a la figura una actitud atrevida y desembarazada, que destruye el fin que se propuso encubrirla. La Venus de Médicis, desnuda como está, es más honesta que la figura de que hablamos [...];[50] cotejado su traje con su postura, más parece representar la hipocresía que la modestia. Hay otra estatua de un hombre metido en una red, haciendo esfuerzos para salir de ella; esta obra de mármol, como todas las demás y de una pieza es de la más prolija y difícil ejecución que puede verse, puesto que la mayor parte de la figura está trabajada por entre los claros de la red, no obstante, el primor de ella no corresponde a la imponderable paciencia del artífice. Lo que más

---

50 [«4 palabras».] (N. del E.)

se aprecia entre las esculturas de esta capilla, es un Cristo difunto, cubierto también con un velo, obra de Giuseppe San Martino, célebre artífice napolitano, muerto de poco tiempo a esta parte. Me pareció esta obra excelente en todas sus partes, el fingido velo de mármol parece transparente, y descubre a la vista el cadáver, que está debajo; se distinguen las facciones del rostro, los brazos, los pies yertos; en suma, todo el cuerpo desnudo, que, con el sudor de la muerte o suponiéndose una cierta humedad en el sitio en que se halla, o lo que es más verisímil, que el velo esté empapado en algún licor aromático se goza como si estuviera descubierto, engaña los sentidos, fingiendo en el mármol una docilidad y diafanidad que no tiene, y sin la menor violencia ni afectación reúne a un tiempo lo difícil con lo bello.

En la Iglesia de Monte Oliveto, gran convento de Padres Olivetanos, hay buenas obras de escultura, de Antonio Rosselino, Benedetto Marano, escultores de Florencia, como también de Juan de Nola y Girolamo Santacroce, todos ellos antiguos. En una Capilla hay varias figuras del tamaño natural que representan las tres Marías, San Juan, Josef y Nicodemus, colocadas alrededor de un Cristo muerto, son de barro cocido, los rostros muy bien hechos, el de Nicodemus es retrato de Juan Pontano, y el de Josef, de Jacobo Sannazaro. Hay pinturas de un Francisco Ruviales, español, discípulo de Polidoro de Caravaggio; una buena Asunción, de Bernardino Pinturicchio de Perugia, y otra de la Virgen con el Niño, de Fabricio Santafede.

Baste de iglesias, correrlas todas sería no acabar jamás. Cesaron ya las molestas lluvias del invierno; el tiempo serena, y si he de ir a la gran Roma, conviene que acabe primero las apuntaciones de Nápoles, las cuales no tendrían fin si hubiese de ir de altar en altar examinando santos y sufriendo llavazos de sacristanes. Hablemos de teatros y ve aquí una transición no menos violenta que las pasadas.

Hay en Nápoles seis teatros, el de San Carlos el del Fondo, el de Fiorentini, Teatro Nuovo, el de San Ferdinando y el de San Carlino, y, en ellos, ocho compañías de actores, cinco de operistas y tres de cómicos. En cuanto a bailarines, solo había, cuando yo estuve, una compañía en el Teatro de San Carlos.

Este teatro está contiguo al Palacio y nada anuncia en lo exterior su magnificencia; tiene una portada pequeña de muy mal gusto, y una escalera espaciosa, por donde se sube al patio y a los primeros aposentos. Lo interior de la sala es grande y suntuoso; su forma la de una raqueta, y tal es la de los demás teatros, exceptuando el de San Carlino, el patio tiene setenta pies de largo y otros tantos en su mayor anchura. Desde el piso del patio al techo, igual distancia; el teatro tiene cincuenta pies de ancho, otro tanto de altura y ciento catorce de largo. Sobre la puerta que da enfrente del teatro está el aposento del Rey, no muy grande, pero bien adornado, con un gran dosel y tallas de oro; pero cuando asiste Su Majestad al espectáculo se coloca en un palco inmediato a la escena. La sala está dividida en seis pisos, y en ellos ciento ochenta y cinco palcos, capaces de contener cuatro personas de frente y cuatro, o seis, detrás y bastante espaciosos para poner una mesa y jugar, lo que sucede frecuentemente. Los ornatos de esta sala consisten en pabellones de talla, molduras y arandelas de oro, y una multitud de espejos colocados en el antepecho de los palcos y en los postes que los dividen; cuando se ilumina el teatro, llegan a 900 las gruesas bujías que arden en la sala, cuyas luces, repetidas por la multitud de espejos, oscureciendo la escena, hacen brillar el numeroso concurso que asiste; y producen bella confusión la variedad de los trajes y adornos y las piedras preciosas con que en tales ocasiones se adornan las damas. En los días ordinarios no hay luz en la sala, siendo suficiente la que despide el teatro mismo. En el patio, donde hay asientos para cerca de seiscientas personas, no entran mujeres, y esto mismo sucede en todos los demás teatros de Nápoles. En éste solo se representan óperas heroicas, con bailes en el entreacto y al fin. La orquesta es numerosa y escogida; los actores regularmente de conocida habilidad en el canto, y por lo común de ninguna inteligencia en la declamación, no hay que pedir en ellos ni acción, ni gesto, ni decoro, ni propiedad en nada de lo que hacen, salen al teatro para cantar tres o cuatro piezas de música, no para otra cosa; todo lo demás lo descuidan enteramente. Los trajes son ricos, impropios e inconexos, inventados a lo que parece, por quien, ignorando absolutamente la historia y la fábula, ignora también las reglas de buen gusto y proporción. Disformes penachos, tan grandes como el héroe que los lleva. Jasón con calzones de terciopelo negro, medias de seda blanca, y sobre ellas el calzado griego, Medea peinada a la última moda, con vaquero y ahuecador y zapaticos de tacón; los romanos vestidos como los persas, y los armenios como los rusos; en suma, nada hallé en esta parte digna de alabanza.

Las nuevas decoraciones que vi hechas por el pintor Don Domenico Chelli, me parecieron pesadas, confusas, borrachas de colores, sin novedad ni gusto, y hablando en general, encontré en ellas la misma impropiedad que en los trajes, baste decir que en la ópera de *Giasone e Medea*, vi una decoración que representaba un gran pedazo de ciudad cuyos edificios todos eran góticos, distinguiéndose entre ellos una grande iglesia, que no parecía sino un antiguo monasterio de benedictinos. También vi en la misma pieza y en la de *Elvira* una escalera magnífica, pintada en el telón del foro, por la cual iban bajando varios personajes; éste a mi entender es un error imperdonable, las pinturas del teatro nunca deben representar cosa alguna que necesite movimiento y vida, porque no pudiendo dársela el pincel, destruye la ilusión teatral, lejos de aumentarla por tales medios.

En cuanto a las máquinas y su manejo, nada hallé en este gran teatro digno de alabanza, las mutaciones de escena se hacen con lentitud y poca limpieza. ¿Se ofrece poner una estatua en medio del teatro, un trono a un lado, unas escaleras, un peñasco?, todo esto se lleva a mano de una parte a otra dejando ver al público las piernas, las manos y aun la cabeza y el gorro del que lo conduce, para que no sospeche que aquello se hace por arte mágica, cuando se acerca una mutación de escena, el público lo advierte de antemano al ver que van despojando el teatro poco a poco de estas piezas sueltas, los tronos, los peñascos, las escaleras, todo desaparece antes que la decoración se mude. ¡Qué diferencia entre este teatro y el de la ópera de París, donde la decoración y la maquinaria habían llegado a lo más delicado y maravilloso del arte!

A estas impropiedades se añaden las que resultan de la distribución de papeles; ya se sabe que los héroes y semidioses del teatro italiano carecen de testículos. César, Pirro, Alexandro, Aníbal, Catón, Teseo, Hércules, domador de monstruos, todos expresan los afectos de sus terribles ánimos en tiple sutilísimo y agudo; a esta ridiculez se añade otra, nacida del mismo principio: como no todos los capones son aptos para desempeñar los primeros papeles, y es cosa establecida ya que no ha de tener asomos de virilidad ninguno de los héroes de la escena, acuden al expediente de vestir a las mujeres de hombres y éstas representan aquellos grandes personajes cuyo nombre no repite la historia sin admiración y terror. En la ópera de *Giasone e Medea* hacía el papel del atrevido Argos un capón llamado Correggi, el del Sumo Sacerdote otro capón llamado Falcucci y el del anciano Eta, Rey de la Cólchida, le hacía la señora Ana Davya de Bernucci. En la ópera intitulada *Elvira* solo hay cinco papeles de hombres, los dos los hacían los caponcillos arriba citados, y los otros dos la Señora Davya y la Señora Luisa Negli, quedando solo el tenor que no hablaba en falsetes, los demás guerreros feroces del drama, unos carecían de escroto y testes, y otros anunciaban en su rostro los efectos de la preñez o los de la menstruación. Durante el espectáculo, he visto constantemente los entre bastidores ocupados de mujercillas, muchachos, peluqueros, soldados y gentualla, que darían en tierra con la ilusión teatral, si alguna pudiesen producir dramas tan mal sostenidos en su ejecución; y los muchachos, descalzos de pie y pierna, atraviesan de un lado al otro inmediatos al foro, y juegan al escondite entre los árboles del monte Ida o al pie de las columnas que sostienen los pórticos soberbios del Capitolio. Como la escena es grande en demasía, todo parece en ella pequeño y diminuto, las estaturas colosales de los actores ingleses no serían bastante proporcionadas para aquel espacio, pues ¿qué figura harán Escipión o Aquiles con una estatura delicada y femenil de vara y media y una vocecilla ridícula de gato hambriento? El efecto principal de este teatro es su extensión; exceptuando las tres o cuatro primeras filas de asientos en el patio y los palcos más inmediatos a la escena, en los demás puestos nada se oye sino el estrépito de la orquesta. Así es tanta la distracción de los oyentes, ni el drama les interesa ni pueden oírle, tal vez al llegar un pedazo de música que ha gustado, procuran observar silencio, interrumpiendo el juego o la conversación, pero, vuelvo a repetirlo, nada se percibe en no estando muy inmediato al teatro, por más silencio que haya, apenas una quinta parte del concurso podrá oír las palabras de la declamación o el canto.

La compañía de bailarines es numerosa, con doce papeles principales, 24 figurantes y acompañamiento. Me pareció que había en ella sujetos de habilidad, considerando solamente la danza, pero en cuanto a la pantomima, lejos de poder competir ninguno de ellos con los que vi en París años pasados no me atreveré a compararlos con la Pelosini, la Favier, la Medina Viganò y algún otro de los que han bailado en Madrid.

En la temporada de invierno, que empezó el día de San Carlos y concluyó con el carnaval, solo se echaron dos óperas en este teatro, ambas de autores vergonzantes, que no atreviéndose a imprimir su nombre, merecen elogio, ya que no por su habilidad, a lo menos por su modestia.

Giasone e Medea, Dramma per musica. Llega Jasón a Citea, capital de Colcos. Eta, su hija Medea y toda la Corte le reciben a la orilla del mar y a los cuatro primeros versos de la pieza, exclama Medea:

> Quale in sen mi sveglia, o cielo,
> Quest' eroe novello ardor.

Dice Jasón que va por el vellocino. Eta le recibe con muestras fingidas de amistad; Medea, que no sabe fingir, procura disuadirle de la empresa, y él no hace caso. Van luego al templo de Écate, donde Medea le declara las dificultades que ha de vencer para lograr la conquista del vellón. Jasón promete vencer los toros, el dragón y los guerreros que le guardan; Medea, en otra escena, estando presentes los Argonautas, le dice que desde el punto que le vio quedó enamorada de él; vuelve a instarle a que no emprenda tan difícil hazaña y le llama ingrato y «bene amato», él se obstina; y toda esta escena pasa delante del Gran Sacerdote, que está in disparte, sin que Medea haya reparado en él, concluyendo el acto con un dúo. En el segundo acto el Sacerdote, aunque no muy a tiempo, refiere al Rey que Jasón robó el vellocino, habiendo superado todos los peligros en virtud de cierto mágico licor con que Medea le bañó las armas. El Rey le dice que por qué no le dio aviso cuando era menester y el clérigo se disculpa muy mal, en fin, resuelve el airado padre sacrificar a la hija y dar muerte a todos los griegos; pero el poeta, repitiendo el sutil artificio del primer acto, hace que Calcíope, hermana de Medea (personaje inútil e insulso a no poder más) oiga *in disparte* toda la conversación bien que de este acecho nada resulta. Dispónese, pues, la celada para sorprender a Jasón y sus compañeros en el templo de Marte; pero estando en lo mejor de la función suenan truenos y se aparece entre relámpagos la sombra de Frixo, y dice, cantando, a Jasón que castigue al traidor, esto es, a Eta; y ambos responden a la Sombra en dueto, diciendo:

Ahi qual barbaro momento
qual tormento e qual terror.

Y esto dicho, la Sombra se vuelve a su escondite, y cada cual se va por su lado. Eta, lleno de miedo entrega el vellocino a Jasón por mano de Medea, sin que se sepa qué necesidad haya de que nadie se te dé, puesto que él le ha ganado por sus puños, y le ha robado del bosque en que estaba; en fin, se le dan; Jasón y Medea se dicen mil ternuras delante del anciano padre con todos los lugares comunes de *frena quel pianto, ricordati di me, io sento mancare il mio valor, y partenza amara, y che fiero instante è questo...* Vanse los Argonautas. Eta quiere sacrificar a su hija Medea, y, en efecto, llega el caso de que el Sacerdote se pone in *atto di ferire*; pero llega oportunamente el padre, detiene el golpe, pregunta si están ya dadas las órdenes convenientes para quemar aquella noche la nave de los Argonautas, le dicen que sí, y para echarlo a perder perdona a la hija, que finge arrepentimiento, y es tan majadero, que se fía de ella y la convida a que vaya con él a incendiar la dicha nave de Jasón; pero, como no es regular irse sin cantar alguna cosita, la dice gorjeando que *incornincia a vacillar*, como si no hubiese ya vacilado más de lo que era menester; la encarga que *rasserene le pupille* y se van todos. Eta y el Sumo Sacerdote, y un soldado que lleva una antorcha, salen de noche a ejecutar la difícil empresa, sin tropa que asegure el éxito, y sobre todo, sin haber dejado encerrada a Medea o habérsela llevado consigo, como antes había resuelto pero el tal Rey había perdido la cabeza y desde el principio del drama a su conclusión solo piensa y hace disparates. Viene Medea y habla a oscuras con su padre, creyendo ser Jasón, y le avisa de lo que se dispone contra él; el padre se descubre y va a matarla, pero llega Jasón con todos los suyos, encadenan al Rey y se da una batalla entre los Argonautas y los de Colcos, que aunque vienen tarde, al fin vienen y quedan vencidos. Jasón y los suyos se embarcan, habiendo quitado las cadenas a Eta, *che mostra darsi per vinto* y concluye la pieza con un coro.

No hay para qué detenerse más en manifestar el desarreglo, las inconsecuencias, la ridiculez de una obra tan despreciable. La música era de Gaetano Andreozzi, maestro de capilla napolitano, y pareció bien.

La ópera intitulada *Elvira* es sin duda mucho mejor que ésta, sin que carezca por eso de muchas nulidades, pero tiene a lo menos una acción bien conducida, con movimiento y agitación trágica, y el estilo y sentencia no carecen de mérito, está dividida en tres actos, compuso la música el célebre Paisiello, y no agradó.

Nápoles es la escuela de la música y toda Italia reconoce esta superioridad. Porpora Vinci, Leo Scarlatti, Durante, Pergolese, Piccini, Sachini Jommelli y otros célebres maestros napolitanos que han florecido en este siglo, siendo admiración y ejemplo a toda la Europa, bastarían para inmortalizar la gloria de su patria en la excelencia de tan difícil arte. Ni los que hoy viven degeneran de sus grandes maestros, continuamente se publican en Nápoles obras estimables que, ocupando los teatros de Italia y los de las naciones extranjeras, manifiestan que en la ciudad de la sirena se estudia todavía la encantadora combinación del tiempo y los sonidos. Entre todos los maestros de capilla italianos que hoy existen y han compuesto obras para el teatro, la tercera parte de ellos son de Nápoles, y estos son precisamente los más estimados. Cimarosa, Paisiello, Tarchi, Tritto, Guglielmi, Andreozzi, Fioravanti y otros son ya tan conocidos en Europa, que sería inútil querer añadir honores a su fama. Pero ni Nápoles ni lo restante de Italia puede gloriarse de producir poetas dramáticos, cuyo mérito sea ni remotamente comparable al de sus músicos. Los empresarios son los dueños del teatro, y ellos se procuran las obras nuevas, que pagan a precio vil a los escritores hambrientos, que se las presentan a porfía. El gobierno mira con la mayor indiferencia este ramo de policía, de ilustración y concepto nacional; el Soberano mismo, que muchas veces se complace en asistir a los principales teatros de la Corte, no ha manifestado hasta ahora particular protección a las Musas, ni sus aplausos ni su aprobación a ciertos dramas indica demasiada inteligencia ni buen gusto en esta materia. Apostolo Zeno y el inmortal Metastasio enmudecieron ya casi del todo, y apenas algunos dramas de este último aparecen de tarde en tarde en alguna ciudad de provincia, y casi nunca en las Cortes de Italia, donde se apetecen cosas nuevas; y por más que sean disparatadas y absurdas se prefieren a las obras estimables de aquel gran poeta. Así es que la música tiraniza el teatro; la poesía, envilecida y esclava, se mira como una parte accesoria y de menos valor; los hombres de mérito no escriben, porque falta honor, premio, emulación que los anime, y en vez de Atilio Regulo, Tito y Adriano, solo se ven obras como el Giasone, ni es posible, en tal abandono, esperarlas menos ridículas. Siendo, pues, la poesía la que sirve a la música, esta arte, roto el límite en que debiera contenerla el poeta, no hallando en los dramas la imitación de la naturaleza, o despreciándola tal vez, se abandona al calor de la fantasía, que prefiere la novedad a la sencillez, lo maravilloso a lo verosímil, y a fuerza de talento y estudio produce monstruos.

Tienen razón los italianos cuando sostienen que la declamación teatral puede y debe sujetarse a los tiempos y sonidos músicos, tienen razón en apoyar esta doctrina con el ejemplo de los antiguos, las tragedias y comedias de Atenas y Roma se sujetaron, no hay duda, a las notas músicas; la declamación se acompañó con la voz de los instrumentos, y por este medio, sin poder llamarse canto, y siendo más que declamación natural, debió producir los efectos de una imitación bien hecha, esto es, de una imitación que embellece el original y no le desfigura, que añade expresión a la copia, y no destruye la verdad, y que a fuerza de arte aparenta ingenuidad y sencillez. Todo esto es verdad, pero viniendo a la práctica no hay una pieza, una sola, que puedan presentar para gloriarse de haber reducido a la práctica estos principios; la música italiana, llena de variedad, de pompa, de gracias, de ingeniosos atrevimientos, aplicada al teatro, es una brillante colección de inconsecuencias y desaciertos, insufrible a la razón, que examina las obras de las artes con la luz de la filosofía. Ya sea en el género cómico, ya en el heroico, todos los artificios de la música parecen dirigidos a destruir la ilusión teatral. ¿Cuándo se habrá podido creer que la verosimilitud no sea el alma de la imitación escénica? ¿Quién dudará que éste es el gran precepto que debe observarse, y que todos cuantos enseña la poética y la razón se comprenden en este solo? ¿Y quién no conoce que la música moderna es diametralmente opuesta a los efectos que deberían esperarse de la observancia indispensable de tal principio? ¿Qué quiere decir aquel recitado monótono y fastidioso, aquellos preludios instrumentales, que enfrían y detienen el progreso de la acción en las situaciones más agitadas, aquella lentitud con que expresa el canto los afectos más vehementes, aquellas repeticiones fuera de sazón, donde apura la música todos sus esfuerzos, haciendo agudo lo que ha de ser grave, haciendo largo lo que ha de ser breve, renovando mil veces una misma idea, dando expresiones distintas y contrarias entre sí a un mismo afecto, amontonando conceptillos, retruécanos y repiqueteado de voces, en vez de expresar con sobriedad, vigor y sencillez las agitaciones del ánimo? ¿Qué importa que haya en tales pasajes variedad, novedad, osadía, invención si no hay asomo de verosimilitud en nada, si el músico destruye las fatigas del poeta, si toda la ilusión teatral desaparece al sonar la orquesta, y ella sola inutiliza los encantos de la perspectiva y las luces, la propiedad de los trajes y aparato, el estudio de la gesticulación, los grupos y actitudes, la composición de la fábula, la imitación de las pasiones humanas, la sentencia, el estilo y cuanto han podido producir las artes más seductoras para hacer verosímil la ficción dramática? Quizás llegará el día en que alguno de aquellos grandes hombres que el mundo produce de tarde en tarde, prescindiendo de la costumbre, de los ejemplos, de los principios establecidos, sepa levantarse sobre los demás, y dando a la música un nuevo carácter, la reconcilie con la naturaleza, de que hoy se aparta y reduzca a práctica lo que hasta ahora no ha pasado de mera especulación, pero, ¿cuándo llegará este día? La corrupción general de las artes no da lugar a creer que se verifique muy presto.

En el Teatro de Fiorentini se dan óperas bufas diariamente, y en los martes y viernes comedia, la sala es buena, con la misma distribución que en las demás, aposentos alrededor y bancos en el patio, buena orquesta, medianos cantores, malos cómicos exceptuando uno u otro de mérito, malas decoraciones y malísimas piezas.

El Teatro Nuovo cuasi de igual tamaño que el anterior, de mejor construcción, sirve también a otra compañía música, que da óperas bufas, y a la de cómicos establecida en el pequeño Teatro de San Carlino, que en los martes y viernes pasa a representar comedias en éste. Los cantores eran menos que medianos, los cómicos insufribles, las piezas de cantado y representación lo mismo que todas.

En el Teatro del Fondo hay una sola compañía de ópera bufa. Buena sala, y buena música instrumental, como en los anteriores. En el de San Ferdinando representan comedias o cantan óperas bufas alternativamente; ambas compañías eran malas. Buena orquesta, la sala del teatro, aunque más pequeña que las otras, construida con mucha elegancia y gusto; sobre la boca de la escena hay un reloj como en Milán.

El Teatro de San Carlino parece un cofre en tamaño y figura, chico, pobre, desaliñado y puerco, y más puercas aún las piezas y la compañía que en él representa, la cual, como ya se ha dicho, pasa los martes y viernes al Teatro Nuovo.

Las óperas bufas que se oyen en Nápoles tienen todo el mérito en la música, la composición poética es de lo más necio y extravagante que puede verse. Si no fuesen ya tan conocidas en España estas piezas, sería ocasión de hablar largamente de ellas, pero ¿quién, que haya estado en Madrid, en Barcelona, o Cádiz, no sabe ya que toda ópera bufa italiana es un conjunto de tonterías y desaciertos? El músico y los actores hacen de ellas lo que les parece, unas veces quitan las arias o piezas de música, otras las añaden, otras las alteran colocando en el primer acto las escenas del último, y llegan a desfigurarlas en términos, que el triste autor que las compuso no las conocería si las viese, lo peor es que los tales dramas no pierden nada por esta operación, y tan malos se quedan como se estaban. Otras veces, y esto sucede también con las óperas heroicas, echan solo el primer acto, y dejan el segundo para ocho o diez días después, como lo vi en Florencia, y otras echan el tercero o segundo acto antes del primero, si hay algún gran personaje a quien obsequiar, haciéndole oír los pasajes más interesantes de la pieza, para que pueda irse antes a su casa, de suerte que tal vez se ve arder a Cartago y arrojarse Dido en las llamas, atravesado el pecho con la fatal espada de Eneas, y después aparece la misma Dido buena y sana, oyendo la embajada de Jarba y requebrando al hijo de Anchises. Esto, aunque no lo vi en Nápoles, sucede frecuentemente en Florencia.

Los que componen comedias no son ingenios menos desastrados que los que se dan a las óperas, escriben para comer, y escriben a pesar de Apolo y las Musas. Años ha que fue muy famoso en Nápoles un tal Cerlone, bordador, que fastidiándose de la aguja tomó la pluma y aturdió por mucho tiempo a esta gran corte con desatinados comediones, que corren impresos en varios tomos. Cuando yo estuve, hacía comedias un cómico asmático, hijo de Pulchinela, tan desgraciado en componer como en representar Goldoni, que, con todos sus defectos, es el mejor poeta dramático moderno de Italia, está ya casi desterrado de los teatros; los que tienen talento y disposición para escribir, no escriben y hacen bien.

Los bufos de las óperas hablan, por lo común, en lengua napolitana. En las comedias se han desterrado ya los personajes enmascarados que antes eran tan comunes, y solo queda un resto de ellos en la compañía de Gian Cola, del Teatro de San Carlino, donde se ven frecuentemente el Señor Tartaglia, *Brighella*, *Colombina* y *Pulcinella*, personaje nacional, que nunca desampara aquella escena. Tartaglia es un viejo, vestido de negro, chupa larga, calzones anchos, una valona redonda, capa corta, sombrero de canal y grandes anteojos; este personaje, siempre es tartamudo, y de ahí le viene el nombre de Signor Tartaglia; siempre hace papel de padre, tío o tutor; le hacen frecuentes burlas, y podría compararse al vejete de nuestros antiguos entremeses. *Brighella* es otra máscara, de la cual se hablará cuando se trate de los teatros de Venecia, *Colombina* no tiene traje particular, es una criada que habla siempre napolitano; *Pulcinella* es un personaje rústico, que siempre hace papel de criado, habla en napolitano; su traje consiste en un gran camisón ceñido por la cintura, unos calzoncillos que le llegan hasta los pies, una media máscara negra con disforme nariz y un gorro de figura cónica, blanco.

Este rústico malicioso es la única máscara nacional de Nápoles. El que hacía este papel en el año de 1794 no carecía de mérito, excelente gesticulación en aquella parte del rostro que se le ve, movimientos ridículos, voz y expresión acomodada a su carácter, y bastante facilidad en añadir expresiones al diálogo según las circunstancias. Hacía reír mucho cuando se enamoraba de alguna alta princesa y se creía favorecido de ella, cuando expresaba el temor; cuando se encargaba de dar un recado y volvía a preguntar lo que le habían dicho, equivocándolo siempre, cuando, no entendiendo el toscano, se reía con desprecio del que le hablaba, persuadido de que el otro ignoraba el buen lenguaje, cuando se ponía a referir algún suceso de muchas circunstancias y empezaba a confundirse hasta que, por último, quitándose el gorro y haciendo un movimiento ridículo, cortaba la conversación, sin poder seguir adelante. Tales eran las verdaderas gracias de este actor; pero a éstas añadía mil chocarrerías indecentes, acciones puercas, expresiones y gestos, que en ningún otro teatro se sufrirían: taparse el culo con el gorro cuando alguno se le aproxima demasiado por detrás, soplar el culo a los demás, haciendo fuelle del gorro; quitar los piojos de una camisa desgarrada y echárselos al apuntador, o matarlos uno a uno sobre la mesa; alusiones continuas, ya escritas en su papel o ya añadidas por él mismo al culo, a los pedos, a cagar, cuernos, sodomía y otras de este género, no menos contrarias al decoro del público que a las buenas costumbres y a la modestia.

Véase la lista de las piezas que vi en Nápoles, desde primeros de noviembre del 93 a mediados de febrero del año siguiente, en los citados teatros.

Operas Bufas
Fiorentini: *Le nozze inaspetate*; *Il matrimonio segreto*: Aunque muy defectuosa, es la menos mala de cuantas he visto en Nápoles.
Teatro Nuovo: *Le nozze in garbuglio*: Muy mala, con dos bufos napolitanos.
Teatro dil Fondo: *Le donne dispettosse*: Con bufo napolitano; *L'audacia fortunata*: Muy mala, con bufo napolitano que dice en el acto 1.º para expresar el miedo que tiene:

> ... Ah Solimanoschiaffeame si aggio torto; ma fra tanto
> si non me faje mutà dar capo a piede
> giuro al mio tremmolliccio, e lo vedrai,
> che un orribile puzza soffrirai.

Teatro di San Ferdinando: *La donna trapplliera*: Embrollo ridículo, con disfraces extravagantes e inverosímiles. Bufo napolitano. Segundo bufo, viejo, ridículo, tonto, como es costumbre. Baja a una cueva, Charonte le lleva en la barca a los Campos Elisios, y allí, entre otras almas bienaventuradas, ve la de su mujer, con otras necedades no menos insufribles.

Todas estas óperas están impresas, el que guste de leerlas no dejará de divertirse.

Comedias
Fiorentini: *Il cavaliere di buon gusto*: de Goldoni.
La botega dil café: Ídem.
Viene la sera per tutti: Nueva, muy mala.
Mariti aprite gli occhi: Nueva, mala.
Presto o tardi tutto si scopre, ovvero: Nanci e Tolmin: Traducción literal de la Jacoba de Comella.
Federico Re di Prusia: Traducción literal de la de Comella. Muy aplaudida. Al Rey de Nápoles le gustó mucho y fue a verla varias veces.
Le gloriose geste del paladín Rinaldo: Nueva, en verso suelto, una u otra escena interesante, sin caracteres cómicos, ni vigor, ni turbulencia trágica, dista igualmente de uno y otro género, pero siempre muy superior a las demás.
Questa sera vi aspetto: Nueva, retazos mal colocados de moral predicable; caracteres inoportunos y mal sostenidos, desenlace tardo e inverosímil, personajes inútiles, alusiones obscenas. No gustó.
L'anglicismo d'Italia: Nueva, malísima.
La tedesca in Italia: Nueva, en verso alejandrino. Personajes inútiles, desunión en la fábula, ningún fin moral. La Tedesca, sin carácter decidido, hace reír cuando estropea el italiano. Aun con ser esta pieza bien mala, es de las mejores que vi.
Il sonnambulo: Nueva. Imitación de la pieza francesa *Le somnambule*. Pesadez en el diálogo, caracteres mal expresados, circunstancias inverosímiles en el desenlace.
Teatro Nuovo: Debe advertirse que las piezas que representa en este Teatro y el de San Carlino la compañía de *Pulcinella* son todas a cual peor, y siendo inútil detenerse en apuntar los despropósitos de cada una, haré solo mención particular de algunas de ellas, conservando los títulos de todas.
El médico notturno con *Pulcinella cieco e muto per la fame*: Nueva. Hambre canina, chiquillos que piden pan, reo que van a ahorcar, exclama-

ciones, insultos a los caseros que piden el alquiler del cuarto. Todo por el estilo de Zabala, Comella y compañía.

Ricardo cuor di lione: Traducción de la pieza francesa del mismo título; sin música, y añadido el papel de *Pulcinella*.

Pulcinella protetto dalla fata Seraffineta: Nueva. Un gobernador de Taranto, celoso de Pulchinela, le manda arrojar al mar, hácenlo así, y aparece una ballena que se le traga vivo, esta ballena se transforma en un trono, donde aparece Pulchinela, reclinado en la falda de la *fata Seraffineta*, que le promete su protección, de donde resulta que *Pulcinella* hace varias burlas a todos, se hace invisible cuando quiere, los harta de palos..., con otras mil diabluras. Esta pieza sería comparable a Marta o Vayalarde, si fuese menos necia, menos extravagante y puerca. Las máquinas eran tales, que el famoso Avecilla no las haría peores. Gran concurso.

La viva sepolta: Nueva. Impresa.

Il convitato di pietra: Gran concurso. Es traducción de la del Maestro Tirso de Molina, tan desatinada e indecente como su original, pero más necia todavía, a causa de las tonterías y despropósitos de *Pulcinella* en los pesados episodios que la han añadido para hacer lucir a este personaje. Luego que la estatua y Don Juan desaparecen, se ve el Infierno con llamas y garfios y diablos, pintados con cuernos y colas y orejas largas, y el alma de Don Juan Tenorio en cueros, encadenada entre un grupo de demonios que le atormentan, él se queja de las penas que padece, pregunta cuándo se acabará aquello y el coro de diablos responde con voz lúgubre: *mai, mai, mai* y se acaba la comedia.

Teatro di San Carlino: *La gara tra i servi con Pulcinella, senator romano*.

L'Ebrea con Pulcinella, pittore e corriere straordinario.

L'huomo condannato prima di nascere con Pulcinella, rivale di Saturno: Sacada en gran parte de *La vida es sueño* de Calderón.

Gian Cola, geloso: Sacada de *George Dandin* y *Le Cocu imaginaire*.

Pulcinella disposto a far bene et obbligato a far male.

L'inglese frenetico.

Pulcinella servitore di due padroni: Es la de Goldoni, sustituido el papel de Pulcinella al de Truffaldino.

Le due cantatrici.

Il disbarco degli Inglesi nel Canada con Pulcinella Re de Canadesi: Cosa intolerable.
L'azzardo con Pulcinella, disturbatore del serraglio di Algieri.
La nuova Aloise a Bordó, con Pulcinella, marito senza moglie.
La finta pazza con la famiglia spropositata di Pulcinella.
La dama demonio e la serva diabolo: Lo que hay en esta pieza de gracioso y natural está copiado de *La dama duende* de Calderón; lo demás es insufrible.
La caduta del principe Taes con Pulcinella soldato di fortuna: Hadas, genios, dragones, vestidos, encantos, transformaciones, cosa horrenda.
Il Re a la caccia: Impresa.
L'Agá de Giannizzeri.
La strepitosa causa de Pulcinella, condannato per haber tre mogli: Traducción estropeada de *La Folle journée* de Beaumarchais.
Il diavolo maritato a Parigi con Pulcinella, spedito ambasciatore a Pluto: La misma que vi en Florencia, pero con más desatinos. Hablan en ella Belfagor, Plutón, Pulcinella, Proserpina, Colombina, Rhadamanto, el mago Zoroastes, el alma de un usurero, la de un abogado...
Amurate viceré d'Eggitto con Pulcinella spaventato... Il gran Bernardo del Carpio: Excede en extravagancias a la de Lope de Vega, intitulada *Las mocedades de Bernardo del Carpio*, de la cual está copiada en la mayor parte. Pulcinella es criado de Bernardo; el Sr. Tartaglia es alcaide del castillo de Luna. Esmeraldina sirve a la infanta Arlaja. Bernardo insulta delante del Rey al embajador moro, le da una puñada y le pone el pie en el pescuezo. Pulcinella, que se halla presente, hace lo mismo con otro moro principal, y además le rasca el culo con un rallo que lleva de prevención. Ya se supone que Alfonso el Casto y toda su Corte salen vestidos de militar. Los personajes hablan en verso o prosa, según les viene a cuento, como sucede en otras muchas piezas que he visto.
Ogni paso un pericolo, con Pulcinella furbo mal pratico: Es la comedia de Le Sage, *Crispin rival de son maître*, muy desfigurada.
Zemira e Azor: Traducción de la ópera francesa de este título, sin música, añadido el papel de Pulcinella.
Il disoluto punito, con Pulcinella, guerriero poltrone.

Il gran mago Aristone vinto dalla magia di Pulcinella: Estando Pulcinella para ser arcabuceado, sale de un sepulcro la sombra del rey de Tebas y le da una vara mágica, para que con este auxilio se oponga al mago Aristón, que trata de usurpar el reino. En efecto, cuantos encantos dispone el citado nigromante, otros tantos deshace Pulcinella que va invisible de una parte a otra, abrazando a las mujeres y apaleando a los hombres; atraviesa el mar, caballero en un delfín; convierte una casa en un coche de camino, un trono en una jaula, y un libro en un dragón, con estas habilidades no hay que admirar que restablezca en el trono de Tebas al sucesor legítimo, muy a satisfacción de Colombina y del señor Tartaglia, que también entran en este absurdo fabulón.

Cuanto è difficile guardare una donna: Es la misma fábula que la de *No puede ser guardar una mujer* de Moreto; con la añadidura de Pulcinella, que se finge caballero español y habla en castellano chapurrado. La Academia poética, la escena del sastre, la del retrato perdido, el accidente de Tarugo y el desenlace, todo está poco más o menos, como en su original, exceptuando las gracias de aquél.

La nobiltà in servitù, con Pulcinella, cavaliere spropositato: Malísima con algunos pasajes imitados de *El amo, criado*, de Rojas.

Se parlo son pietra, con Pulcinella, asino immaginario: Un cierto rey, yendo a caza, mató un cuervo que estaba sobre un sepulcro. Este cuervo se transformó en una hermosa doncella, que aunque muy agradecida al rey por haberla desencantado, le anunció que aquella muerte del cuervo sería origen de grandes males a él y a su familia. Desde aquel punto el pobre rey vive sin descanso, agitado de ideas y visiones terribles. Su hermano Emilio, que había ido a correr el mundo para traerle una esposa que le aliviase en sus tristezas, vuelve trayendo consigo a una bella princesa, hija del Rey de Damasco, que la ha robado con astucias. Parécele muy bien al rey, y resuelve casarse con ella inmediatamente; pero hallándose solo Emilio se le aparece el rey de Damasco, que además de tener un genio maldito, es nigromante, y le dice, entre mil injurias, que en venganza del desafuero que se le ha hecho robándole a su hija, aquella noche, cuando el rey vaya a yogar con ella, un tremendo dragón le hará mil pedazos; y añade que si él intenta revelar este secreto, así que hable quedará convertido en piedra:

113

de aquí resulta el enredo de la fábula. Emilio estorba por cuantos medios le ocurren el casamiento de su hermano; pero éste, creyendo que lo hace por estar enamorado de la princesa, se casa con ella a toda prisa, no obstante que al celebrarse en el templo la ceremonia se oscurece el cielo, suenan truenos, caen rayos y tiembla la tierra. Emilio siempre constante en su buen propósito, se introduce la noche de la boda en un cuarto inmediato a la alcoba de los novios; y al bajar por el aire la gran serpiente, empieza a darle cuchilladas, a cuyo estrépito sale el rey y toda la corte, el serpentón se escapa mal herido; el rey, ofendido en extremo contra su hermano, le condena a morir, y a *Pulcinella*, por unas cuantas majaderías que le dice, le manda sacar los ojos. Estando en la cárcel los dos reos, se aparece el rey Nigromante; encarga a Emilio nuevamente que no descubra el secreto, y a *Pulcinella* le promete que si algo dice de lo que acaba de oír, le convertirá en borrico. Vase el rey de Damasco, y viene el otro rey con todos los cortesanos. Emilio quisiera que *Pulcinella* declarase lo que hay en el caso; pero éste por el temor que tiene de quedar transformado en burro, guarda alto silencio. Emilio se determina a hablar; refiere los motivos que le han inducido a querer dilatar las bodas; declara la enemistad del rey mago, la venida del dragón, y cuanto hay en el asunto; pero al acabar su relación queda convertido en una estatua de mármol blanco. El rey se desespera; quiere matar a *Pulcinella* porque no habló, quiere morir al pie de la estatua, quiere matarse; pero el rey de Damasco se aparece otra vez, diciendo que, ya que no ha logrado, como quería, su venganza, le propone un medio de restituir la vida a su hermano: le da un puñal, dícele que con él mate a la princesa, su esposa, y al punto Emilio resucitará. El Rey no se determina a esta acción cruel; la Princesa llora y gime y enternece al bárbaro padre, el cual, tocando con la varilla de virtudes la estatua de Emilio le restituye su forma y vida; y hecho esto dice que detesta la magia y que de allí en adelante quiere ser hombre de bien y no hacer más diabluras; abrázanse todos y se acaba la función.

El viaje de Pozzuolli y Bayas, a corta distancia de Nápoles, es uno de los más interesantes para quien tenga alguna idea de la fábula y de la historia. Atravesando la gruta de Posilipo se halla un hermoso camino, que conduce a la ciudad de Puzol, dejando a la derecha, entre unos montes que le coronan el Lago de Agnano, y a su orilla la Grota del Cane, pequeña cueva abierta en la falda de un monte, donde muere cualquier animal que respira su aire mefítico, las luces se apagan, y corre la llama con dirección paralela al suelo, hasta que sale por la puerta de la gruta. A un tiro de fusil de este paraje están las Estufas de San Germán, que consiste en una casa con varias habitaciones pequeñas, llenas de vapor caliente y húmedo, que sale de la tierra y excita sudor abundante; las paredes de estas estancias están cubiertas de una costra de alumbre y azufre y materias salinas que trae consigo aquel vapor. Para darle salida hay en cada una de estas estufas un cañón en el techo, semejante al de una chimenea; los montes que rodean este lago son abundantes en caza.

Siguiendo el camino de Puzol sobre la orilla del mar, se ve a la izquierda la extremidad del monte de Posilipo, y a corta distancia la pequeña Isla de Nisita; a la derecha, subiendo una gran cuesta, se ve la solfatara, que no es otra cosa que la crátera de un volcán apagado, con una sola entrada. Una llanura de cerca de doscientas cincuenta toesas de largo, con menor anchura, de figura oval, rodeada de peñascos volcánicos, con pequeñas aberturas en ellos, que aún despiden calor, y algunas vapor espeso, entre el cual se ven llamas muchas veces durante la noche. Hay una, entre las demás, que arroja vapor sulfúreo en mucha abundancia, depositando en las rocas inmediatas gran cantidad de azufre, alumbre y sal amoniaco, que forman hermosos colores a la vista. Aproximándose a las hendiduras del monte por donde sale este humo, no puede resistirse el calor, y se oye dentro de las cavernas un ruido continuo, como el que formaría una gran porción de aire rarefacto saliendo por un conducto estrecho. Todo este paraje está compuesto de lavas ligeras, pómez, escorias y demás productos volcánicos, espongiosos y aptos a repetir el eco por su materia y la forma casi circular de la crátera, de manera que al tirar al suelo una piedra de diez o doce libras, produce un ruido semejante al de un cañonazo. Ésta es la antigua Phlegra, aquí fulminó Júpiter a los gigantes, hijos de la Tierra; aquí fue la desigual porfía; aquí cayeron precipitados entre los montes soberbios que levantaban para escalar el Empíreo; aquí fue el destrozo horrible; tronó airado el hijo de Saturno, y perecieron los rebeldes Titanes. Aún se ven las ruinas espantosas; las montañas quebrantadas y abiertas, las cenizas, el humo, el fuego mal extinguido, y el estruendo que se oye resonar en su concavidad profunda, nos acuerdan todavía la gran victoria. En Puzol, distante una milla de este sitio, se ve un resto del templo dedicado a Augusto, sobre cuyas ruinas se edificó después la Catedral. En una plazuela hay un pedestal, que parece haber servido a una estatua de Tiberio, según lo manifiesta la inscripción; monumento costeado por catorce ciudades del Asia Menor, cuyas figuras están esculpidas, en bajorrelieve, alrededor de dicho pedestal que aunque ya muy estropeadas, se ve en ellas grande estudio de ropajes y actitudes; debajo de cada una está grabado su nombre; los que pueden leerse son: Tenia, Magnesia, Filadelfia, Tmolus, Éfeso, Lemnos, Myrina, Apollonidea, Cesaria y Cybira.

Las ruinas del templo de Júpiter Sérapis son uno de los bellos monumentos que allí existen, aunque muy destruido, y mal conservado por su poseedor. Todo él estaba revestido de mármoles, y se han hallado estatuas y urnas de excelente labor; su forma es cuadrangular, en medio se levanta un piso circular, donde se conoce que hubo una rotunda sostenida por columnas alrededor, por la parte de adentro se ven todavía cuarenta y dos estancias cuadradas, pequeñas, en cuyas paredes se ven todavía pedazos de mármol de que estaban cubiertas; en el ingreso quedan en pie tres hermosas columnas de mármol cipolino, lisas de cuatro pies y medio de diámetro. Todo anuncia la magnificencia y gusto de esta obra; y en cuanto a su objeto, me parece más probable la opinión de los que creen haber sido el templo que Diocleciano dedicó a las Ninfas. Las piezas cuadradas que hay en él no parecen habitaciones de los ministros del santuario, sino pequeños oratorios, en cada uno de los cuales estaría quizás la estatua de una ninfa. En un gran pedazo de mármol se ven todavía varias labores formadas de pámpanos enlazados, y entre ellos cabezas de perros. Por otra parte, no se halla cosa alguna que tenga relación con Júpiter. Dícese que en el Templo de las Ninfas había una fuente, y éste está todo encharcado con el agua que se derrama de cañerías rotas y destruidas que hay en él. Las columnas de que he hecho mención están taladradas por animales marinos, lo cual supone que en otro tiempo el mar cubrió la mayor parte de aquel edificio, habiéndose retirado después; esta diferencia de nivel es muy grande; sin embargo los agujeros de las columnas no permiten dudar la certeza del hecho. Siguiendo la costa que está a la extremidad del Golfo de Puzol, se dejan a la derecha unas ruinas pequeñas y confusas de la casa de Cicerón, que él llamó Academia, y no lejos de allí estuvieron los huertos de Cluvio, de Pilio y Léntulo; hoy nada existe. Más adelante se ve una montaña de más de trescientos pies de altura, llamado Monte Nuovo que salió de la tierra en 19 de septiembre de 1538, con grande estremecimiento y ruido, y erupciones de fuego, piedras y cenizas, sepultando enteramente el lugar de Tripérgola; en su cima se ve una gran profundidad, de cerca de una milla de circunferencia, y en muchas partes del monte se percibe todavía calor y olor sulfúreo.

A poca distancia de él, caminando por una estrecha senda, se baja al Lago Averno, rodeado de montañas por todas partes, que en verano, heridas del Sol, despiden ardor insufrible. Esta circunstancia, y la de estar antiguamente estas alturas coronadas de espeso bosque, junto a las exhalaciones sulfúreas que todo aquel terreno despide, pudo contribuir a hacerle inhabitable y horrible, donde, según los historiadores y poetas, ni hombres ni animales podían existir. Las aguas del lago carecían de peces; las aves que atravesaban por el aire caían muertas; todo el recinto, solitario, contagioso, infernal anunciaba los horrores de la muerte. Agripa, y después Augusto, hicieron arrasar los bosques, a cuya densa espesura, que interrumpía el curso del aire, se atribuyó lo malsano del sitio; hoy se pescan en el Averno peces sabrosos, las aves anidan en sus riberas, y cantan alegres, y el labrador ve en sus colinas ondear las mieses y ceder con el peso del fruto los alegres pámpanos. A la parte oriental del Averno hay una estrecha boca, por donde se entra a la gruta de la Sibila, excavación subterránea semejante a la de Posilipo, por donde se dice que la Sibila Cumana pasaba desde aquella ciudad a hacer sus conjuros en este lago; a pocos pasos de su entrada se halla la habitación de la Sibila. Bajamos a ella llevando en las manos hachas de pez, conducidos por unos hombres que nos llevaron a cuestas. Un callejón torcido, estrecho, ahumado, tenebroso y húmedo, da entrada a unas estancias subterráneas pequeñas, con media vara de agua que cubre el suelo; se ven adornos de estuco en ellas y algunos restos de mosaicos; dos baños de piedra, puertas y galerías cegadas ya con la tierra y piedras que han caído del monte que cubre aquella habitación espantosa. Si la Sibila invocaba en ella los Manes, o daba desde aquellos senos profundos equívocas respuestas, no es de admirar que la fantasía acalorada con las ideas de religión y conturbada con el terror que tal lugar inspira, creyese mirar presentes los senos del abismo, oyese crujir las ruedas y máquinas de sus tormentos, bramar los monstruos y viese vagar sin descanso las sombras pálidas y sacudir sus antorchas las implacables furias, ceñida su frente de irritadas víboras.

Saliendo otra vez de aquel sitio y caminando por la gruta hacia el Sur, se sale cerca del Lago Lucrino, tan celebrado por sus ostras, que hoy día es muy pequeño. Habiendo quedado cegada y seca la mayor parte de él con la erupción del Monte Nuevo, de que se ha hecho mención, tiene comunicación con el mar, y está cerrado con tapias para la pesca del Rey; cerca de él estuvo el puerto Julio, pero ya nada existe. Dando la vuelta por aquella parte hacia el lado occidental del Golfo de Puzol, se ven las ruinas de lo que llaman Baños de Nerón, donde hay una gran sala, en bóveda, con varios compartimentos de estuco, y en ellos bajorrelieves entre los cuales se distingue aún el robo de Europa. Las estufas de Tritoli consisten en un edificio subterráneo lleno de vapor húmedo y caliente, semejante al que se ve en las de San Germán, fueron muy célebres en la Antigüedad, y hoy día acuden con frecuencia los enfermos a procurarse en ellas el sudor que, según dicen, es muy a propósito para varias dolencias. En la parte de donde procede este vapor se halla una agua salada y caliente como si acabase de cocer, donde se endurecen huevos en pocos minutos. Toda la Costa de Bayas fue en otros tiempos un país de delicias, de opulencia y lujo, la bondad del clima, la fertilidad del suelo, la abundancia de aguas minerales que por todo aquel terreno se encuentran, hizo que en los felices tiempos de Roma si pueden llamarse felices aquellos en que, dejando de ser virtuosa y pobre, fue viciosa y opulenta, las ciudades de Cumas, Bauli, Bayas y Puzol fuesen frecuentadas de los más poderosos, que las adornaron con edificios soberbios, derramando en ellas los tesoros del mundo oprimido. Ya no existen ni los palacios, ni los baños deliciosos, ni los templos, ni los jardines, ni los sepulcros; las ciudades populosas desaparecieron; todo es destrozo y ruinas; las higueras y tenaces yedras y ásperos arbustos crecen entre los mármoles quebrantados de tantos desplomados edificios; sobre los restos del Sepulcro de Agripina se ven chozas humildes; el Templo de Diana y el de Venus Genitrix apenas conservan lo que basta para inferir su forma y su grandeza; en el primero se ve un pedazo de la gran cúpula que le cubría, y en unas estancias inmediatas al segundo quedan todavía bóvedas de estuco en compartimentos, con muchas figuras de bajorrelieve, cuyas formas y actitudes anuncian haber sido aquel paraje dedicado a la madre de Amor.

El Templo de Mercurio, mejor conservado que los anteriores, consiste en una rotonda de bella proporción, muy semejante a la de Roma, con gran tronera circular en medio de la cúpula, para dar luz; el suelo y las paredes están cubiertas de plantas silvestres, que ofrecen a la vista formas pintorescas. A la parte de poniente, caminando hacia el sitio en que estuvo Cumas, se halla el Acheronte, y siguiendo la costa del Golfo de Puzol, sobre una altura, se ve el Castillo de Bayas y su pequeño y seguro puerto; más adelante, las ruinas del Templo de Hércules, ya rodeadas del mar por todas partes; allí se dice que murió Agripina, asesinada por orden de su hijo. Por toda esta costa estuvieron los palacios de Pompeyo, los de *Julio César*, Mario, el facundo Hortensio, Julia Mammea, Pisón y los del voluptuoso Lúcullo, en los cuales murió Tiberio; el mar rompe sus ondas con estruendo, en las ruinas dispersas que coronan su orilla, y los peces, mudos, desovan en las estancias de tantos trastornados alcázares.

Donde estuvo la ciudad de Bauli hay un lugarcillo pequeño y pobre, lo que llaman Mercato dil Sabato, parece haber sido sepulcros, los muchos vasos cinerarios que se han hallado en aquel paraje lo confirman. Cerca de allí están los Campos Eliseos, terreno de corta extensión a orillas del mar, con viñas, país desierto, donde en el estío los vapores de agua encharcada esparcen contagio y muerte. La gran cisterna que llaman Piscina Mirabile, es un edificio subterráneo, digno de la grandeza romana, destinado, según parece, a conservar el agua para la armada naval del Puerto de Miseno; está sostenida esta fábrica por cuarenta y ocho postes de grande altura; en el techo se ven las troneras por donde sacaban el agua. Las gentes del país arrancan pedazos de sus paredes, que se labran en Nápoles, y tienen la dureza y brillantez del mármol. Más adelante hay otro edificio semejante a éste, pero con grandes callejones, que parece tuvieron comunicación con el mar. Llaman a esto Le Cento Camerelle; se ignora el destino que tuvo en su origen; unos quieren que fuese cárcel, otros almacén. Subiendo a una pequeña altura que está inmediata, se ve a lo lejos el Vesubio y Soma, que levantan sus ásperas puntas; detrás de la fértil Cordillera de Posilipo, Caprea y la pequeña Nisita, el Golfo de Puzol, la ciudad y el antiguo muelle que equivocadamente llaman de Calígula, cuyos restos bate el mar; al Norte, el Lago Lucrino, el Monte Nuevo, el Monte Barbaro, celebrado por sus vinos, el alto Castillo de Bayas; y al Mediodía, el promontorio de Myseno, quedando a la derecha, en mayor distancia, la pequeña Isla de Procida y la de Ischia, peñascosa, llena de volcanes destruidos y abundante en minas.

Hay en Nápoles una célebre cartuja, dedicada a San Martín, sobre un monte que domina la ciudad, e inmediata al Castillo de San Telmo, parece que las bellas artes han enriquecido a porfía la iglesia y el convento, donde se admiran más de cien cuadros del célebre español José de Ribera. La fábrica y forma exterior de este monasterio nada tiene de regular; la iglesia está adornada por el gusto moderno, toda de mármoles, y el pavimento de graciosas labores de la misma materia, los capiteles de las pilastras me parecieron pesados y de muy mal gusto. El techo está pintado por Lanfranco, como también un Crucifijo en el coro, todo ello me pareció de un tono de color poco agradable. Los cuadros de mayor mérito que hay en esta iglesia son de Ribera; Moisés y Elías a los lados de la puerta principal, y doce profetas en los entre arcos de las capillas. En el coro hay cinco grandes pinturas, una de ellas del citado autor, otra que representa el Nacimiento, de Guido Rheni, gracia y exactitud de dibujo, buenas cabezas, colorido flojo y monótono que hace creíble la opinión de que el autor no dio a esta obra la última mano, los tres cuadros restantes me parecieron mal, por el tono oscuro de color que domina en ellos; lo mismo puede decirse de otros dos más pequeños de Solimena, que hay en una de las capillas. Yo creo que el estudio de las luces y el colorido en la pintura equivalen al estilo y dicción poética; de nada sirve un buen plan, lleno de invención y corrección, si le acompaña un estilo duro y tenebroso como el de Villamediana y Silveira. La sacristía parece un exquisito gabinete, tal es la multitud, delicadeza y buen gusto de sus adornos; hay en ella muy buenas pinturas de Josef de Arpino, un fresco de Jordán que representa el triunfo de Judit, y otros asuntos del Viejo Testamento, y en un altar, el célebre cuadro de Ribera, en que pintó a Jesucristo muerto, la Virgen, San Juan, la Magdalena y algunos ángeles.

Esta obra es una de las más estimadas de aquel artífice, diseño, colorido, y expresión, todo es admirable en ella. La vista que se goza desde un pequeño belvedere de este convento es inapreciable, toda la ciudad de Nápoles que está a los pies del Monte Posilipo, a la derecha; los Montes de Tifata, Soma y Vesubio, a la izquierda; Caprea enfrente, y en medio el Golfo.

Viaje a Italia V
Nápoles, Roma, Florencia, Bolonia
La Academia de Ciencias y Bellas Letras de Nápoles, fundada muchos años ha por el Rey actual, no existe sino en la Guía de Forasteros, sus estatutos me parecieron muy mal, sin claridad, sin orden, sin tocar aquellas máximas fundamentales en que estriba la solidez y utilidad de tales establecimientos. El mayordomo mayor del Rey es presidente nato de esta Academia; los mayordomos de semana, los consejeros y presidentes de los tribunales, son académicos de ella en virtud de sus empleos, para lo cual es menester haber supuesto una de dos cosas, o que la sabiduría va siempre indispensablemente unida a las pelucas, a las togas, a las golillas, cruces y uniformes, o que basta que los individuos de tales cuerpos sean ilustres por su nacimiento o su fortuna, y no por su mérito literario. Así es que hasta ahora, únicamente en fuerza de la actividad del secretario de ella, Don Pedro Napoli Signorelli, solo se ha publicado un tomo de sus memorias pero de nada sirve el celo de un individuo para organizar un cuerpo que por instantes se arruina, no hay libros, no hay instrumentos, no se celebran juntas, no se observa orden ni método en nada. El Príncipe de Belmonte fachendeó duramente su presidencia, y tuvo el arte de no hacer cosa buena, ni consentir que otros la hiciesen. Su sucesor, el Marqués del Vasto, prometió grandes cosas; pero hay motivos de creer, según lo que después se ha visto, que el letargo en que yace la tal Academia durará por mucho tiempo todavía.

En Nápoles, como en todas partes, abundan los versificadores, y son muy escasos los buenos poetas. Don Luigi Serio, poeta de la Corte, el abate Pazziani, el canónigo Silva y algún otro escribían, cuando yo estuve, por el género iriartino. Matei, traductor de los Salmos, le hallé muy desacreditado entre las gentes de buen gusto.

Los macarrones de Nápoles son famosos en Italia y Europa; las guitarras que se hacen, muy buenas y baratas, y las cuerdas de instrumentos, de pocos años a esta parte se ha adelantado el arte de hacer coches, en términos que pueden los de Nápoles competir con los mejores de cualquiera otra parte, ya sea por su ligereza y gracia en el diseño, ya por el buen gusto en la pintura y adornos o por sus hermosos charoles. En esta ciudad se hacen unos coches de cuatro asientos que llaman canestra, que, siendo perfectamente cerrados como los comunes, se abren con mucha prontitud cuando es necesario, y quedan sin lados ni techos, formando poco más o menos, la figura de un barco; y esto hace que sean muy cómodos para viajar en cualquier tiempo; los caballos de coche que se usan en Nápoles son casi todos muy pequeños, pero de gran resistencia; muchos de ellos son hermosísimos, y los que ponen en los calesines, muy corredores. En cuanto a golosinas, puede esta ciudad competir con la más regalona de Europa; sus diabolines, pistaches y demás drogas aptas a despertar la Venus dormida son excelentes, sus sorbetes, de lo más delicioso y sus pasteles y empanadas dulces, que pasan de las delicadas y virginales manos de las monjitas a las voluptuosas mesas de los poderosos, vivirán eternamente impresas en mi memoria.

Si es posible reconocer un tipo nacional de formas en una Corte situada a orillas del mar, y dominada sucesivamente por naciones distintas, yo diría que los napolitanos son de más que mediana estatura, delgados, de color trigueño, rostro prolongado, frente espaciosa, cejas pobladas, ojos pardos, nariz larga y corva, boca grande, labios gruesos; son de ingenio sutil, muy habladores, de carácter alegre y burlón. Sus mentiras, su perfidia, su holgazanería, su credulidad religiosa, sus venganzas aleves, y en suma, los demás vicios que en ellos se notan, lejos de atribuirlos a causas físicas pienso que dimanen únicamente del gobierno y la educación.

5 de marzo de 94. Salgo de Nápoles a la una y media de la tarde en posta; y siguiendo el mismo camino que traje, sin detenernos en parte alguna, llegamos a Roma el día siguiente a las cinco y media de la tarde; importó el viaje 15 duros, mitad del coste total.

Al entrar en esta ciudad, viniendo de Nápoles se observa desde luego la enorme diferencia que existe entre el número de habitantes de las dos, puesto que en 93 dícese que los de Roma llegaban solo a 165316. La circunferencia de sus muros es la misma poco más o menos que tenía en tiempo de Aureliano, el cual la cercó y fortificó, por temor de los bárbaros que amenazaban ya con irrupciones a aquella capital del imperio; y si parece imposible que en la citada circunferencia cupiesen tantos habitantes como tuvo esta ciudad en los tiempos de su grandeza, debe considerarse que la parte que rodeaban sus muros no era más que una pequeña porción del todo, puesto que algunos creen que llegaba desde Otricoli al mar; lo cierto es que Tívoli, Palestrina, Albano y el Puerto de Ostia formaban parte de ella, y todo era necesario para la inmensa población que tuvo. Tácito dice que en tiempo de Claudio se contaban seis millones novecientos cuarenta y cuatro mil ciudadanos. Hoy día no solo está contenida dentro de los citados muros, sino que en este recinto hay muchos pedazos desiertos, y ya son llanuras cubiertas de hierba, huertas y viñas, lo que en otro tiempo era la parte más habitada de la ciudad. Esto se ve particularmente hacia el lado del Sur y el de Oriente, en las inmediaciones del Coliseo, San Juan de Letrán, Santa María Mayor, la Cartuja y Villa Albani, donde hay espacios dilatados en que solo se ven tapias, casas de campo y algunas iglesias. La parte más poblada de la ciudad es la que está entre la Puerta del Popolo, Plaza de España, el Campidoglio y el Tybre y al otro lado del río, las cercanías del Vaticano y parte del antiguo Janículo. Esta extensión sería capaz, no obstante, de contener una triplicada población, pero toda está llena de grandes templos, conventos, colegios y palacios, que, ocupando mucho terreno, sirven de morada a muy pocas personas. Estos grandes edificios dan a la ciudad un aire de magnificencia que no se halla en otras y es menester confesar que si tal vez la moderna Roma no anuncia en ellos aquel gusto y delicadeza griega, aquella hermosa y rica sencillez que tanto se admira en los antiguos, no ha perdido del todo el carácter grandioso, que es tan necesario a unas obras dedicadas a los poderosos de la tierra o a la misma Divinidad. Pero este carácter, consideradas con atención las fábricas modernas, más existe en las dimensiones que en las formas, debiendo ser al contrario, los modernos con mayores medios, producen efectos menores.

Además de estas grandes fábricas, adornan mucho a Roma sus fuentes, sus columnas y obeliscos, todos ellos situados ventajosamente, o en grande altura, o en sitios desembarazados y espaciosos. Las calles son, en general, bastante rectas y anchas, bien empedradas, y llano el terreno, exceptuando una u otra altura, como, por ejemplo, la subida del Monte Quirinal. Hay poca limpieza en calles y plazas, y en las noches que no hay Luna, toda la ciudad yace en oscura tiniebla. Es muy notable la falta que hay en ella de paseos públicos; Campo Vacino y los altos de Santa María y San Juan de Letrán no son más que descampados tristes, donde solo se ven grandes iglesias o grandes ruinas; el Paseo de los Coches, fuera de la Puerta del Popolo, es un callejón estrecho, con tapias a los lados, donde no hay un solo objeto agradable a la vista; y a no apartarse mucho de la ciudad, no se gozan las orillas del Tybre. El único recreo que tiene la gente de a pie son los dos jardines llamados Villa Médici y Villa Borghese, ambos situados a un extremo de Roma, y solo frecuentados de los que viven en sus cercanías. El concurso que asiste a ellos nunca es correspondiente a la población, puesto que la vanidad ha llegado a tal extremo en Roma, que se considera como mujer vulgar a la que se pasea por la tarde a pie, y hay clases enteras a quienes condena esta ridícula opinión a estarse en casa en los días más hermosos.

La pasión del coche es una de las más vehementes en las mujeres romanas. Las Lucrecias más castas, si hay alguna, [...][51] no resisten a un coche de cuatro asientos. Así es que, como no hay dinero para tanto, los paseos de Roma se componen de la primera o la ínfima clase; la primera en coche, y la segunda a pie, los que no pertenecen a ninguna de las dos están condenados a clausura violenta. Por la mañana es permitido a hombres y mujeres, de cualquier condición que fueren, usar de sus piernas; por la tarde hay prohibición absoluta, so pena de confundirse con la gente ordinaria. Hay en Roma mucha vanidad y mucha miseria, mucha hipocresía y muchos vicios, la corrupción de costumbres que en ella se nota es consecuencia necesaria del sistema de su Gobierno. Un Estado que debe su existencia al prestigio de la opinión y no a sus fuerzas intrínsecas necesariamente ha de haber adoptado por apoyos de la política la [...][52]

Entre los varios estados que dividen la Europa, unos cultivan en paz su terreno fértil, otros deben su existencia a las artes mercantiles que ejercitan,

---

51 [«más de 3 renglones».] (N. del E.)
52 [«casi 6 renglones».] (N. del E.)

otros cubren el mar de naves, y traen de la más ignorada parte del mundo los frutos, necesarios ya para satisfacer nuestro lujo y disipación; otros, dueños de metales preciosos, adquieren por ellos cuanto les falta y otros pelean y vencen [...].[53] Como su gobierno es electivo y nadie ocupa la Silla Pontificia que pueda prometerse en una edad decrépita por lo común largo reinado. Todo sistema de prosperidad pública que necesite constancia y tiempo, o no se adopta, o si se emprende, se malogra o se inutiliza. El grande objeto de un Pontífice es el de enriquecer a sus parientes, ilustrar su casa, y como esto si se ha de hacer debe hacerse pronto, no puede verificarse sino por medios injustos, violentos, contrarios al bien común. De aquí nacen las usurpaciones, los monopolios, el aborrecido nepotismo que, produciendo todos los días fortunas rápidas y escandalosas, aumenta la desigualdad funesta, la opresión y miseria del pueblo y el insolente orgullo de sus tiranos. Todo es eclesiástico y religioso en esta corte del orbe cristiano, el Pontífice, sus cardenales, los ministros, las secretarías, los magistrados, los legistas, los varios ramos de administración pública, las escuelas públicas, las congregaciones y colegios, en suma los individuos y los cuerpos de alguna consideración, todo es eclesiástico, la tonsura es la única senda que conduce a la fortuna y al honor [...].[54] Éste es sobre todo el gran principio de corrupción, que obra indistintamente en las clases más elevadas y en las más humildes del estado. Difícilmente se hallarán en otra parte cabrones de mayor mansedumbre, esposas más suaves y fáciles, doncellas menos hurañas; cualquier extranjero que se introduzca un poco en Roma, sabe al instante una multitud de anécdotas curiosas y alegres sobre esta materia, [¿por qué el príncipe tal no ha ido con su mujer a la vileggiatura?, porque al ir ella se encontró casualmente con monseñor Fulano ¿por qué uno y otro se han detenido más tiempo del que al principio se creyó? [...][55] ha habido entre el Arcediano tal y la duquesita, ¿por qué ésta le ha dado por sucesor al Cardenal Hontina?, y no al vicelegado de tal parte, que la había cortejado por tanto tiempo y había gastado tantos escudos en ella. ¿Qué ocupación de mujer es la florentina?, que tan a menudo visita el Deán de tal iglesia, después que[...] con

---

53 [«más de medio renglón».] (N. del E.)
54 [«3 renglones».] (N. del E.)
55 [«» en el original.]

la [...], por celos que tuvo del ministro de Nápoles. ¿De quién son los hijos del conde [...] Si el mayor es obra del [...], general de los mercedarios o del oficial Tudesco, a quién la ha [...], deja por puertas [...], y ve lascivo que es cosa averiguada [...] por espacio [...], de actuaciones haciendo el protector de aquella casa y el pagador de las trampas del señor Conde]. En suma, la historia secreta si así puede llamarse, de estas ilustres Mesalinas [...]⁵⁶ da materia abundante a la instrucción de cualquier extranjero, que la oye correr de boca en boca, o tal vez la ve celebrada en canciones, fruto de la ociosidad y de la ingeniosa murmuración [...].⁵⁷

Cualquiera que guste de ver un espectáculo propio de Roma, pasee sus calles en las mañanas frescas de abril, mayo y junio, y verá una hermosa y alegre juventud atravesar por ellas con tal destino. Así es que esta puta ciudad, bien diferente de París, Londres, Venecia y Nápoles, no ofrece a la vista aquellos objetos de prostitución que tanto suelen ofender los ánimos castos; la razón es clara; ¿cómo ha de haber mujeres públicas donde las casadas y solteras sin peligro y sin escándalo ejercen este oficio? ¿Para qué ha de haber alcahuetes donde hay maridos tan poco espantadizos, padres indulgentes y dormilones, madres y tías [...]⁵⁸ que con tal inteligencia saben instruir en los misterios del amor a sus tiernas alumnas?

En otras ciudades populosas donde se ven prostitutas insolentes que escandalizan por su lujo, su descaro y su liviandad, donde hay hombres infames que hacen oficio de procurar a la intemperancia placeres cómodos, se ven, no obstante, virtudes domésticas y la virtud encuentra un asilo seguro en multitud de familias en quienes se admira la fidelidad y amor conyugal, la autoridad paterna respetada, modestia y pudor virginal.

Pero en Roma en vez de alcahuetes y putas hay mujeres casadas, hijas de familia, maridos y padres. Éste es el mayor exceso a que puede llegar la

---

56   [«casi 1 renglón pueden descifrarse las palabras siguientes: Puede, tanto, rendiciones, prelado».] (N. del E.)

57   [«16 renglones y medio pueden descifrarse las palabras siguientes: pero llamarse, me quedo, que Roma ofrece en esta gente a los, de el abandono de todas las virtudes, la palabra, iglesia, concentración más gran, a resplandar en el lecho a su, plucto, acto, intercalando con trescientas paglietas de, los que pueden, caminando, del, al, guardan, y mantenoso, del casi, al viso, sobre, del innumerable yarma, abunda».] (N. del E.)

58   [«1 renglón».] (N. del E.)

corrupción, de las costumbres, tanto más funesto cuanto más disimulado, y tanto más general cuanto menos se advierta a primera vista [...].⁵⁹

En Roma, son frecuentes los robos y asesinatos, y el Gobierno es poco diligente en reprimir tales excesos; cuando no hay parte que pida, la justicia no obra, y deja sin castigar el delito; las disputas de las tabernas se acaban a vejonazos. Cuando yo estuve en aquella corte, oí decir que desde el principio del pontificado de Pío VI, se contaban en el estado papal dieciocho mil muertes [...]⁶⁰ / [...].⁶¹

No será fuera de propósito copiar en este lugar un artículo de la Gaceta de Bolonia que tengo presente y dice así:

Nella Domenica poi (día de San Pedro) dopo di avere la S.S. Ponteficata la gran Messa all'altare Papale della confessione dei Gloriosi Apostoli colla solita assistenza del sagro Collegio e Prelatura in habiti sagri portata similmente in alto per andare a spogliarsi alla stanza dei paramenti giunta al luogo dove solea ricevere la, Chinea Monsignor Barberi come Procurator fiscale della Reverenda Camera Apostólica protestò solemnemente per non essersi neppure in quest'anno presentata la suddetta Chinea a la S.S. aprovò e confermò la prottesta

Esta [...]⁶² ceremonia se repite todos los años; la hacanea no parece, Monsignore Barbieri repite las protestas y S.S. las aprueba y las confirma [...].⁶³

Sería inútil e imposible hacer aquí una completa descripción de Roma, porque ni todo lo he visto, ni entiendo de todo, ni hay cosa en ella que no

---

59 [«4 renglones, pueden descifrarse las siguientes palabras: porque es capaz, en Roma todo es lícito con su, ella ciudad, menos el ser infierno?, Para? todo hay libertad menos para sermonear, hay paciencia».] (N. del E.)
60 [«7 renglones, pueden descifrarse las siguientes palabras: Quien niega que toda».] (N. del E.)
61 [«23 renglones; pueden descifrarse las siguientes palabras: ninguna, con las ar?, halla, y victa, me thad, no es política, puede».] (N. del E.)
62 [«1 palabra».] (N. del E.)
63 [«7 renglones».] (N. del E.)

esté explicada y juzgada ya en las muchas obras que se han escrito con este fin, y que son tan conocidas generalmente.

La iglesia de San Pedro es, sin duda, la mayor, la más bella y más rica de la Cristiandad ¡qué pequeñas son, comparadas con ella, la del Escorial y San Pablo de Londres! He oído decir que si este edificio fuese más chico, parecería más grande, y así es la verdad; si no hubiesen dilatado la nave, haciendo cruz latina la que fue cruz griega en su principio, se gozaría más la gran cúpula, y las laterales que la acompañan no estarían cubiertas, como hoy lo están, con la fachada que en gran parte las oculta; añádese a esto que este edificio carece de puntos de vista; la inmensa plaza que tiene delante no es suficiente, y sería menester echar al suelo una gran porción de casas, y aun dar una grande elevación al terreno, para que, a mayor distancia y mayor altura, pudiese gozarse aquella gran fábrica. La columnata circular que forma la plaza es de lo más bello y magnífico que puede verse; se compone de 280 columnas [...][64] de mayor diámetro que las del pórtico de la Academia de Ciencias de Madrid, las 98 estatuas que están colocadas sobre la cornisa son gigantescas; las dos fuentes que por un conjunto de surtidores despiden aguas abundantes; el obelisco egipcio que ocupa el centro de la plaza, de granito oriental, sin jeroglíficos, de una sola pieza de 74 pies de largo, que, colocado sobre el pedestal, llega a 124 pies de altura; la gran fachada que se ve al frente, con la magnífica escalera que conduce a ella, y la soberbia cúpula que corona el templo, todo es grande, todo sorprende y admira, todo anuncia que aquélla es la primera basílica del Orbe Cristiano, dedicada al Príncipe de los Apóstoles por el Vicario de Jesucristo. Entrando en ella no se forma idea justa de sus dimensiones hasta que por partes se va examinando, entonces se ve que las basas de las pilastras, sin pedestal ni zócalo, tienen cerca de vara y media de altura; que unos niños de mármol que sostienen las pilas de agua bendita y parecen a primera vista de tres cuartas, poco más o menos, son tan grandes como un hombre regular; que hay capillas que parecen iglesias muy espaciosas; que el baldaquino, sostenido de cuatro columnas, que cubre el altar, es más alto que el pórtico del Louvre; el largo interior de este templo es de 575 pies, su altura, desde el piso a la cruz de la linterna 408. Esto basta para formarse una idea

---

64 [«más de medio renglón».] (N. del E.)

de aquel admirable edificio. Hay repartidos en él multitud de altares con grandes cuadros de mosaico; copias de Dominiquino, Guido, Guerchino, Rafael y otros célebres maestros; multitud de bajorrelieves y estatuas de mármol, entre ellas muchas colosales, que representan fundadores de varias religiones; otras sobre los arcos de la nave principal, otras que adornan los sepulcros de los papas. Las cúpulas de las capillas son de mosaico; las de las naves de artesonados de oro; las columnas gigantescas que sostienen y adornan la inmensa mole, de mármoles y piedras que solo en Roma pueden hallarse, en atención a que solo en ella se conservan los despojos con que enriqueció a Roma Antigua el mundo tributario. Los sepulcros magníficos de los pontífices Inocencio 8, 11, 12 y 13, León 11, Alejandro 7 y 8, Paulo 3, Urbano 8, Benedicto 14, Gregorio 13, Clemente 10 y 13, los de María Cristina Sobieski, Reina de Inglaterra. La Reina Cristina de Suecia y la Princesa Matilde, todos de preciosos mármoles, ejecutados por los más célebres artífices, adornan, ennoblecen, añaden majestad al mayor templo de la tierra e infunden respetuosa maravilla al que se acerca a examinarlos. Lo que me pareció más digno de admiración entre las excelentes obras de aquella Iglesia son los mosaicos en los altares y las cúpulas, el bajorrelieve de Algardi, que representa a Atila, a quien San Pedro y San Pablo defienden la entrada en Roma, figuras gigantescas, excelente ejecución digna de aquel grande artífice; la Cátedra de San Pedro sostenida por cuatro doctores de la Iglesia, enorme máquina de bronce, descorregida, pero de un grande efecto, pudiéndose decir otro tanto del enorme dosel o baldaquín del altar mayor, todo del mismo metal, y una y otra obra del incorrecto y admirable Bernini. Pero lo que, a mi entender, es superior a todas aunque se cuente entre ellas el célebre grupo de mármol de la Virgen con su Hijo difunto, hecho por Miguel Ángel, donde entre cosas muy buenas se hallan grandes defectos, es el sepulcro de Clemente 13 ejecutado por Antonio Canova, escultor veneciano, el primero de Italia, y por consecuencia, de Europa. La idea no tiene mérito particular, pareciéndose a las de todos los demás sepulcros de aquella Iglesia, que por lo regular consiste en una urna sobre un zócalo, la figura del Pontífice encima, y a los lados dos estatuas alegóricas que acompañan; en ésta el Papa está representado de rodillas haciendo oración, en actitud tan expresiva, con tal verdad y sencillez, ya en el rostro, ya en la postura de las manos, ya en la distribución y pliegues de la vestidura, que si de repente se moviese, no se admiraría el movimiento. A un lado de la urna sepulcral está la Religión, al otro un genio alado en acto de dolor; una y otra figura son excelentes, pero como la última está casi desnuda, se admira más en ella la inteligencia del artífice, basta acostumbrar los ojos a las bellas formas del Apolo de Belvedere, del Antinoo y otras estatuas, las más célebres de la antigüedad en esta clase de naturaleza juvenil, para reconocer en el genio mencionado la más idéntica semejanza. Sobre el zócalo hay dos leones de gran tamaño en guarda del sepulcro; el uno parece que duerme, pero al acercarse se le ven los ojos entreabiertos; el otro parece que acaba de alzar la cabeza habiendo sentido ruido de gente, mira con ojos terribles, y es de temer que, si uno da un paso más, se levante. Hay tal maestría en la actitud, en la expresión de estos animales, tal verdad y ligereza de cincel, que no es posible mirarlos sin temor; no son mazacotes ni tienen pelucas blondas, ni están desollados como los que tiran el carro de Cibeles, son dos leones de los más espantosos del África, están vivos y están guardando el sepulcro de Clemente 13, para que nadie se acerque a profanar tan sagradas cenizas. Esta obra está grabada por el famoso Morghen, y en cuanto es posible, la copia da una idea justa del excelente original. La iglesia de San Pedro, en lo exterior e interior, tiene defectos capaces de justificar las críticas que de ella se han hecho. Si se coteja, ya en las proporciones, ya en los ornatos, con las pocas que ha perdonado el tiempo, y que nos acuerdan la feliz época de las artes en la Antigua Roma, se halla por cierto que es muy inferior a aquellos modelos admirables, pero sin querer disculpar estos defectos, y concediéndolos todos, confesamos que las artes modernas no han producido obra más digna; que el Escorial, San Pablo de Londres, el Louvre, el Hospital de Inválidos, la Catedral de Milán, en suma, los templos y fábricas más celebradas en Europa, desde la resurrección de las artes, todas se oscurecen al cotejarlas con éste, que los sepulcros de Westminster y San Dionís, por más que entre ellos haya cosas muy apreciables, son muy inferiores a los depósitos de pontífices y personajes ilustres que enriquecen la Basílica Vaticana; y que los exquisitos mosaicos de sus altares y cúpulas son únicos en el mundo, y superiores a todo cuanto en este género produjo la docta antigüedad; en suma, cuando Europa no ha construido obra alguna ni más grande, ni más rica, ni más bella, desde la restauración del buen gusto y de las luces, ¿por qué no admiraremos esta fábrica insigne como el santuario de las artes, el primer templo de la cristiandad y el más digno que hasta ahora ha erigido a un Dios omnipotente la pequeñez humana? El actual Pontífice ha hecho construir al lado de esta iglesia una sacristía, estimable únicamente por los exquisitos mármoles que la adornan, y las sumas inmensas que en ella se han gastado.

A la parte opuesta de este edificio está el palacio Vaticano, residencia ordinaria de S.S., obra de plan irregular, construida en épocas diferentes no sin mérito en alguna de las partes de que se compone. Allí se ven las galerías de Rafael, llamadas así por haber dirigido este artífice las pinturas de arabescos que las adornan, feliz imitación del antiguo, con pequeños cuadros, que representan pasajes del Viejo y Nuevo Testamento, donde se ve alguna cosa pintada por el mismo Rafael; todas estas pinturas, hechas al fresco, como igualmente muchos bajorrelieves de estuco que hay entre ellas, se hallan ya muy deterioradas, ni es posible otra cosa en un paraje abierto continuamente, solitario y expuesto a las intemperies. Las célebres estancias de Rafael se hallan inmediatas a estas galerías; en la Sala de Constantino, dibujada por aquel artífice y colorida por sus discípulos, es admirable la batalla de Constantino y Maxencio, ejecutada por Julio Romano; mucha invención, mucho movimiento, excelentes grupos, expresión, valentía y franqueza de pincel; se considera como la mejor obra al fresco de cuantas existen. Tiene mérito también el cuadro que representa al mismo emperador hablando a sus tropas; los otros dos, en que se representa su bautismo y la donación del patrimonio de la Iglesia, son muy débiles; en ellos vi personajes vestidos a la moderna, la guardia Suiza del Papa como existía en tiempos de Rafael, y una mujer con un rosario en la mano. En las salas restantes se ven las obras al fresco diseñadas y concluidas por Rafael, esto es, *El castigo de Heliodoro*, donde introdujo muy fuera de propósito a Julio II; *El Milagro de la Misa*, *El terror de Atila*, en cuya composición se nota el defecto de que, siendo aquel rey el personaje principal, ocupa un segundo término, se halla confundido entre las demás figuras y oscurecido con sombras que apenas dejan ver su expresión, que debería ser el objeto primario del artífice; al mismo tiempo que la vista tropieza en personajes del todo indiferentes, situados en primer término y bañados de la mayor luz. En el Poema de la Jerusalén de Lope, se ve igual defecto. El cuadro de San Pedro libertado de la prisión por un ángel, peca de la unidad de acción. La célebre Escuela de Atenas, la Disputa sobre el Sacramento, El Parnaso, el Incendio del Borgo Santo Spirito, la Coronación de Carlomagno, el Juramento de León IV y otros de inferior tamaño y de menor mérito. El que tienen estas obras es tan grande, que se consideran como lo más excelente en materia de pintura; tienen defectos, y a pesar de ellos, no hay artífice que no las reconozca como el último esfuerzo del talento humano; así son los descuidos de Homero y los de Cervantes; justifican la crítica, pero las obras en que se hallan no se oscurecen con tales sombras, ni hay quien se atreva a competirlas sin escarmiento. En la capilla Sixtina se ve el Juicio Final, de Miguel Ángel, de gran mérito en el diseño de sus partes separadas; poco estudio de grupos y de luces; admira y no deleita.

¿Quién sabe lo que hay en la Biblioteca Vaticana?, ¿quién ha logrado verla despacio y con comodidad?, todo son dificultades, todo llaves y cerraduras y permisos, que hay que solicitar para verla con alguna individualidad; el público no goza más que la vista de los estantes y uno u otro manuscrito que tienen de muestra para decir que se enseña algo; por lo demás, la cosa está arreglada en términos de quitar a cualquiera la gana de examinar y estudiar los inapreciables manuscritos que contiene; el Museo, por el contrario, está abierto al público diariamente, y por seis reales, que se pagan al entrar, puede cualquiera entretenerse en él cuanto guste; esta colección de antigüedades, la más numerosa y la más bella de cuantas existen, se compone de obras de escultura, tazas de piedra de enorme tamaño, vasos, aras, trípodes, baños, urnas, candelabros, sepulcros, animales, bustos y estatuas y mosaicos, allí está reunido lo más excelente que se ha encontrado en varias épocas, restos de la grandeza de Roma antigua; allí se ve la innegable superioridad de aquellos modelos de perfección, al compararlos con lo mejor que se ha hecho en los pocos siglos de cultura que cuenta Europa. No hay descripciones que basten a dar una idea justa de la excelencia de aquellas obras; los mismos vaciados la dan muy imperfecta, es menester verlo, y al artífice que al entrar allí no sienta en el ánimo multitud de afectos que unos a otros deben sucederse, al examinar la estatua de Apolo, vencedor de Pitón, de hermosa juventud, donde entre las formas mortales se descubre la divinidad, ufano del triunfo, y aún algo airado de la resistencia; el joven Antinoo, delicias del grande Adriano; Laooconte, que lucha muriendo con las serpientes, que gime y quiere en vano defender a sus tiernos hijos. Si un artífice puede ver tales objetos sin admiración, sin entusiasmo, sin inflamarse en generosa envidia, no pase adelante, arroje los cinceles; ni siente, ni imagina, ni nació para cultivar artes tan bellas. Este Museo ha sido considerablemente aumentado por el actual Pontífice; en todas las piezas nuevas, por más que fuesen o muy pequeñas o de corto mérito, hizo esculpir esta inscripción: *Munificentia Pii VI, P. Max.* Los romanos atribuyeron esto a un exceso de vanidad, y un día de gran concurso apareció una de las estatuas teniendo en el dedo meñique, pendiente de un hilo, una rosquilla muy pequeña, y en ella la inscripción citada, *Munificentia Pii VI, P. Max.*, Su Santidad apreció la lección, e hizo borrar con yeso los letreros que habían dado motivo a aquella burla, y es que es menester buscarlos con cuidado para encontrarlos en las muchas estatuas y grupos que los tenían. Entre tantas preciosidades de las artes que allí se conservan, las de más mérito me parecieron el Apolo, el grupo de Laooconte, el Antinoo, el que llaman torso de Belvedere, figura sin cabeza, ni piernas, ni brazos, de un Hércules, y estimada entre los inteligentes por una de las más bellas, el *Meleagro*, un Lucio Vero armado, dos grandes estatuas del Nilo y el Tibre, un grupo de un centauro marino, y de una ninfa, otra figura colosal, la misma que está en el cuarto bajo de San Ildefonso llamada equivocadamente Cleopatra, no pudiendo ser otra cosa que una ninfa dormida; una Atalanta, un París, vestido al modo bárbaro, Venus que sale del baño encogida, actitud la más bella que puede imaginarse; un fauno de rojo antiguo; Júpiter sentado; las Musas; una gran Juno; una Melpómene, figura colosal, multitud de bustos de emperadores, filósofos y hombres célebres, varios animales, algunos de ellos hechos de piedras durísimas, cosa apreciable por la delicadeza del trabajo y la expresión; ídolos egipcios; candelabros de labor exquisita; sepulcros con adornos y bajorrelieves, entre los cuales el que representa la muerte de los hijos de Niobe es cosa admirable, como también una urna de mármol blanco con cabezas de leones y vacantes; el sepulcro de Cornelio Lucio Escipión, que fue Cónsul el año de 299 antes de Jesucristo, más apreciable por su antigüedad que por sus ornatos de elegante sencillez [...] / [...]⁶⁵ dos grandes sepulcros de pórfido, únicos en su línea, el primero con adornos de festones y genios, lagares; y atributos de Baco, cosa muy ruda; el segundo, donde estuvo sepultada Santa Helena, tiene bajorrelieves, que representan guerreros a caballo y varios vencidos, con los bustos de aquella emperatriz y su hijo. Esta obra, aunque no de gran mérito, siempre es muy superior a los bajorrelieves que se ven en el Arco de Constantino. Hay también varias urnas, preciosísimas por su gran tamaño y su materia, halladas en las termas; las hay de basalto verde y negro, otras de granito egipcio y oriental, dos sillas de pórfido, con el asiento abierto, destinadas al mismo uso que los bidets modernos, y un tazón, de 60 palmos de circunferencia, de la misma piedra, cosa única en su línea. Un carro de circo con dos caballos, varios mosaicos antiguos, uno entre ellos que forma el pavimento de la sala redonda, el más grande que hasta ahora se ha visto.

Los Jardines de Belvedere y el Vaticano están contiguos al Palacio; en el primero hay una gran piña de bronce, de once pies de altura y cinco de ancho; los anticuarios ignoran cuál fue el sitio de su colocación, y todo es conjeturas y contradicciones; muchos creen que sirvió de remate en la Mole Adriana.

La colección de estatuas que se conserva en el Campidoglio es la segunda en número y excelencia. A la entrada se ve la estatua, de Marforio, amigo y corresponsal de Pasquín y es una antigua figura colosal del Océano. Entre las muchas piezas estimables que allí se ven, citaré lo más particular. El sepulcro de Alejandro Severo y Mamea, su madre, de gran tamaño y corto mérito en la ejecución; estatuas egipcias de granito rojo, basalto y piedra de toque; entre ellas hay algunas de gran tamaño, debiendo advertirse que no todas las que se ven en Roma de esta clase son obra de los egipcios; en tiempo de Adriano se introdujo por moda el culto de aquellos dioses, o por lo menos se extendió más particularmente, y con este motivo se hicieron multitud de estatuas en que imitando el gusto de la escultura egipcia, evitaron sus defectos, y así es que se encuentra una diferencia suma entre unas y otras, y no es necesario tener gran conocimiento del

---

65 [«más de 2 renglones pueden descifrarse las siguientes palabras: corresponde particularmente al héroe que le ocupó y a la ofrenda que se hizo».] (N. del E.)

arte para distinguir entre ellas las que son verdaderamente egipcias o las que fueron hechas en Roma a imitación de las primeras. En las paredes de la escalera que conduce a las piezas altas del museo han colocado muchos fragmentos del gran plan de la antigua Roma, grabado en mármol, que se halló en Campo Vaccino y había servido de pavimento, según se cree, al templo de Rómulo. Éste es uno de los más preciosos monumentos que vi; pero estando todo en pedazos pequeños y faltando muchas piezas esencialísimas para saber la unión de unas partes con otras, resulta no pequeña confusión capaz de apurar la paciencia de los más pacienzudos anticuarios. No obstante, se reconocen muchos pedazos, se ve la planta de muchos edificios que existen o existían pocos años ha y por ellos se saca la situación y grandeza de los otros que han desaparecido, la dirección de las calles, su estrechez, su longitud, y otras noticias muy apreciables. Entre la multitud de estatuas que componen la colección, son estimables las del Gladiador caído, la del Gladiador moribundo, el Antínoo, una Juno, la Flora, Venus que sale del baño, muy parecida a la de Médicis; un Apolo con la lira apoyada en un grifo, y el célebre grupo de Siques y Amor, conocido por los yesos que de él se han sacado. Una buena estatua de Inocencio X, obra del Algardi; sepulcros, aras y multitud de bustos de emperadores, filósofos...

En el casino de Villa Borghese, cubierto por la parte exterior de bajorrelieves, bustos y otros ornatos antiguos, y decorado interiormente con elegante magnificencia, digna de un soberano, se conservan preciosas obras de escultura, célebres ya en la historia de las artes; lo más precioso es el Gladiador combatiente, del que hay modelo en nuestra Academia; Séneca en el baño; el Hermafrodito, Venus y Cupido, obra atribuida a Praxíteles, un pequeño Morfeo, excelente figura del Algardi; el grupo de Apolo y Dafne, del Bernini, más corregido que lo que es común en sus obras, pero un poco desanimado y frío, defecto que se compensa con la delicadeza admirable de la ejecución; un David que va a tirar la piedra con la honda, arrugando el sobrecejo, la vista atenta, mordiéndose el labio inferior, lleno de expresión y en actitud la más conveniente. Hay otras muchas piezas (antiguas por la mayor parte) de mucho mérito, por lo que este Museo es uno de los más célebres de Roma.

El Palacio de Villa Albani está adornado con exquisita y elegante decoración, mármoles preciosos, camafeos y el célebre fresco de Mengs, en que representó a Apolo en medio de las Musas. Se admira en él una colección preciosa de antigüedades, columnas y tazas muy grandes de alabastro, estatuas egipcias, entre ellas algunas en que Adriano hizo representar a su querido Antinoo bajo la forma de Oxiris; una Palas griega de singular mérito; multitud de bustos de filósofos, poetas, capitanes y hombres célebres de la antigüedad; un Eurípides, detrás del cual se lee un catálogo de gran parte de sus tragedias; un Esopo, figura pequeña y monstruosa, estatuas de bronce, cabezas colosales, inscripciones y bajorrelieves, todo apreciable o por su rareza, o por su forma, o por las materias preciosas en que tales obras están ejecutadas, alabastro, pórfido, rojo antiguo, basalto, granito oriental negro, rojo, cárdeno, verde antiguo, piedra de toque, mármol pario, de Egipto, del Oriente; y que mucho, si por cualquiera parte que se camine se hallan a cada paso pedazos de estas materias; he visto en las calles multitud de columnas rotas, de granito oriental o egipcio, mármol cipolino o exquisito pórfido, que sirven de postes o cantones en las puertas y en las esquinas de los edificios. Cualquiera que se detenga a examinar las tapias de las huertas y corralizas de Roma, las hallará compuestas de estas piedras, monumento de la antigua opulencia de aquella capital del mundo, que a los ojos de un observador no es ya otra cosa que un montón confuso de ruinas y destrozos.

Los antiguos obeliscos egipcios, colocados en varios parajes de la ciudad, son uno de sus más principales adornos, tanto más apreciables, cuanto en ninguna otra capital del mundo existe nada semejante. Son diez en número, unos lisos, otros llenos por todas partes de jeroglíficos, que nadie ha entendido ni entenderá, por más que muchos se han roto la cabeza en procurarlo. Su antigüedad es tal, que se pierde en la oscuridad del tiempo, todos fueron traídos por los emperadores para adornar los circos, los foros, o los sepulcros. Todos son granito rojo egipcio u oriental, diferentes en tamaño e iguales en la forma. El de la plaza del Popolo, de ciento ocho palmos de altura, se dice que fue hecho en Eliópolis 522 años antes de nuestra era vulgar. Augusto le hizo traer a Roma y le colocó en el Circo Máximo. Sixto V le hizo poner en el paraje en que hoy está. El mismo Pontífice hizo restablecer y colocar los de la Plaza de San Pedro, San Juan de Letrán y Santa

María Mayor. El primero de éstos, sin jeroglíficos, de 113 palmos de largo, es el único que se conserva entero; todos fueron, en su origen, de una sola pieza; pero, a excepción de éste, todos se han hallado rotos, y no sin mucha dificultad se han unido los pedazos, o tal vez se han añadido los que faltaban, para dejarlos en la forma y tamaño que tuvieron. El de San Juan de Letrán, que se dice haber sido hecho en Tebas, 1300 años antes de Cristo, para adorno del Templo del Sol, tiene jeroglíficos, su altura es de 168 palmos, y es el mayor de todos. Pío Sexto ha restablecido los que se ven en Monte Citorio, Monte Cavallo y Trinitá de Monti. El de Monte Citorio, que se cree de tiempo de Sesostris, sirvió de gnomon a la línea meridiana que mandó hacer Augusto en el Campo Marcio, como se ve por la inscripción antigua que aún se conserva. El de Monte Cavallo tiene a los lados los dos célebres grupos de bronce atribuidos a Fidias y Praxíteles, traídos de Alejandría para adornar las termas de Constantino, las dos figuras de los jóvenes que están sujetando los caballos son de gran mérito, de estilo franco, expresivo y grandioso; tienen 25 palmos de altura; los caballos son inferiores en tamaño y en mérito, en el pedestal que sostiene el obelisco hay esta inscripción:

> Salve optime Princeps, salve parens populi Romani, votisque vive nostris, vive urbi tuae, vive orbi Christiano, cui te Deus maximum rectorem dedit.

Estos obeliscos, por más que se crean exagerados los cálculos de su antigüedad, son, sin disputa alguna, anteriores a todos los monumentos que se conocen; nos dan una grande idea de la cultura y la opulencia de los egipcios en aquellos remotos siglos en que se ignora qué naciones habitaban la Europa; nos confirman en la alta idea que es necesario formar del poder de Roma, que se enriqueció con los despojos de tanto imperio, y en cuanto a sus misteriosos jeroglíficos, me remito a un alemán que vive en la Calle del Babuino, y jura y perjura que los entiende y promete publicar un libro en folio, en que explicará una por una las figurillas que los adornan. Dios le dé acierto, y a nosotros gracia para servirle y buen apetito.

La Columna Trajana, erigida a aquel emperador por el Senado y Pueblo, se conserva entera; y admira aún más que su gran mole, el primor de la ejecución. Sixto V, en vez de la estatua de bronce de Trajano, que tenía en la mano un globo donde se guardaron sus cenizas, puso una de San Pedro, la altura total de este monumento, desde el piso a la extremidad de la estatua, es de 193 palmos y medio; tiene una escalera de caracol en lo interior, por donde se sube hasta el pie de la estatua, toda esta máquina se compone de solos treinta y cuatro pedazos de mármol, unidos con tal perfección, que donde el tiempo no la ha destruido, cuesta mucha dificultad hallar las junturas. Así, el pedestal como la columna están llenos de bajorrelieves, obra primorosa; los del pedestal son trofeos militares, tan poco abultados, que no alteran en nada la forma total; los de la columna representan las acciones gloriosas de Trajano, sus batallas y triunfos. En esta obra hay cerca de dos mil quinientas figuras humanas, sin contar caballos, máquinas de guerra y edificios. La columna es dórica, de elegante proporción, si bien no se goza como debería, por lo bajo que se halla el pedestal respecto del piso de la calle. La Columna Antonina es más alta, de menos bella proporción, más deteriorada, igualmente cubierta de bajorrelieves, que representan los hechos de Marco Aurelio, con escalera interior, que conduce hasta la estatua de bronce de San Pablo, colocada por Sixto V. Al pie de esta gran columna vive un barbero que tiene la llave de la escalera la de la Columna Trajana está en poder de un sastre.

Salí de Roma en 25 de abril. Se caminan tres postas, yendo a Florencia, antes de hallar lugar ninguno, todo es aridez y desolación, campos cubiertos de retamas y cardos, grandes trozos de la Vía Flaminia, sobre la cual va el camino en muchas partes. Desde Bolsena a Accuapendente es frondoso el país, la hermosa vista del lago, y los montecillos que la coronan, dilatan el ánimo con objetos más agradables; siguen grandes cuestas, y encima de un alta montaña, Redecofani, con su antiguo castillo, que es una de las situaciones más elevadas de Italia, despojos volcánicos por todas partes, soledad y aridez. Mal camino por las muchas cuestas. Pasada la Scala, se empieza a ver más población, buen cultivo, lugares limpios y alegres, y menos asperezas. Siena, buena ciudad, en sus contornos y en lo restante hasta Florencia, vistas deliciosas, abundancia, fertilidad, buena agricultura, mujeres hermosas, ojos negros, viveza y aseo; sombreros de paja, negros o blancos, adornados con flores y cintas, que las agracia sobremanera.

27 de abril llegué a Florencia. El Teatro Nuovo forma un semicírculo, prolongado en dos rectas, que se estrechan hacia la escena, tiene 106 palcos, incluso el del Gran Duque, enfrente del Teatro, bien adornado. Algunas decoraciones antiguas buenas; las demás que vi, de corto mérito. Echaban la ópera intitulada *L'Idomeneo*, mala a más no poder, era primera cantatriz la Andreozzi, y en el de la Pergola, donde se echaban óperas bufas, la Benini, ambas conocidas ya en Madrid, impropiedades groseras en los trajes y aparato.

Cerca de mi posada, en el Borgo de Ogni Santi, en unas casas contiguas a un convento de frailes de San Juan de Dios, leí esta inscripción:

Américo Vespuccio, Patritio Florentino, ob repertam Americam sui et patriae nominis ilustratori, amplificatori orbis terrarum, in hac olim Vespuccia domo a tanto domino habitata fratris Sancti Joannis a Deo cultores gratae memoriae causa P. C.

Vespuccio es acreedor, sin duda, a la memoria de su patria; pero aquello de «repertam Americam» es demasiado mentir, y el espíritu de paisanaje no debiera atreverse a tanto. Vi en el teatro de la Pergola *La vedova raggiratirce*, desatinada como todas.

Yo quisiera más disimulado el arte en los jardines de Boboli; calles de olmos, estrechas galerías, paredes retijereteadas, regularidad triste que oprime el ánimo, al ver tiranizada la naturaleza. Son muy incómodos, en la mayor parte, por la mucha desigualdad del terreno, gran porción de estatuas, algunas de ellas no indignas de cualquier museo. Una bella fuente, con esculturas de Juan de Bologna, la de en medio un gran Neptuno. Desde una altura de estos jardines se goza la vista de Florencia, los montes que la coronan, y el Arno, que camina vagaroso, humedeciendo los fértiles campos etruscos; una de las cosas que más me agradaron al pasear este recinto delicioso, fue el ver por todas partes vagar libres de una parte a otra los patos, cisnes y faisanes que alternaban graznando con el canto dulcísimo de los ruiseñores que habitan aquellas asperezas. Hay buenos invernaderos y un Jardín Botánico dispuesto con método [...].⁶⁶ Los jardines de Boboli están abiertos a todas horas y a toda clase de gentes, sin porteros ni centinelas, no hay pena de presidio para el que mate un faisán, y nadie mata los faisanes. El Palacio Piti, contiguo a este Jardín, que es la residencia ordinaria del Gran Duque, es antiguo, grande, sencillo, robusto, consistiendo solo en un almohadillado rústico, interrumpido por los arcos de las ventanas y las puertas.

El Museo de Florencia es cosa digna, por cierto, de una gran corte y de un gran príncipe. Hay diecisiete salas llenas de piezas de anatomía, hechas en cera, con mucha perfección, colocadas en urnas, y en las paredes los dibujos de todas ellas, con la explicación de sus partes. Esta colección que comprende todo el cuerpo humano, representado en los varios sistemas de que se compone su estructura, con todos los estudios relativos a la preñez y el parto, es, a mi entender, la más completa que acaso existe, solo la nervología ocupa cuatro o cinco estancias. Sigue después la historia natural, clasificada en todos sus ramos con inteligencia; cada pieza tiene una inscripción, con el nombre técnico y el vulgar. La colección de pájaros es bastante crecida, y a cada clase de aves acompaña el nido, los huevos y las crías que le corresponden. La de peces, donde solo los hay muy pequeños, es harta escasa. Entre los cálculos animales, vi uno que será de dos pulgadas de longitud y una de diámetro, formado alrededor de una horquilla del peinado que se introdujo por la vagina de una muchacha de doce años. Hay una sala de anfibios nadantes, reptiles y serpientes, y en los de esta última clase los hay muy particulares y en abundancia. En otra, una numerosa colección de insectos, y en la que sigue, que viene a ser un apéndice de la anterior, están los insectos acuáticos. Sigue la colección de conchas, corales y mariscos, la de maderas y semillas, en crecido número. En otras dos salas se ven varias plantas y frutos imitados en cera con gran primor. En las tres siguientes, destinadas a los metales y sustancias metálicas, hay piezas rarísimas. Sigue otra sala de mármoles, otra de tierras calcáreas, otra de cuarzos, cristales y piedras duras, otra de sustancias vitrificables y productos volcánicos, donde hay crecida porción de diferentes lavas, la mayor parte del Vesubio. Otra de fósiles vegetales, y animales, y en otra de aves y cuadrúpedos vi un

---

66 [«casi dos renglones, pueden descifrarse las siguientes palabras: otra, regular, con el, poligamia, necesaria».] (N. del E.)

elefante y un hipopótamo, el primero muy mal conservado y pequeño, con su esqueleto aparte. Las piezas de anatomía, la colección de insectos, la de conchas, minerales, semillas y maderas, me pareció ser lo más apreciable, por su abundancia, elección y distribución, la de peces y cuadrúpedos, muy escasas e imperfectas, particularmente la última. Hay además varias salas destinadas a la hidráulica marina, electricidad, pirometría, óptica, magnetismo..., con excelentes instrumentos, un buen observatorio y un laboratorio químico.

En la Iglesia de Santa Cruz hay buenas pinturas, entre ellas me parecieron de gran mérito un Descendimiento, de Salviati, y otros dos cuadros, uno de Cristo con la Cruz, y otro de su aparición a los Apóstoles, ambos del célebre Vasari. En esta Iglesia se ven los sepulcros del gran poeta Filicaya, el de Galilei, obra de mal gusto, el de Micheli, famoso botánico, el Padre Lami, con su estatua de mármol blanco, muy bien hecho, el de Miguel Ángel, y el de Machiavelo, que consiste en una urna que guarda sus cenizas, la Política con un peso, y en sus balanzas una espada y un volumen, sentada sobre unos libros, apoyando una mano sobre el medallón, en que está el retrato de Machiavelo, en bajorrelieve. Todo es de mármol blanco; buen gusto y buena ejecución. La inscripción sepulcral dice:

Tanto nomini nullum par elogium.
Nicolaus Machiavelli ob.an. a P. V. 1527

Hay cuatro puentes de piedra sobre el Arno, muy bien construidos, particularmente el de la Trinidad, comparable, por su ligereza y elegancia, al de Neully, con arcos de tres centros, obra antigua, en la cual, como en los muchos palacios de esta Ciudad, se ve el buen gusto de la arquitectura y la magnificencia de sus príncipes. La vista de Florencia desde las orillas del río, con los puentes, los estribos laterales y los edificios que le ciñen, por una y otra parte, es bastante parecida, aunque en pequeño, a la de París sobre el Sena.

El Paseo llamado le Casine, fuera de la ciudad, es muy divertido, con largas arboledas para los coches y gente de a pie, bosquecillos, huertas, bancos y adornos de piedra, y a un lado el Arno. Algunas veces vi pasearse entre los demás coches al Gran Duque, en un berlina con dos lacayos, sin volantes ni correo, ni guardias, ni aparato, tal vez solo, y otras veces con algún amigo; y no nos burlemos, el Duque de Toscana es un gran señor. Los florentinos son gente despierta, agasajadora y culta; el pueblo está bien vestido y come bien. El gobierno es el más dulce que puede imaginarse, y a pesar de eso, murmuran de él. La pronunciación de los toscanos es bastante parecida a la de los andaluces, las *ss* las convierten en *zz*, y las sílabas *ca*, *co*, *cu*, *qui* y que las desfiguran, en términos que apenas se conocen, con una aspiración áspera, semejante a las *hh* de Andalucía, por ejemplo: «He attahinno i havalli, he voglio andar al Hahomero in harozza e poi a hazza».

Salí de Florencia para Bolonia, atravesando el Apenino. Era víspera de la Cruz de Mayo, iba ya a anochecer cuando llegué a la primera posta; la tarde era fresca, el campo deleitoso, lleno de flores y verdura, vistas alegres por todas partes. Vi en una de las ventanas de la casa de postas dos muchachas de quince a veinte años, oyendo una música que las daban seis u ocho jóvenes, bien dispuestos, bien vestidos, con sus sombreros llenos de flores y cintas, pero más que todo me admiró que el muchacho cantor estaba improvisando versos al son de los instrumentos, alabando a las hermosas que le oigan, pintando su amor, prometiendo constancia, pidiendo correspondencia. Es verdad que los versos no eran petrarquescos, pero qué importa, el entusiasmo de amor con que los decía, la dulce inquietud que se observaba en los ojos negros de las dos muchachas, la deliciosa suspensión del auditorio, los aplausos ingenuos con que tal vez le interrumpían, y unido a esto, la estación, la hora, el lugar, todo produjo en mí una sensación suave, una especie de encanto, que ni sé explicarle, ni creo haberle experimentado otra vez.

Llegué a Bolonia, y pasé cuatro meses del verano en ver procesiones y oír letanías. La famosa Virgen llamada Madonna di San Lucca, porque se dice que San Lucas la pintó, baja todos los años a visitar a su devoto pueblo, [Y se va de iglesia en iglesia entre voceríos y ciriales ¡qué ceremoniosa divina diversión!] Corren con ella casi toda la ciudad, y a cada paso la hacen dar la bendición, que consiste en alzarla y bajarla, y torcerla a un lado y a otro. En estas procesiones, a falta de gigantones y tarasca, van ciertos personajes vestidos de reyes, todos con sus coronas, su manto real, su valona, sus borceguíes, y alguno vi con cetro en las manos, y estos son como diputados de los gremios de la ciudad. Muchos Cristos, mucho estandarte, muchos congregantes, con sus sobrepellices rizadas y almidonadas encima de sus casacas negras; frailes, clérigos y monaguillos «usque ad satietatem». Luego que la gente se ha divertido bien y ha recibido «le benedizioni della Madonna», la vuelven a subir a su Iglesia, situada en lo más alto de la colina, y allí se está hasta el año siguiente, en que se repite lo mismo.

Las procesiones del Corpus que salen cada año de seis o siete iglesias distintas, dan motivo a ver un concurso numeroso y brillante, adornadas las calles con toldos y los pórticos con velos y damascos que forman colgantes y pabellones, pinturas, espejos, e iluminación. Los adornos de la iglesia son por el mismo gusto, y hacen muy buen efecto en tales ocasiones; no hay rincón ni pasadizo que no se revista de sonetos en elogio del párroco de los mayordomos, de los altareros, en suma, de cuantos tienen parte chica o grande en la función. Las damas se presentan muy jalbegadas, muy prendidas, con su gracioso cendal guarnecido de blondas, y la majestuosa basquiña, que suena y arrastra. Las gentes del campo se visten de colores rabiosos, se lavan la cara y no cesan de andar y de sudar desde que amanece hasta que se acuestan. Esto, y los monumentos de Semana Santa, en que los mejores escultores del país representan un pasaje de la Escritura, era lo único que había en Bolonia en materia de espectáculos, mientras en ella estuve [...];[67] hicieron también algunos oratorios en música, donde vi una Magdalena que no me pareció Magdalena penitente, peinada *a la dernière*, pintada al olio, con bata y sortijas; un San Pedro, capón, muy estirado de corbatín, y un San Juan Evangelista, que no cesaba de tomar tabaco, mientras ab Arimatea lloraba la muerte del Redentor. Todo esto nacía de la revolución de París, por cuyo motivo se habían cerrado los teatros en Bolonia.

Viaje de Italia VI
Ferrara, Verona, Vicenza, Padua, y Venecia
Septiembre 13.

---

67 [«más de 4 renglones, pueden descifrarse las siguientes palabras: de modo mundano el pueblo se divertía y estrifo? Cosa, lo que, altamente, religiosas con la población que tre?».] (N. del E.)

Salgo de Bolonia en un carricoche, con un jesuita mexicano, buen hombre. Por espacio de ocho o diez millas, hermosos campos, como todos los que rodean a Bolonia; buen camino. Después el camino y el campo empeora, menos árboles y menos cultura, se atraviesa el Rheno en barca; sigue el camino por la antigua madre de este río, y antes de llegar a Ferrara, un pequeño brazo del Po.

Esta Ciudad situada en país llano y abierto, está murada a la moderna, pero su grande extensión hace imposible la defensa en caso de ataque; tiene, no obstante, una buena ciudadela, que es lo único que se podría guarnecer. La parte nueva de la Ciudad, esto es, la construida en tiempo de sus últimos Duques, tiene calles llanas, rectas, espaciosas, larguísimas con ánditos a los lados para la gente de a pie, que no se hallan tales en ninguna otra ciudad de Italia de las que he visto, bien que los edificios no corresponden a la hermosura del plan. Ni hay gente bastante que ocupe tanto espacio, y así es que la parte más bella de la ciudad es donde hay menos tráfago, y está más desierta. Su vecindario llega a treinta mil almas; en el tiempo de su mayor grandeza no excedió de sesenta mil; hay un barrio de judíos, ropavejeros y usureros, como en todas partes.

En la Plaza del Duomo hay dos estatuas de bronce, que representan dos duques de Ferrara; Borso, que murió en 1471, figura sentada con traje corto y un bonete en la cabeza, cónico, parecido bastante al de *Pulcinella*. La otra es del duque Nicolao, representado a caballo, con un sombrero o bonete de extraña hechura; el caballo es bastante bueno, el jinete, como también la estatua de Borso, son de corto mérito. El castillo, o antiguo palacio de los duques, es una casa fuerte, con torres, puentes levadizos y foso de agua corriente que la circunda, aquí habita el Legado Pontificio con guardia de suizos y caballos ligeros, como el de Bolonia. En las salas de este castillo se conservan algunos frescos de Dosso Dossi, muy estimables, en la que llaman del Consiglio, representó juegos gimnásticos, con grande inteligencia del desnudo, buenos grupos y actitudes; en otra, juegos de geniecillos, cosa graciosa y bien entendida; en otra, la Aurora, Diana y Endimión, y en una estancia pequeña, dos triunfos de Baco, entre los cuales hay otra pintura de igual tamaño que representa la vendimia, atribuida al Tiziano. En un pequeño gabinete, perteneciente a las habitaciones que ocupa el Ayuntamiento, contiguas al Palacio, hay también pinturas sobre fondo de oro, de gusto arabesco, con figuras alegóricas y geniecillos, del mismo Dossi, cosa de gran mérito, en mi opinión, por la simplicidad y gracia del diseño y la suavidad agradable del colorido.

El Palacio se comunica por medio de un largo corredor, en que hay puentes levadizos de trecho en trecho, con otros edificios que son una ampliación del mismo Palacio, hecha en tiempo de los duques, donde están varias oficinas públicas, y entre ellas la que llaman delle acque. En ésta se despacha todo lo perteneciente a los trabajos del Po, cuyas crecidas ponen en consternación todo el país, y la inundarían y arruinarían si no se cuidase con incesante vigilancia de fortificar y levantar las márgenes artificiales que le contienen. Si la geografía debió su origen a las crecientes periódicas del Nilo y esta ciencia tuvo su origen en Egipto, puede asegurarse, considerándola parcialmente, que en Ferrara ha llegado a su perfección. En esta oficina hay una multitud de mapas y planos impresos y manuscritos, no solo del curso del Po, sino de todas aquellas provincias cuya destrucción amenaza continuamente el curso que han tomado sus aguas en varias épocas; su anchura, su profundidad, la elevación de su fondo sobre los terrenos adyacentes, los canales que en gran parte debilitan el caudal de sus aguas, y, sobre todo, la exacta dimensión de la extensión y alturas de todo el país, juntamente con la de todos los términos de los pueblos, subdividida en las haciendas de los particulares, para conocer cuáles son los puestos más expuestos y arreglar las contribuciones de los propietarios y comunidades; todo está expresado con la mayor individualidad. Los gastos anuales de las márgenes del Po ascienden a 50.000 pesos duros; el fondo del río se va levantando sucesivamente, y al fin, aun suponiendo de parte de los hombres toda la actividad posible, llegará el día en que rompiendo los límites que le contienen, inunde aquel país, que hasta hoy le ha disputado y le usurpa la industria humana.

No vi en Ferrara, en materia de edificios, cosa que merezca particular elogio; hay, no obstante, algunas casas grandes, con fachadas de ladrillo adornadas con buen gusto de arquitectura, y el Palacio del Marqués Villa de Piedra, por el estilo toscano, labrado de alto abajo, en puntas, como la Casa de los Picos de Segovia, fábrica noble y robusta, como las de este género que se ven en Florencia. El Jardín del Marqués Camilo Bebilacqua, que aquel caballero a franqueado generosamente a uso del público, está adornado en confusa multitud de grupos, estatuas, torsos, términos, bustos y otras obras de escultura, la mayor parte ejecutadas en piedra arenisca, pintada de blanco, que con facilidad se destruye, no deja de haber entre tantas piezas algunas bastante bien hechas; pero la mayor parte de ellas son cosa detestable; la profusión con que están hacinadas en tan corto espacio, daña mucho a la belleza del jardín, en el cual no se ha omitido, por otra parte, cosa alguna para hacerle deleitoso; calles de ramaje, plantío de árboles, galerías, circo, cuadros, flores, fuentes, café, belvedere, teatro rústico, juegos de sortija, mecedor, blanco... Todo ello anuncia poca delicadeza de gusto en su poseedor, falta de plan, mala elección de artífices, y un celo generoso y laudable de hermosear este recinto en obsequio de sus conciudadanos. En España no hay un solo ejemplo de esto, y el que le diese sería acreedor al agradecimiento público. Hay una serie de bustos que adornan una parte de este jardín, y todos ellos representan los varones más célebres de Ferrara y entre ellos, como es de creer, tiene lugar el divino Ariosto, a éste aluden los tercetos del soneto siguiente, en que celebró mi amigo el conde Conti el jardín de Bebilacqua, y dice así:

> Ove son le poc'anzi informi zolledi questo loco, e gli [aridi virgulti?
> Verdi io trovo non pur bei rami adulti,
> e dai fior l'aria profumata e molle.
> Ma tempio, circo, labirinto, e colle,
> loggia, theatro, e calli al sole occulti,
> e fonti, e marmi in mille forme sculti;
> poi superba piramide s'estolle.
> O vate, onor del Po, ch'opra d'industre
> man qui vegg'io? tai meraviglie in carte
> finger solevi, e questi or m'offre il vero,
> ond'e, ch'emula ognor Ferrara illustre
> del greco genio, del saper, de l'arte,
> vanta il Pericle in lui, se in te l'Omero.

La Cartuja de Ferrara es una de las más grandes de Italia, y se dice que la Ciudad de la Mirandola cabe dentro de ella. Hay varios modos de servicio a Dios quien le sirve en celdas consagradas y claustros magníficos hartándose de tortas y quien limoseando tortillas en un camisón sucio, más sucio que estrecho, unos vestidos de blanco, otros de negro, unos afeitados, otros con barbas, todos les sirven y eso basta para nuestra consolación.

La iglesia de este Monasterio es como cualquiera otra; esto es, no tiene la forma ni divisiones que se lo ven en las demás de esta religión para mí esto también me parece hasta indiferente; hay en ella buenas pinturas, y en el refectorio un gran cuadro de las bodas de Caná, obra de Bononi, muy estimada. Borso, Duque de Ferrara, fundador de este convento, está enterrado en el patio o cementerio, con un sepulcro sencillo, renovado pocos años ha.

En la Iglesia de Santa María in Vado y en el Giesú hay también pinturas de mérito. Fui a la de San Benedetto a venerar las cenizas del grande Ariosto, que se conservan en digno sepulcro de mármoles, y en lo interior del convento vi su retrato pintado, según se dice, por Dossi, contemporáneo suyo; moreno, delgado, nariz aquilina, frente espaciosa, ojos vivaces, barba negra. No muy lejos de esta iglesia está la casa en que vivió, bien conservada todavía, medianamente grande, con inscripciones en su fachada que hizo él mismo. Allí escribió las obras que admira justamente la posteridad, y no es posible acercarse a ella sin una cierta veneración, debida a la memoria de tan grande ingenio.

En una plaza que está en la parte nueva de la ciudad hay una gran columna de piedra, de muy mala proporción, con una estatua de bronce encima, que representa a Clemente VIII, primer pontífice soberano de Ferrara. Si estos monumentos anunciaran siempre el gobierno de un príncipe justo o las épocas felices de las naciones, ¡qué apreciables serían a los ojos de la posteridad!; pero las artes, envilecidas y venales tal vez, se ocupan en perpetuar la memoria de quien no debió existir. Pintores, escultores, poetas, eternizad la virtud, no aduléis la ignorancia ni el vicio y entonces las artes se llamarán, con razón, divinas.

El territorio de Ferrara no es comparable al de Bolonia, pero ni es un desierto, como algunos le pintan, ni existen ya las causas que en otro tiempo hicieron mal sano este país. La cultura de los campos se ha aumentado considerablemente, se han disecado muchos pantanos, se han dirigido las aguas por canales, haciéndolas útiles, y no es ya el aire de aquella ciudad contagioso y tercianario, como algunos viajeros ponderan, copiándose unos a otros sin examen ni reflexión; la gente come bien, bebe mejor y está colorada y robusta.

Olvidábaseme decir que hay un nuevo teatro aún no concluido del todo; la parte exterior no corresponde al objeto de este edificio, ni anuncia un templo de las Musas, lo interior está bien dispuesto, la sala es una elipse, cortada por el proscenio; todos los palcos tienen enfrente de la puerta un cuarto pequeño, como sucede en el nuevo teatro de Milán; hay un gran salón de baile, y otros para juego y conversación, debajo del piso del patio hay varias piezas para uso del público en el carnaval; la escena es espaciosa; inmediata a ella hay cuartos cómodos y separados para los actores, en suma, por su forma, distribución y comodidades, puede citarse como uno de los buenos teatros de Italia.

16. Salgo de Ferrara, lloviendo a cántaros, en un calesín sin techo, por un bello camino, con dos hileras de árboles a cada parte; se ven varios canales o sangrías del Po, navegables; campo ameno, frondoso y de abundantes pastos. A cuatro millas de Ferrara, llegando al pueblo llamado Lago Oscuro, se pasa en barca el Po, ancho, majestuoso, de apacibles orillas. Seguí adelante por el camino de travesía que conduce a Lendinara, incómodo en extremo, como todos los de este país, donde no hay una piedra. A pocas millas, se entra en el Polesino de Rovigo, provincia del estado Véneto, la tierra es un poco más quebrada, regada por mil partes con pequeños ríos, algunos de ellos sacados del Adige, cuyas inundaciones son igualmente funestas a este país que las del Po, y no exigen menor cuidado para contenerlas. Vi abundancia de moreras, sauces, lino, trigo y maíz, casas pobres, y el camino siempre incómodo.

Llegué a Lendinara, lugarcillo de unas dos mil almas, café, casino público para juntarse a conversación algunos días de la semana; capas de grana, peluqueros, iglesia con altar de mármoles y bronces. El campo ameno y bien cultivado, se ve a lo lejos la Villa de Este, solar de la ilustre Familia Estense, que reinó en Ferrara. La prosperidad de los habitantes de este país no corresponde a la fecundidad del suelo, porque casi todo está repartido en grandes propietarios, que viven en Venecia o en otras ciudades del estado, no siendo otra cosa los que labran las tierras que unos meros arrendatarios, o criados de los primeros. Si el dinero que produce la venta de frutos de este país se refundiera en él, le haría opulento; pero como los dueños viven fuera, sale fuera, y ésta es la razón de ver en medio de tantas campiñas bien cultivadas y fértiles, casas y habitantes infelices.

22. Salgo de Lendinara en compañía de Conti y un joven poeta muy enamorado, muy intrépido, con algunos vislumbres de loco, honrado y amable. Vi en la Badía el Adige, hermoso río, del cual, por medio de una compuerta, sale el humilde Adigeto; sigue el camino sobre las orillas artificiales del Adige, que estando muy alto de madre, amenaza estragos a todo aquel hermoso país, y es necesario contenerle con palizadas y malecones, y debilitarle sacando de él pequeños ríos. Más adelante se halla el Puente de Castagnaro, cuyos arcos sirven de compuertas para formar el que llaman Canal Bianco, que es otra sangría del Adige. Tiene diez arcos, y las compuertas se componen de vigas sueltas, alzando las que quieren hasta la altura que conviene, según la ocasión; en uno de los arcos hay puente levadizo para que puedan pasar las naves de vela. Se entra después en el Veronés, donde está Legnago, villa fortificada, aunque dudo mucho de su fortaleza, la divide el Adige en dos porciones, sobre él hay un buen puente de madera. Se está haciendo una iglesia nueva, de buen gusto, orden corintio, y en concluyéndose será el edificio más notable del pueblo. Vi en el suelo un pedestal medio enterrado, con inscripción romana, pero habiéndoseme perdido el anteojo no la pude interpretar.

Nos obsequió mucho el Conde Rambaldo, Oficial de artillería, joven, vivaracho, afectadísimo, de buen ingenio y agasajador. Vimos su museo, colocado en tres piezas, de las cuales la primera tenía cinco pies en cuadro, la segunda tres de largo y uno de ancho, la tercera era menor. Ocho estampas, seis bajorrelieves de yeso, un medio codo y dos narices de mármol, cuatro países de mal pincel y cinco miniaturas lavadas, éstas eran las artes y antigüedades. Dos docenas de conchitas de varias figuras, tres habas secas, un grano de cacao, dos pedacitos de hierro, uno de coral, otro de vidrio, un cangrejo seco, un escarabajo, seis moscones y una calavera, ésta era la historia natural, todo curiosamente colocado, según sistema, con sus letreros y sus números respectivos con relación al catálogo manuscrito. La librería ocupaba la mitad de la tercera pieza, y en ella vi hasta docena y media de tomos de dozavo, porque no cabían más ni mayores. A pesar de esta pequeñez microscópica, nos entretuvo gran parte de la noche, reímos y nos fuimos a la cama.

23. Dejo mis compañeros, y salgo solo en un carricoche para Verona, siguiendo en gran parte la orilla del Adige (que en latín se llama Atesi por si no lo sabe mi lector) con gran número de molinos flotantes. Tuerce después el camino, que es tan malo como el que dejo atrás, por falta de piedras, campos abundantes en mieses, multitud de moreras, canales de riego, gran llanura. Comí en Valese, me engaña el posadero en la cuenta (hizo bien). Sigo adelante, mirando al Norte y Oriente las montañas que por aquella parte terminan los fecundísimos llanos de Lombardía; empeora el camino, pero no por falta de piedras sino por falta de cuidado.

Llegué a Verona entrando por Porta Nova, de robusta y elegante decoración; me hospedé en la Locanda de Due Torri, magnífica, llena de escudos e inscripciones alusivas a los soberanos, príncipes y sátrapas que se habían alojado en ella, por cuya poderosa razón me sirvieron caro y mal. En el cuarto inmediato al mío se alojaba una moza bonita y petulante, vestida de hombre, que parecía un caponcillo y estaba en compañía de uno que no tenía nada de capón; nos dividía una puerta desvencijada. Las cosas que oí no son ciertamente para oídos castos; yo entre tanto leía las *Noches* de Young y me encomendaba a las ánimas benditas.

Se dice que Verona sea ciudad de sesenta mil almas, la mayor del estado Véneto, después de la capital; se extiende a la falda de una gran colina sobre la cual hay un castillo antiguo, con adiciones de fortificación moderna, corre el Adige por enmedio de ella; hay sobre él cuatro puentes de piedra y ladrillo, y desde el que llaman Ponte Novo se goza una vista muy agradable. El Jardín, que llaman de Justi, es singular en su línea, compuesto, como todos, de paredes de ramas, cuadros de boj, estatuas y fuentes muy malas, pero adornados con unos doscientos cipreses, poco más o menos, cuyas ramas empiezan desde el suelo, formando un cono muy agudo y altísimo, el piso está en declive, y esto favorece mucho a la perspectiva; a la extremidad del jardín está la colina, que ha sido necesario romper con pólvora para darle más extensión, formando un accidente pintoresco la aspereza de aquel peñasco, vestido de arbustos y yedras, que contrasta perfectamente con la cultura simétrica que tiene a sus pies; desde la parte más alta del jardín se ve toda la ciudad y sus amenos campos.

La Iglesia de San Zeno es antiquísima, a uno y otro lado de la puerta bajorrelieves de mármol, que representan pasajes del Viejo y Nuevo Testamento, cosa informe, aunque no tanto como los que adornan las puertas interiores, abultados en láminas de bronce, monumento antiquísimo; figuras monstruosas y extravagantes, hay también varias pinturas al fresco, de igual mérito, en lo interior de la iglesia, cuya construcción merece observarse por la mezcla de gótico y griego de que se compone. Entre las varias antigüedades que hay esparcidas por la ciudad una es el que llaman Arco de Gravii, según La Lande, fue sepulcro de una familia, a mí solo me pareció un arco de triunfo, bastante parecido al de Tito; está muy destruido, y aún se ve la inscripción repetida, en que se dice que el arquitecto fue un tal Vitruvio, harto inferior en mérito al amigo de Augusto. Aún me pareció peor la Porta de Borsari, construida en tiempo de Galieno, consta de dos arcos, y sobre ellos, dos cuerpos, con doce ventanas, todo ello adornado por uno de sus lados con columnas corintias istriadas y frontispicios, esta obra manifiesta demasiadamente la decadencia en que estaban las artes cuando se hizo. Lo principal se me olvidaba, en la Iglesia de San Zeno hay una taza de pórfido, de una pieza, de tres varas y cuarta de diámetro, es opinión común que el diablo la llevó allí, pobre diablo, y en prueba de ello enseñan los agujeros que hizo en ella con las uñas. En la Iglesia de San Bernardino está la capilla de la Familia Pellegrini, obra del célebre arquitecto veronés San Micheli, que consiste en una rotonda de dos cuerpos, de orden corintio; una balaustrada sobre el primero (que se hubiera podido omitir), tres frontispicios, que forman los altares, con otro que sirve de puerta; nichos para estatuas entre ellos, y cúpula correspondiente al segundo cuerpo. Es obra majestuosa, de elegante proporción, y los adornos de arabescos en las pequeñas pilastras que hay en el primer cuerpo es de lo más delicado que puede verse.

Los palacios de Verona no son tan grandes como los de Florencia, pero su decoración es más elegante; en esta ciudad se ha cultivado, y se cultiva con acierto, la arquitectura, pero al cotejar las fábricas antiguas con las modernas hallé en éstas un no sé qué de afeminado y pueril que falta en las otras; los palacios de Canosa, Bevilacqua, Verzi, el de la Gran Guardia (que está sin acabar), y otros de que se hace mención en las descripciones de Verona, son obras de gran mérito, ni les falta a los que se han hecho modernamente, aunque en ellos se eche de menos aquella robusta majestad que caracteriza a los otros.

El Teatro Filarmónico es espacioso, formando la sala un semicírculo, prolongado por dos paralelas, contiguo a él hay un salón de baile; la compañía de cómicos que representaba cuando yo estuve no se componía de actores de grande habilidad. Fui a ver una comedia nueva intitulada *Le vertigini del secolo*. En ella no había más personajes de carne y hueso que un marido a la moderna, su mujer y una criada; los demás eran a alegoría, la miseria, el delito, la esperanza, el amor platónico, el amor glorioso, el amor humilde, las deudas, la soberbia, el capricho, la moda, la sátira, el cumplimiento... No hay para qué cansarse en ponderar las extravagancias y absurdos de tal comedión; el pobre público la sufría, sin atreverse a reír ni a llorar, yo hube de salirme antes de la suspirada catástrofe y esto se representa en la patria del Mafei, Comella, en todo su frenesí, no escribiría jamás embrollo más necio.

El Museo Lapidario está contiguo al teatro, colocado en una galería baja, de orden dórico, con un gran patio en medio. La entrada es un soberbio pórtico con seis columnas jónicas. Este museo es una numerosa colección de inscripciones griegas, o hebreas, árabes, etruscas, latinas..., bajorrelieves, aras, sepulcros, columnas miliarias, y otros monumentos no menos curiosos, pertenecientes a varios tiempos, colocado en las paredes con buen orden y numerado, para ver con facilidad, en el libro que corre impreso, la explicación de cada una de estas piezas. Sobre la puerta está el busto del Marqués Mafei, a quien se debe este importante establecimiento.

Verona está rodeada de muros, en parte antiguos y en parte modernos, incapaces de defenderla, tiene cinco puertas, las más de ellas construidas por el mencionado San Micheli; la mejor es la Porta Stupa, de orden dórico, como la Nova, de que ya se ha hecho mención. La parte exterior es más elegante, la que mira a la ciudad es toda almohadillada, de carácter robusto y sencillo, y en mi opinión debería ser al contrario, la elegancia adentro y la robustez afuera; de todos modos, es obra de mucho mérito.

Al entrar por la Porta Nova, se halla el Estradone, calle la más ancha que he visto en Italia, con ánditos a los lados para la gente de a pie, y más adelante la Plaza de Armas, ancha e irregular. La parte de la ciudad que se extiende a la orilla derecha del río es muy llana, la otra, edificada en las faldas de la montaña, tiene cuestas incómodas, calles torcidas y malas casas, no hay alumbrado de noche, defecto que no puede perdonarse a los italianos; en general está mal empedrada. Además de los palacios de que se ha hecho mención, deben verse los de Portalupi, Ottolini, Pellegrini, Pompei, el Seminario, la Aduana y el Nuevo Hospital que se está construyendo en la Plaza de Armas, fábricas todas hechas con buen gusto e inteligencia del arte. La portada del Duomo es obra gótica, muy antigua como todo el templo, consta de dos arcos, uno sobre otro; las columnas del cuerpo inferior estriban en dos grandes grifos, y esta idea la he visto muy repetida en las antiguas iglesias de Italia; la puerta tiene muchos adornos y varias figuras, entre ellas hay dos que representan a Roldán y Oliveros. Roldán está con yelmo en la cabeza, cabello largo, un gran pavés en la mano derecha, la espada Durindana, cuyo nombre está escrito en la hoja; está armado de cota de malla, la pierna y pie izquierdo armado de malla igualmente, la cara es feroz, con grandes bigotes. Oliveros, pelo corto, pavés sobre el brazo izquierdo, sin yelmo ni armadura. La iglesia es muy espaciosa con algunos buenos cuadros; al entrar a mano izquierda, se halla uno del Tiziano, en que representó la Asunción; en uno de los altares colaterales hay labores delicadísimas de arabescos, esculpidas en mármol, cosa de gran mérito por el diseño y la ejecución. La Iglesia de San Jorge, atribuida a San Micheli y Sansovino, tiene una portada de dos cuerpos, jónico y corintio, ambos compuestos, el primero con seis pilastras, el segundo con cuatro; me pareció cosa pesada y de corto mérito; lo interior es una nave sin crucero, cúpula espaciosa sin linterna; en los postes que dividen las capillas, columnas mezquinas, resaltadas, sin otro uso que el de sostener cuatro figuras alegóricas colosales; en esta iglesia hay dos buenos cuadros de Pablo Veronés.

La Arena es un anfiteatro romano, por el gusto del Coliseo, aunque no tan grande; falta mucho de la parte exterior, en el pedazo que existe se ven tres órdenes de arcos con pilastras, cubiertas de un almohadillado que reina en todo el edificio. Este pedazo, que llaman «Fala dell'Arena», parece que amenaza a caer sobre las casas contiguas, cuyos inquilinos pagan poquísimo dinero de alquiler por esta circunstancia, y viven contentos de este ahorro, a costa de morir aplastados. ¡O dinero!, lo restante de este gran monumento está bien conservado, y ha tenido varias reparaciones, necesarias para mantenerle en el estado en que se halla; exceptuando el ala mencionada, todo lo restante forma dos órdenes de arcos, el primer cuerpo es todo de piedra; en el segundo hay piedra y ladrillo. Estos arcos, altos y bajos, son otras tantas tiendas y habitaciones, cuyos alquileres compensan en parte los gastos que exige la conservación del edificio. Lo interior está entero, exceptuando la galería cubierta correspondiente al tercer cuerpo, que se ve por la parte de afuera; la arena forma un óvalo, y alrededor hay una gradería de cuarenta y cinco escalones, donde caben más de veintidós mil personas; en la misma gradería hay sesenta aberturas (vomitoria) para la comunicación de las gradas con las galerías; hay dos grandes puertas, en el mayor diámetro del óvalo, para entrar a la arena y subir a las galerías, con dos puertas pequeñas a los lados, que parece haber sido destinadas para salir por ellas las fieras o los gladiadores. Este anfiteatro es el único en que se vea entera y desembarazada toda la parte interior, y en esto lleva mucha ventaja al Coliseo, en que solo se ven ruinas y destrozos; por lo demás, el de Roma, además de su mayor grandeza, tiene sus galerías en disposición de poderse pasear por ellas, conserva mayor porción de la parte exterior, y a pesar de sus defectos, es de arquitectura más adornada; si dentro de él se viese la hermosa gradería del de Verona, quedaría perfecto. Pío Sexto, al pasar por esta ciudad, le vio lleno de gente; se han hecho en él varias fiestas en muchas ocasiones, y cuando yo estuve, oí al vulgo los despropósitos de Arlequín donde otro vulgo oyó bramar las fieras y el gemido de los gladiadores moribundos.

La Iglesia de San Firmio y Rústico es obra moderna; fachada de orden compuesto, y en lo interior graciosa decoración corintia, la bóveda es enteramente lisa, y no acompaña a la parte inferior que está enriquecida con todo el lujo del arte. Los veroneses son gente alegre, entre los hombres hay bella juventud, me dijeron que no se observa lo mismo entre las mujeres; aman con extremo la música, y en las provincias confinantes tienen fama de locos. Baste de Verona, que hay mil cosas que hacer y es tarde.

26. Salgo en un carricoche, en compañía de un veneciano, reviejuelo y arrugadito, que había servido veintisiete años al Emperador, muy tufillas, con una voz de cencerro que daba lástima oírle, y que no obstante [...][68] ser conde, según decía, lloraba a lágrima viva por no saber bastante música para hacerse virtuoso de teatro; consolábale un hombrón gordo, que llevaba en el bolsillo unas arietas que había de cantar al día siguiente en Vicenza, porque el tal gordo era operista, y por todo el camino nos fue gorjeando, «sotto voce», aquello *del Destin non vi lagnate*... que era una de las arias conque lo había de lucir. El otro era un personaje rústico, con un gorro lleno de flores azules y coloradas; su gran chupa verde, sus ligas fuera del calzón, y una gran capa, que llenaba el coche, hombre sencillo, que daba *eccellenza* al cantarín, y a nosotros ilustrísima y los *signori*. El camino malísimo, en muchas partes lodazales, atolladeros; pie a tierra; socorro de bueyes; juramentos y latigazos. El campo con hermosos prados, tierras de siembra, plantío inmenso de moreras, parras y arboledas de chopos y sauces, a la izquierda los montes del Tirol; comimos en Montebello, caro y mal, a las ocho de la noche llegamos a Vicenza.

27. Es ciudad de treinta mil almas, o poco menos, de forma irregular, sus calles en general estrechas y torcidas; grandes arrabales, cosa pobre y fea. Patria de Paladio, enriquecida con obras de aquel grande artífice, de las cuales la más celebrada es el Teatro Olímpico. Éste, edificado entre callejuelas infelices, unido a otras casas, y sin decoración exterior, no se anuncia como debería. La forma de la sala es una media elipse, cortada por su mayor diámetro, y es la más bella que hasta ahora he visto, aunque yo preferiría siempre el semicírculo exacto, porque con él se puede dar al teatro una abertura más proporcionada a la extensión de la sala. Entre el tablado y la gradería queda un espacio, que podemos llamar patio, al cual se entra por dos puertas laterales; siguen después las gradas, que son catorce; en todas, y en la parte superior, un cuerpo de arquitectura de orden corintio, que siendo cerrado al frente y a las dos extremidades, con nichos y estatuas en los intercolumnios, deja dos porciones de peristilo o galería abierta, donde se pueden colocar los espectadores. Sería mejor que todo aquel

---

68 [«más de 1 renglón, se leen las palabras: en las milicias? distinguido; conde añadido sobre las tachaduras».] (N. del E.)

cuerpo estuviera así; pero el artífice trabajó limitado a las paredes, que halló hechas, y éste fue el mejor partido que pudo elegir. La fachada del teatro se compone de dos cuerpos corintios y un ático, con muchas estatuas y bajorrelieves, un arco en medio, dos puertas a los lados y otras dos en los trozos laterales, con que se cierra el proscenio. Por la abertura del arco se ven tres calles, y otra por cada lo una de las cuatro puertas, con edificios suntuosos, hechos de madera como toda la obra, y en perspectiva, para suplir la falta de espacio; las aberturas de ventanas y pórticos, y la separación de unos con otros es muy cómoda para colocar la iluminación. Esta obra da una idea más clara de los teatros antiguos que la lectura de muchas disertaciones, la idea es feliz y hay mucho que admirar en la ejecución; pero si es lícito que cualquiera exponga su opinión, sin meterse a censor de un grande artífice, de cuyo mérito nadie duda, yo diré francamente que la fachada me parece que destruye toda la ilusión. Yo quisiera que aquel teatro tuviese una abertura sencilla, como todos los modernos, quitaría todo aquel edificio que cierra la escena, y que solo parece un patio de un palacio, y no una plaza abierta, que es lo que, a mi parecer, debería representar; entonces los edificios que forman las 7 calles, que yo reduciría a 3, llegarían más adelante; podrían ser mucho más grandes, podrían los personajes salir y entrar en ellos, se alargaría la distancia del proscenio al foro; en suma, la ficción sería tal, que podría equivocarse con la verdad misma, y éste es el último esfuerzo de las artes. Por no estar así, por tener que limitar las calles a la pequeñez del arco y las puertas, todo es estrecho, mezquino, confuso y diminuto, apenas caben dos actores de frente en unas calles donde todo es palacios, templos y edificios magníficos. ¿Qué verosimilitud hay en esto, ni cómo podrá ejecutarse sin mucha violencia una tragedia, que necesariamente pide aparato y pompa de comparsas? Parece que el artífice tuvo complacencia en reducir su obra a una miniatura microscópica, dando a la fachada dos cuerpos y un ático encima, dejando solo las pequeñas aberturas del primer cuerpo para ver, como por un vidrio de óptica, lo interior del teatro, renunciando voluntariamente a toda la grandiosidad y verosimilitud que pudiera haber dado a su obra. Las dimensiones de ella pueden verse en el *Viaje de Italia* de M. La Lande y para comprender cuanto acabo de decir, o es necesario haberlo visto o tener presente la planta y el diseño, si no, mi piadoso lector no entenderá una palabra.

Hay en Vicenza hasta unos veinte palacios, o llámense casas si quieren, de tan bello gusto, que ellos solos bastarían a excitar la curiosidad de cualquier viajero que ame las artes, y hacerle sufrir con paciencia los atolladeros de ayer; muchas de estas obras son de Paladio, otras de Scamozzi y otras de autores de menor fama, discípulos de la buena escuela. El Palazzo de la Ragione, situado en la Plaza de *Signori*, es el más grande de todos, rodeado de dos galerías, una sobre otra, la primera dórica, la segunda jónica, con arcos que cargan sobre columnas, más pequeñas que las que sostienen los dos cuerpos referidos, todo es elegante, ligero y grandioso, en el centro hay un gran salón, que no me atrevo a ponderar, porque sé que en Padua ha de haber otro mayor; en este edificio están los tribunales y es lástima que las casas que hay unidas a él y la estrechez de alguna de las calles contiguas no permita que se goce en espacios más anchos aquella gran mole. Enfrente está el Palacio del Capitán, de orden compuesto demasiado enriquecido de adornos, a mi entender; las ventanas rompen la línea del arquitrabe y aun el friso también; si esta licencia es perdonable, o lo es solo en Paladio, no lo sé. En el edificio de que hablé anteriormente, vi las metopas partidas por la mitad en los ángulos; tampoco sé si esto es lícito, ni quiero meterme en embrollos; entre las demás fábricas me parecieron cosa excelente el Palacio Trissino, en el Corso, con un pórtico jónico grandioso; el de Chiericati, de Paladio, en la Piazza dell'Isola, con pórtico inferior de columnas dóricas, y el segundo cuerpo corintio, con estatuas sobre la cornisa; el del Conde Aníbal tiene dos cuerpos, corintio y compuesto, y en la fachada que mira al jardín dos peristilos, uno sobre otro, me pareció, no obstante, que en la fachada principal afeaba en el segundo cuerpo el resaltado del entablamento sobre las columnas. El Palacio Luschi, inmediato a éste, es de los mejores que vi; ni hay que reñirme porque no haga una larga lista de los demás; baste decir que hay muchos, que en todos ellos reina el buen gusto, nacido del conocimiento del arte, que no consiste en copiar por líneas y escrúpulos los cinco órdenes del Vignola, sino en formar un todo con aquellas partes y darlas tal simetría y proporción, que juzgue el que lo ve que no pudiera hacerse de otra manera. Proporción, éste es el gran secreto de la arquitectura; de aquí nace aquella armonía de partes, aquella ligereza, aquel orden, aquella sobriedad unida a la elegancia, y aquella belleza unida a la utilidad, que hacen tan difícil el arte.

Campo Marzio es una gran pradería, excelente para coger el Sol, con una hermosa colina a la parte del Sur, llena de árboles y verdura, a la entrada hay una especie de arco de triunfo, que solo está abultado por una parte; consiste en un arco y dos puertas, sobre las puertas dos ventanas cuadradas, hechas, sin duda, para aligerarle; pero como nadie puede asomarse a ellas, me pareció cosa inútil y lo inútil siempre es malo; sobre el cornisamento hay un ático con frontispicio triangular y a los lados dos obeliscos; el ático me pareció ridículo y no menos inútil que las ventanas; la parte abultada es de orden dórico almohadillado. Hay otro arco, en la Puerta della Madona di Monte, que da entrada a una larga escalera, por donde se sube al camino que conduce a un santuario de Nuestra Señora; éste me pareció de bellísima proporción con un solo arco, orden corintio y un ático con el león de San Marcos en medio y dos estatuas a los lados. Desde el santuario mencionado se goza la vista de la ciudad, con una campiña deliciosa; el techo del salón del Palacio de Justicia sobresale entre los demás edificios, como la espalda de una gran ballena entre los atunes y delfines. A un lado se ve un pórtico de una milla de largo, que conduce también a dicha iglesia de la Virgen. En las iglesias no vi cosa particular; en la de Santo Domingo hay un buen cuadro de Pablo Veronés; en la de San Miguel otro del Tintoreto; en la de San Francisco vi una memoria sepulcral en honor del célebre arquitecto Vicente Scamozzi y un altar, rico de mármoles, dedicado a San Antonio de Padua, de lo más extravagante que pudo soñar Churriguera; y enfrente de esta iglesia hay un cierto palacio, que se las apuesta con el altar, [pedirá mi lector (que será muy vivaracho naturalmente) [Ullbinas], intra muros pecatus. Calla cabrón que en este [...], lugar hay mucho comparable al altar de San Antonio pero muy poco o nada que merezca nombrarse y Vicenza es la patria de la arquitectura moderna ¿qué sabes tú de eso?, no hay más que estarse en [Abrocigra] [...] lugar en [...], altarcillo y entrar.]

No todas las fábricas célebres de esta ciudad son de piedra, muchas de ellas no tienen más piedra que la necesaria para los cimientos, las bases, los capiteles y las molduras de arquitraves, cornisas y ventanas; todo lo demás, inclusas las columnas, es de ladrillo, revestido después con mezclas que le dan la apariencia de piedra. En Madrid, donde, a pesar de la vecindad de los montes, es la piedra tan cara (gracias a Lerena, que no quiso dejar hacer el canal de Guadarrama, porque no se hiciera nada bueno mientras él viviese), podría adoptarse este modo de edificar, y dar a nuestras obras con poco gasto, la belleza y grandiosidad que las falta. Vi algunas iglesias modernas de buena decoración, entre ellas la de San Cayetano, y una fachada antigua del Monte de Piedad, en la Plaza de *Signori*, porque otra que tiene en una calle inmediata no me pareció tan buena.

El teatro es grande, elipse truncada por una de sus puntas; buena orquesta, decoraciones borrachas de color; cantó Marchesi, no es posible ponderar la habilidad de este hombre, que une al conocimiento de la música una voz divina y una expresión de afectos, que difícilmente se encuentra en los de su clase; la acción vale muy poco, pero si fuese excelente en la acción como en lo demás, sería un ángel capón, no un hombre. Echaron la *Olimpiade*, y mi compañero de viaje, a pesar de ser tan gordo y de protegerle yo, lo hizo bastante bien. La Bocucci; con su vocecita graciosa y sus ojos malagueños, me arrebató el corazón. Visité en su palco a la Señora Elisabeta Caminer, literata insigne, que entre otras obras de mérito ha publicado las obras de Gesnero, traducidas en bellísimos versos italianos.

28. Salgo a las once en un calesín; camino excelente, llanuras cubiertas de árboles y parras, tierras de siembra y abundantes pastos; montes a derecha y izquierda, pero a gran distancia; llegué a Padua, tiritando de frío, a las tres.

Visita al Sr. Estéfano Gallini, profesor de física en la Universidad; me condujo a ver al abate lo Cesaroti, traductor de Homero, viejo vivaracho, buen literato, y al abate Fortis, físico estimable, humanista, crítico terrible, que destroza con la pluma y con la lengua, gracioso en la conversación, alto, moreno, ojos negros, cejas pobladas, rostro expresivo, voz de hierro; reímos un par de horas a costa de los autores vivientes más acreditados.

Padua está situada en terreno llano, cerca de un pequeño río, llamado la Brenta, que se cree ser el antiguo Timavo; es ciudad de cuarenta mil almas, muy grande, calles largas, angostas, rectas, mal empedradas; poca elegancia en los edificios, muchos pórticos pero no comparables a los de Bolonia, sin alumbrado como todas las que he visto, exceptuando Milán.

La Iglesia de San Antonio es antigua, sin particular belleza de arquitectura, exterior ni interiormente, con siete cúpulas, que hacen malísimo efecto, en la plaza que tiene delante hay una buena estatua ecuestre, de bronce, que representa a Erasmo Narmi, general veneciano, obra del famoso florentino Donatello, está colocada sobre un pedestal demasiado alto. Lo interior de la iglesia y los claustros inmediatos están llenos de sepulcros; los de la iglesia, que son los más suntuosos, no me parecieron del mejor gusto, por ejemplo, el de Pedro y Domingo Marcheti, el de la familia Caimo, el de Pedro Sala, y uno de la Casa Ferrari, son cosa malísima, salvo mejor dictamen; y el último particularmente, así en el diseño como en la ejecución, digno de cualquier aprendiz de pastelero, da lástima ver empleados exquisitos mármoles en obras tan ridículas. Los altares no me parecieron mucho mejor, exceptuando uno u otro. En uno de los pilares, a mano derecha, hay un monumento funeral del Cardenal Bembo, compuesto de un cuerpo corintio, con cuatro columnas y un frontispicio, con el busto del citado Cardenal, de buena idea y ejecución, como también lo es el sepulcro de Jerónimo Micheli, de orden dórico, con una urna y obelisco encima, siendo estos dos los únicos que me parece se pueden citar con elogio. En una de las paredes del coro hay un retrato de San Antonio, que pasa por auténtico, el cual Santo es blanco, rubio, ojos garzos, de buena cara, ni feo ni virolento, como yo, según quieren algunos, ni tan bonito y graciosito como creen mis tías. La Capilla de este Santo, hecha en 1532, es de mármoles de Carrara, adornada con nueve bajorrelieves de la misma materia, obra de varios artífices acreditados de aquel tiempo, en que representaron varios milagros del Santo. Los que me parecieron mejor son uno de Antonio Lombardi, donde un niño recién nacido defiende el honor de su madre, el otro, cuyo autor se ignora, de un hereje que tira un vaso desde una ventana, diciendo que si no se rompe creerá la santidad de San Antonio; otro de Sansovino, en que San Antonio resucita a una muchacha; otro de Danese Cataneo, en que el Santo resucita a un muchacho ahogado; cosa muy bien hecha, a mi parecer; y el que me pareció superior a todos por la corrección es el de Jerónimo Campagna, en que el Santo resucita a un hijo, que declara ser falsa la acusación hecha a su padre. En esta capilla se venera el cuerpo del Santo, que se dice estar en una urna de mármol que sirve de ara. En una capilla, que hay detrás del coro, vi cuatro estatuas de virtudes y dos de santos de la orden, cosa bien hecha; el altar, bien malo, con una confusa multitud de angelitos sobre la cornisa, que hace malísimo efecto.

El Prato de la Valle es una gran plaza irregular, en medio de ella hay un prado elíptico, rodeado de un canal, con cuatro puentes, de los cuales salen 4 calles que se dirigen al centro del óvalo, donde ha de hacerse una fuente; las calles están adornadas con jarrones y obeliscos, y las dos márgenes del canal con estatuas de piedra blanda, pintada de blanco. Hay ya unas 70, poco más o menos, y deberán ser 88; representan grandes varones de Italia, o príncipes, guerreros y sabios que hayan tenido alguna relación directa o indirecta con Padua, ya en lo político, ya en lo militar o literario. Vi entre ellos a Miguel Savonarola, célebre médico; Pietro Danieletti, escultor; Juan Sobiescki, rey de Polonia; Jacobo Menochio, Guicciardino, Clemente 13, Alejandro 8, Gustavo Adolfo, Jacobo de Dondi, matemático, Sperone Speroni, Andrés Navagero, Galileo, Petrarca, Ariosto, Tasso, Tito Livio, L. Aruntio Stella, Trasea Poeto, Antenor..., las estatuas son, en general, bastante buenas, a lo menos para aquel paraje, en que ni se pueden ni se deben colocar obras primorosas. Hace gran falta la fuente en medio, y será conveniente acompañar aquellas figuras con arbustos que, sin ocultarlas, las adornen, y arboledas circulares, que hagan sombrío, fresco y delicioso aquel recinto, uniendo al arte la naturaleza.

En esta plaza está la Iglesia de Santa Justina, muy parecida a la de San Antonio en las cúpulas que la dan luz, cosa que por afuera parece muy mal; no está hecha la fachada todavía; y esto de ver iglesias muy bellas por dentro y la fachada sin hacer es común en Italia. Lo interior de ésta es de orden jónico, muy mazacote y rudo; es grande, clara y desembarazada, con un hermoso pavimento de mármoles; en el coro hay un cuadro de Pablo Veronés, que ha padecido mucho en el colorido. Antiguamente había en las capillas muchos cuadros estimables y los han ido quitando, substituyendo en su lugar esculturas en mármol; no sé si ha sido acertada esta resolución, porque además de parecerse mucho unos altares a otros, no creo que haya gran mérito en lo que se ha hecho hasta ahora, exceptuando un grupo de la Virgen al pie de la Cruz y su hijo difunto, con San Juan y la Magdalena a los lados, que me pareció superior a todo lo restante. En una capilla del crucero se venera el cuerpo de San Lucas Evangelista, médico y pintor, según consta por unos malos versos latinos que hay allí, donde se dice cómo y de qué manera aquellas preciosas reliquias vinieron a parar a Padua, y esto ha dado motivo a grandes disputas con los venecianos, que creían poseer el cuerpo de dicho Santo en la iglesia de San Giobbe [...].[69] En la otra capilla, compañera a ésta, hay un pozo lleno de huesos de santos mártires, que se descubrió por revelaciones que de ello tuvo una cierta *Signora* Giacoma, mujer de santa vida, que vivía en Verona mucho tiempo ha, según y como se refiere en un cartelón que hay en dicha capilla, y según está representado en un buen cuadro, donde se ve la Señora Giacoma y la Virgen Santísima en el aire, con su hijo bendito y los querubines, y los frailes y el pueblo atónito, y el pozo...

El Domo, cuya fachada también está sin hacer, es en lo interior de un orden compuesto muy rudo, donde me pareció reconocer la misma mano o la misma escuela del que ideó el jónico de Santa Justina; la iglesia es espaciosa, muy bien enlosada; en la sacristía hay un precioso cuadro de Tiziano, en que representó a la Virgen con el Niño: simplicidad, expresión, colorido, todo es bello; el niño, en particular, parece dibujado por mano de las Gracias. Entre varios retratos de canónigos que hay en esta sacristía vi el del Petrarca. Junto a una de las puertas laterales hay dos sepulcros regulares, de orden jónico, con bustos, muy bien hechos, de Sperone Speroni y de su hija Julia. El salone, o sala de audiencia, es único en su línea; tiene 300 pies franceses de largo y 100 de ancho, con otros 100 de alto; en lo interior, la techumbre es de madera, muy bien hecha, asegurada con barras de hierro horizontales y verticales; las paredes están pintadas por Giotto y renovadas modernamente, representan los signos del zodíaco, los planetas, las estaciones, los apóstoles y otros santos, con varios asuntos sagrados y profanos; hay en el pavimento una pequeña meridiana, que le atraviesa por lo ancho; en la misma sala, a un lado, se ve la piedra de oprobio donde iban a sentarse los que se declaraban fallidos, evitando por este medio la persecución de sus acreedores; pregunté si duraba esta costumbre y me dijeron que no; en el salón de Vicenza vi otra piedra semejante a ésta y destinada al mismo fin. En esta sala hay un monumento en honor de Tito Livio, con el busto de aquel célebre historiador, como también una lápida que sirvió a la urna

---

69 [«casi 2 renglones».] (N. del E.)

donde se cree que estuvieron sus huesos. Si es verdad que los tales huesos eran suyos, y si es verdad que un gran sepulcro viejo que se ve junto a la Iglesia de San Lorenzo contiene los del famoso Antenor, como la inscripción asegura, díganlo los que entiendan estas materias; que yo me pierdo en tan oscura antigüedad, y en materia de calaveras no acertaré a distinguir la de Carlos II de la de Marco Aurelio. Hay también otro monumento de Lucrecia Dondi, mujer del marqués Pío Eneas, que en 1654 murió a manos de un amante feroz, que no la pudo seducir. Hoy día, gracias a nuestra cultura y a nuestra moral dulcísima, no se ven tales horrores, y el no haber Lucrecias nos ahorra de Tarquinos. En la parte exterior de este salón hay una galería con columnas medio góticas; sobre una de las puertas que dan entrada a la sala hay otro Tito Livio, que, a pesar de la inscripción que tiene debajo, me pareció una Santa Teresa; esta galería es el cagatorio general de los pillos que se andan hartando de uvas por la plaza, en ninguna parte se sufriría tal indecencia.

Fui a ver el Gabinete de Máquinas de la Universidad, que, aunque no de lo más abundante, contiene lo más esencial para el estudio elemental de física. El profesor de esta ciencia, el Conde Stratico, me mostró entre otras cosas curiosas, dos máquinas, de invención suya; una para alzar pesos, por medio de la dilatación de los metales aplicados al fuego, y otra, cuyo efecto y utilidad me pareció más visible, por medio de la cual levantaba el agua hasta quince pies, valiéndose de un tuvo espiral, colocado horizontalmente, que recibía el agua del depósito alternativamente con el aire, y estas porciones de aire, oprimidas por el agua siguiente, servían de hacer levantar la primera, por un tuvo recto, hasta la altura mencionada. Vi también un disco de máquina eléctrica, hecho de varios pedazos colocados alrededor de una rueda, invención dirigida a evitar el coste de un disco de aquel tamaño; la frotación del cristal con las almohadillas es la misma que si fuera de una sola pieza. En el edificio de la Universidad hay un buen patio, con doble galería dórica, la inferior y la superior, de un compuesto jónico. No vi el Gabinete de Historia Natural, que me aseguraron ser muy escaso. Vi el Observatorio Astronómico, construido sobre una torre del Castillo Viejo, cuyo coste ascendió, según La Lande, a 12.000 cequíes. No está muy provisto de instrumentos pero son buenos los que hay, particularmente un gran cuadrante, mural, traído de Londres. Vi al profesor de astronomía, el Abate Toaldo, célebre por sus conocimientos en esta ciencia, viejo alegre y amable, de quien recibí mil atenciones, como también del segundo profesor, el Abate Chiminello. Desde el Observatorio se ve toda la ciudad y sus hermosos campos, abundantísimos de árboles, frutos y mieses, bien regada por el río Brenta, parte del cual, dividida en varios brazos, cruza la ciudad y fertiliza sus contornos; por medio de un buen anteojo vi, a lejos, Bassano y más adelante la Torre de San Marcos de Venecia. En la Iglesia de Padres Servitas pueden ir a ver un grande altarón de mármoles los que gusten de galimatías y febus arquitectónico [...].[70]

En la Iglesia de la Anunciata, situada en un gran patio redondo, donde aún se ven vestigios confusos de un antiguo circo, pueden observarse en lo interior de la iglesia las pinturas a fresco de Giotto, hechas en 1306, son asuntos del Nuevo Testamento: frialdad, timidez, ningún artificio en grupos, actitudes ni luces; algunos ropajes no carecen de mérito; allí se ve la infancia del arte, qué distancia inmensa desde aquella ruda imitación de la naturaleza a la Aurora de Guido; Giotto fue admirado en su tiempo como un prodigio, y no sin razón, ¿quién sabe cómo empiezan las artes, ni quién sabe tampoco hasta qué punto puede llevarlas el talento humano? En la Iglesia de Padres Agustínos Heremitas, que está inmediata, hay un buen cuadro, en el altar mayor, de Ludovico Fiumicelli, otro en la sacristía, excelente, de un San Juan, pintura de Guido Reni; en una capilla del crucero, varios frescos de Andrés Mantegna, que vi grabados en Venecia después, el estilo es seco, en general; pero hay algunas figuras bellísimas, y en el fondo perspectivas muy bien hechas. En la iglesia se ve el sepulcro del célebre jurista Mantova, de orden compuesto.

Hay un jardín Botánico, inmediato a Santa Justina, abundante en aguas, con muchas plantas exóticas, bien cuidado, los invernaderos son malos, o por mejor decir, no los hay; a un lado del jardín hay un bosquecillo de árboles exóticos de África, Asia y América, y esto es lo más singular que allí vi. Cerca de este jardín hay un terreno de grande extensión, destinado al profesor de agricultura, para que haga en él sus experimentos.

Por las pocas noticias que acabo de dar podrá inferirse que en Padua se cultivan las ciencias, y que lo aún merece el nombre de docta; su Universidad

---

70 [«7 renglones».] (N. del E.)

es la única del estado véneto; las cátedras no se dan por oposición, pero se han tomado bastantes precauciones para evitar la parcialidad o la corrupción en el nombramiento de maestros, no sé si bastará; solo sé que entre los que tiene hoy día se cuentan sujetos de mucho mérito. Hay también una Academia de Ciencias y Bellas Letras, que ha publicado ya algunos tomos de sus actas. Hallé en Padua mucha cortesía, afabilidad y cultura; la gente es muy despierta y agasajadora. Todavía me está inquietando la dulce imagen que imprimieron en las masas de mi cerebro los ojillos de la Bocucci. ¡Oh Amor, por qué así maltratas a este cautivo caballero! Voyme a acostar.

Octubre, 1
Cargo con mi bagaje apostólico, y éntrome en la barca, que sale dos veces todos los días para Venecia, por el Canal de la Brenta; y ya deberá haber inferido el prudente lector que habrá más de una barca para esta operación. En la que a mí me tocó había su sala y su gabinete, ventanas con vidrios y asientos bastante cómodos; juntámonos hasta unas sesenta personas, viejas, chiquillos, gente del campo, soldados, frailes, putas, confusa mezcla, que anuncia desde luego lo barato del flete. En efecto, desde Padua a Venecia, que hay veinticinco millas, se va en dicha barca por una peseta. Si no fuese por la incomodidad que resulta de aquel hacinamiento de gente, el viaje es muy divertido, pues además de los hermosos campos que se ven a una y otra parte, se atraviesan pueblecillos alegres, y a cada instante se hallan casas de placer, muchas de ellas magníficas, de los poderosos de Venecia, que van a pasar en ellas el verano y parte del otoño. En toda la longitud del canal se pasan tres compuertas y al llegar a las últimas, distantes seis millas de Venecia, hubimos de tornar una góndola entre tres, para llegar más presto. Al salir del canal y entrar en la laguna, dejando a Fusina, pequeña población, a la izquierda, vi el nuevo espectáculo, para mí, de una ciudad situada en medio del mar, donde no se ve otra cosa que agua y edificios soberbios. Entré por el hermoso Canal de la Giudeca, y me hospedé donde pudieran hospedarse muy bien Enoc y Elías, si el diablo les tentara de venir a esta profana ciudad.

Los edificios de Venecia, o son magníficos, adornados con todo el lujo de la arquitectura, o son viejos y feos; las casas, en general, parecen de un lugarón antiguo, y no añaden poca fealdad la multitud de ventanas abiertas hacia afuera, sin pintura ninguna, ennegrecidas por las aguas, las calles [...]⁷¹ en el centro de la ciudad son estrechísimas, con mil ángulos y revueltas, y es menester arte particular para caminar por tales estrechuras, donde el concurso es continuo y numeroso. Unas calles sin salida, otras que terminan en los canales; puentes que conducen a casas particulares, sin que en su forma se distingan de los puentes públicos; plazas que parecen patios; atajos y pasadizos conocidos solo de quien tenga gran práctica de la ciudad; casas y calles sin números ni nombres; de todo esto resulta una confusión, que es difícil a cualquier forastero no perderse en tan enmarañado laberinto. O es menester embarcarse a cada momento, o fatigarse subiendo y bajando puentes y haciendo largos rodeos, para llegar a un paraje poco distante de donde se partió. Toda la ciudad es llana, empedrada con lava, como Nápoles, muy escurridiza y lisa cuando llueve, y no poco peligrosa, particularmente en los escalones de los puentes, que es menester subir y bajar con gran cuidado. De noche hay alumbrado público, que aunque en cualquiera población es conveniente, aquí es indispensable más que en otra alguna. Hay mucha gente a todas horas por las calles, muchas tiendas, talleres, tráfago y movimiento, sin embargo, no es ciudad ruidosa, en atención a que en toda ella no hay un carro, ni un coche, ni una caballería, y no es ésta la circunstancia menos favorable para las gentes acomodadas del país; pues siendo en Italia el artículo del coche el principal entre los objetos indispensables del lujo, en Venecia no existe, y debe producir un ahorro considerable. Las calles son oscuras, por su estrechez y la grande altura que tienen las casas, pero es divertido el pasear por ellas; de noche están muy iluminadas con las muchas luces de las tiendas, cuyas mercancías, expuestas a la vista pública, ofrecen a los ojos una agradable confusión. Vistas de noche estas calles, que son las más inmediatas a la plaza de San Marcos, se parecen mucho a las que hay en Londres, que sirven de pasadizos a la gente de a pie, y están, como éstas, llenas de luces, de objetos de comercio y frecuentadas siempre de gran concurso, bien empedradas y sin coches. La ciudad está dividida en ciento cincuenta islas, que exceptuando la parte que llaman La Zuecca o Giudeca todas se comunican por medio de puentes; el mayor de todos

---

71 [«3 palabras».] (N. del E.)

es el de Rialto de un arco solo, que forma un cuarto de círculo poco más o menos; es obra de gran ligereza, pero las casas que tiene encima la desfiguran. Los demás puentes son pequeños, en general, porque los canales que atraviesan son estrechos. Estos canales tienen por límite a un lado y otro las paredes de los edificios, bien que en algunas partes hay espolones anchos, por donde pasa la gente.

El Canal Grande, donde está el puente de Rialto y el de la Giudeca, están llenos de embarcaciones de comercio y transporte; las góndolas, que son el equivalente de los coches, llegan a dos mil, según me dijeron, pues además de las que hay para el servicio público, no hay particular acomodado que no tenga la suya, y algunos cuatro o cinco. Todas, exceptuando las de los embajadores, son de un mismo tamaño, figura y color; largas, angostas, con un adorno de dientes de hierro a la proa, una, caja en medio con techo circular, como el toldo de un carro, un asiento a la testera, capaz de dos personas, y dos banquillos laterales, donde se pueden acomodar otras dos, cubierta la caja por dentro y por fuera de bayeta negra, y las maderas pintadas de negro también. Los gondoleros las gobiernan con destreza increíble, y a poco tiempo se disipa el miedo que al principio infunden unas embarcaciones tan ligeras y tan fáciles a volcar. Estos canales y estas góndolas hacen desaparecer la pompa de Venecia; y no se logra ver reunido un concurso brillante sino en los pocos días solemnes, en que la plaza de San Marcos es estrecha para contenerle. Solo en tales días puede formarse una idea justa de la grandeza de esta ciudad, de su lujo y sus hermosuras, el no haber un sitio público donde la gente acuda cómodamente a horas determinadas, la estrechez de las calles más concurridas, el poco uso que se hace de las ventanas que caen a los canales, la necesidad o la costumbre, de abandonar la ciudad en verano y otoño las gentes de algunos posibles, y vivir solo en ella cuando la intemperie y las lluvias no permiten más desahogo que el de los teatros, cuyos espectáculos no comienzan hasta dos horas después de anochecer, todo esto contribuye a dar una idea de Venecia menos favorable. La gente, que acude los días de fiesta por la mañana a la Plaza de San Marcos, no forma un conjunto correspondiente a la grandeza de tal ciudad, ni menos la que se ve reunida en un teatro, cuando en los seis o siete que restan hay otra tanta.

En Venecia se levantan tarde, comen tarde, cenan tarde, y se acuestan tarde. Por las mañanas las señoras salen en su góndola con basquiña y cendal; las viejas se van a misa y a visitar monjas, y las mozas con sus maridos o sus amantes a dar un paseo por la Plaza de San Marcos, y a pasar un par de horas en los casinos en buena compañía y tomar café, siendo de advertir que en Venecia suelen tomar café siete u ocho o más veces al día, bien que el café es excelente y las tazas pequeñas. Después del teatro, se juntan, o en los casinos o en las casas particulares, y dura la conversación o el juego toda la noche, sale el Sol y se van a la cama, todo esto debe entenderse de la gente culta y de buen tono, porque la canalla tiene otras horas y otros estilos. Los venecianos son en general muy corteses, alegres, habladores, elegantes en el vestir, pero sin afectación; hay bella juventud en uno y otro sexo; el lenguaje es un toscano corrompido por la pronunciación, con algunas palabras provinciales, y un tonillo gracioso, que es particular al país.

Al día después de la primera dominica de octubre empieza la máscara, que mientras yo estuve en Venecia se redujo a que algunos se ponían la bahuta para ir al teatro, disfraz que se reduce a una capa de seda negra, una especie de roquete de blonda, y una capucha estrecha que ciñe el rostro; la máscara la llevaban regularmente en el sombrero; y ciertamente no pude averiguar a qué fin se desfiguraban de aquella manera. He oído decir que es propio de un país de libertad la máscara, yo diría al contrario, que solo puede ser conveniente en país de esclavitud, porque donde es lícito hacer cuanto se quiere, ¿para qué es el disfraz? Los que yo quisiera que se enmascarasen son ciertos pobres que se ven por las calles de Venecia, sin ojos, sin narices, rasgada la boca, acancerado, sangriento, espantoso el rostro, que no se les puede ver sin asco y horror; estas visiones, que son en gran número, se atraviesan en las calles y puentes, presentando al público su deformidad. Me dijeron que el gálico hacía aquellos milagros, sea enhorabuena; pero ¿por qué el Gobierno tolera este abuso? ¿Por qué no recoge aquellos infelices, que realmente no son capaces de procurarse el sustento por otros medios y los mantiene lejos de la vista de los hombres, a costa del público, que en ninguna parte pudiera emplear mejor su beneficencia? Si en esto hay descuido, no le hay ciertamente en la enfermedad de las viruelas, peste no menos terrible que la anterior; vi carteles fijados en las esquinas, donde se anunciaba que desde el día 1.º de noviembre hasta el 15 podría cualquier padre de familia llevar a sus hijos (cuya edad señalaba) a una casa destinada a la inoculación, que allí los profesores destinados a este fin por el Gobierno harían esta operación de balde, y que todos los niños que adquiriesen viruelas serían visitados en sus casas por los mismos facultativos durante el mal, y los que fuesen de familias pobres recibirían un socorro diario [...].[72]

La República de Venecia no es ciertamente la mejor de las repúblicas posibles. Poco más de doscientas familias, que compondrán apenas 1.500 individuos, son las que tienen en su poder el gobierno político y civil de toda la nación. Entre ellos se reparten todos los empleos de utilidad y honor, la soberanía, la magistratura, el mando de las provincias, y el de las armadas. Un paduano, que ve desde su ciudad la torre de San Marcos, si no tiene alguno de aquellos apellidos gratos a Júpiter, por más noble que sea, por más virtudes que tenga, por más talentos que cultive, no solo no será Dux de Venecia, pero ni podrá ser miembro de sus Consejos, ni jefe de sus naves. Los patricios desdeñan el servicio militar de tierra, y los primeros jefes del ejército, o son extranjeros, o son nobles de tierra firme, que deben al favor de algunas casas poderosas, y no a su aplicación y su mérito, los ascensos que obtienen. Los nobles venecianos aspiran a los primeros empleos de la República, ésta es su ambición, los de tierra firme tienen muy poco a que poder aspirar, y los que no son nobles, nada. No obstante, se llama República. Y las que hicieron tanto ruido en la antigüedad, eran, por ventura, mucho mejores. Desengañémonos, los hombres han estado siempre mal gobernados, y lo estarán hasta que dejen de existir. Los grandes políticos y estadistas han escrito excelentes sistemas, admirables planes, donde se hallan principios tan sólidos, verdades tan irrefragables, que es necesario carecer de entendimiento para desaprobarlas; pero llega el caso de la ejecución, y todo se trastorna; porque no pudiendo las leyes obrar por sí solas, es necesario que los hombres las administren; y como los hombres tienen pasiones, obran según sus pasiones, no según el espíritu de las leyes; y como la multitud siempre es ignorante, fácilmente se engaña, y ella misma, buscando la libertad y el bien, se forja las cadenas. Qué resulta de aquí, que somos muy imperfectos,

---

72 [«más de 8 renglones».] (N. del E.)

muy malos, muy feroces cuando se nos presenta la ocasión de serlo y que los mejores sistemas de gobierno deben considerarse como novelas muy bien escritas.

Sabido es ya que Venecia sea la ciudad de Italia en que más diversiones hay, y en mi opinión, la de los charlatanes no es la menor, a lo menos yo la prefiero a muchas. La Piazzeta, donde está el Palacio Ducal, y la hermosa Riva de Schiavoni, es el teatro de estos rudos espectáculos, por todas partes se ven montones de gente, que oye absorta la verbosidad de aquellos oradores. Uno, subido en una mesa con un gran lienzo detrás, donde está mal pintado con almagre y yeso su retrato, y a un lado un aparador portátil lleno de bragueros, frasquillos de esencias, papeles de polvos y ungüentos para la ciática, para los ojos, para los zapatos, para las lombrices, para las muelas, para las manchas, para los callos, para los sustos, para el mal de orina, en suma, para todo cuanto puede ocurrir en esta vida mortal, predica al público sus elogios, y le entretiene hablando tres horas seguidas, con una afluencia, una gesticulación y un manoteo, que no hay más que pedir. Otro pone en el suelo una tendalera de papeles retijereteados, y en un santiamén hace una pájara, una fuente, un arco triunfal, un San Pedro y una sota de bastos y entre tanto no cesa de hablar, ponderando su habilidad y contando disparates para hacer reír a el auditorio. Otro, metido entre cuatro palos, cubiertos con una cortina, da al público un drama en miniatura de los desgraciados amores de Arlequín, sus disputas con Pantalone, sus combates con *Pulcinella*, sin omitir aquella situación verdaderamente trágica, en que *Pulcinella* le sorprende, y con una barbarie inaudita le da en la cabeza treinta o cuarenta martillazos, que el menor de ellos bastaría a acabar, no digo yo con Arlequín, pero con el mismo Alcides. Otro toca una trompeta y a grandes voces llama a la gente para que venga a ver, por tres o cuatro agujeros de un cajón, las maravillas más portentosas que jamás se vieron; por un cuarto enseña las siete maravillas del mundo: la Iglesia de San Pedro, el Alhambra de Granada, San Pablo de Londres, el Monte Vesubio, la ciudad de Pekín y el Serrallo de Constantinopla. Otro, con el gatillo en la mano, exhorta a cuantos pasan a que se saquen las muelas una detrás de otra, y verán su destreza particular en sacarlas. Otro, con unos cubiletes y una baraja y un perro de aguas lleno de lodo, hace cosas que aturden al numeroso concurso de barcarolos y marineros; bien que protestan continuamente que allí no hay magia, y que todo es en fuerza de la física más sutil. Otro, sentado en un banquillo, con una capa de grana llena de chorreaduras de aceite, un peluquín rubio, con su casaca negra, sus calzones amarillos y en calcetas, sin licencia del ordinario, y a pesar de todos los concilios habidos y por haber, se pone a predicar pláticas morales sobre la avaricia, sobre la gula, sobre la lujuria, y esto lo adorna y enriquece con multitud de cuentos, sacados de Belarmino, de crónicas de frailes y aun de su propio peluquín, concluyendo siempre con una peroración patética, a fin de conmover el ánimo de su auditorio, a cuya generosidad se recomienda, exponiéndole las necesidades que padece, los achaques habituales que le molestan y la numerosa familia con que el cielo se dignó bendecir su matrimonio. Otro, y éste era el más picarón de todos y el que menos a menudo se afeitaba, divertía al público refiriéndole historias prodigiosas de caballeros y emperadores y magos, batallas, desafíos, torneos, amores, gigantes, enanos, vestigios, serpientes, torres, cuevas, encantamentos, en suma, cuantos disparates se hallan ya sepultados en los antiguos libros de caballerías. Tenía en la mano un papelillo sucio, con algunas pocas apuntaciones y sobre ellas forjaba la historia admirable, amplificando y adornando los hechos, introduciendo a cada paso diálogos épicos de lo que dijo el emperador al arzobispo, lo que respondió el caballero, las quejas de la princesa encantada, la disputa del mago Brandabalino con el mago Quizsobantes y los horrendos conjuros con que la sabia Paranomasia invocaba a los demonios. Dos muchachos ciegos, cantaban alternativamente *La Jerusalén*, octava por octava, según el pasaje que se les pedía; ya la embajada de Argante, ya el conciliábulo de Plutón, ya la muerte de Clorinda, el palacio de Armida o el bosque encantado. ¡Oh, Tasso inmortal, que a pesar de la envidia literaria, que llenó tu vida de amarguras, tu nombre, al cabo de dos siglos, vive famoso y superior a Ercilla, Camoens, Milton y Voltaire! Tus obras, aplaudidas de toda la Europa, son estudio digno de los sabios, y se cantan en las plazas públicas, donde el rudo vulgo las escucha con admiración y deleite.

Viaje de Italia VII
Venecia, Ferrara, Bolonia, Niza, Mahón

San Giovanni Crisóstomo: *Le smanie per la villeggiatura*, de Goldoni. Parece que el que fabricó este teatro estuvo estudiando la forma más extravagante y más opuesta al objeto que debía proponerse, y la encontró. La sala tiene la figura de un sombrero de tres picos, cortado el uno de ellos con la boca de la escena. Creo que conté hasta unos 184 palcos; los adornos corresponden a lo demás, garambainas doradas, confusas, ridículas, en el patio hay unas cuantas filas de asientos, quedando un grande espacio para estar de pie. Las decoraciones eran por el mismo gusto; los actores, malos en general y alguno tolerable. Antes de la pieza salió la Dama a decir un prólogo en verso suelto, y entre el segundo y tercer acto el Galán echó un discurso en prosa (hecho por él, sin duda), de estilo figurado, retumbante y hueco, dando las gracias al generoso público. Este público se componía, en la mayor parte, de lacayos, y gondoleros, que aquel día, por ser el primero de la temporada, entraban de balde. En medio del patio había un puestecillo de castañas y peras cocidas, y en los intermedios vi cruzar algunos vasos de vino. Grande estrépito, inocente alegría, palmoteo y aullidos al acabar.

La dama demonio e la serva diabolo. Véase Nápoles.

San Moisés: *Il matrimonio secreto*, ópera bufa. Véase Nápoles. Este teatro es bastante pequeño, la forma de la sala viene a ser un cuadrilongo, que se estrecha en la boca de la escena. Palcos y asientos en el patio. No entran lacayos. El concurso era brillante, más por la hermosura de las damas que por la riqueza de sus adornos. Las leyes suntuarias del país no consienten que Venus se desfigure con los atavíos de Juno soberbia. Los cantores eran bastante buenos. La Villeneuve, voz delicada y grata, aspiraciones oportunas, acción expresiva, decoro y buena presencia. Cuando el público aplaudía a algún actor que acababa de cantar, seguía palmoteando hasta hacerle salir otra vez al teatro; él hacía sus reverencias de gratitud, se iba y cesaba el estrépito. Los bailarines no carecían de mérito en la ejecución difícil de sus cabriolas y *retortillés*, pero no vi nada tolerable en el gesto y acción de su pantomima. Lo que vi fue un sacerdote de Cupido, con su barba larga y su gorro bicorne, como pudiera el mismo Aarón, bien que es inútil perder tiempo en hablar de los desaciertos en la composición de los bailes. Éstos y la música teatral necesitan un gran reformador que los aproxime a la naturaleza despojándolos de tanta ridiculez absurda como abunda en ellos. Las decoraciones eran por el gusto de las que se han hecho en los Caños del Peral.

San Lucca: *Le vertigini del secolo*. Comedia. Véase Verona. Es muy parecido este teatro al de San Crisóstomo, no es la sala tan desatinada pero sigue la misma escuela, más ancha en el fondo que en la boca del teatro, tiene doscientos y cuatro palcos, la disposición de asientos en el patio, el concurso que va a él, las garambainas y adornos churriguerescos, la poca habilidad de los actores, la pobre orquesta, las decoraciones, y el puesto de peras cocidas, todo es lo mismo que en el de San Juan Crisóstomo.

San Crisóstomo: *La pastorella fedele*. Comedia, verso alejandrino. Esta pieza viene a ser una colección de disertaciones sobre el lujo, la vida campestre, los perjuicios de la riqueza, el abuso del poder, la teoría del sonido, causas del eco, y otros puntos políticos, morales, físicos y económicos, que no hay más que pedir; todo lo cual, unido a unos ciertos pastorcitos y pastorcitas (que no se parecen nada a los del Tasso) y un corderito que se extravía, y la pastorcita que llora porque no le encuentra, y varios pasajes imitados, a buen tuntún, de tragedias, de églogas, epopeyas y villancicos, hilvanados unos a otros con hilo gordo, forman un conjunto de cosas buenas, que provoca al sueño más profundo. Tiene sus tres reglas de unidad, como manda la crítica más escrupulosa. ¡Oh!, se conoce que el autor era hombre erudito. El público hizo repetir una escena, que por cierto era una traducción libre de la Égloga de Virgilio: «Dic mihi Dameeta cuyum pecus?».

Sant'Angelo: *Presto o tardi tutto si scopre*. Comedia. Es enteramente distinta de otra que vi en Nápoles con el mismo título. Vale muy poco, fábula inverosímil, llena de accidentes romancescos, desafíos, casamientos clandestinos, príncipes fugitivos, raptos, un duque de Pontieu, disfrazado de coronel, que va a examinar la conducta de un Gobernador. Salón de audiencia y despacho de memoriales, exclamaciones al cielo, y cuanto en este género han dicho los Valladares y Monzines. Creo que había unos veinticuatro personajes sin contar los mudos. Los actores, exceptuando uno u dos, muy malos. El Teatro parecido en todo al de San Lucca.

San Crisóstomo: *La vana seduzione.* Comedia. Cosa bastante regular; dos o tres caracteres bien expresados, buena moral, escenas interesantes.

L'impazzito per amore con Traccagnino perseguitato da i pazzi. Comedia. Véase Nápoles. Farsa grosera y necia. Mal Pantalone, mal Arlequín, mal Brighela; no obstante muy aplaudida de lacayos y barcarolos, que entraban de balde, por ser domingo. Mucha gente, ocupados todos los palcos. Mucha gritería y estruendo. Arlequín y *Traccagnino* es la misma cosa.

San Lucca: *Una le paga tutte.* Creo haber visto esta comedia en Nápoles bajo otro título. Es cosa muy mala, llena de impropiedades y desaciertos, y el desenlace peor que todo lo restante. En el segundo acto hay una escena graciosa entre un amo de casa, indolente y bonazo, su mujer, su hijastra y su hija, las dos primeras acusan a la última por cierto papel que quiso ocultar, ella se defiende, las otras acusan de nuevo, y el padre poltrón, en medio de ellas, medio dormido, con su bata, su gorro y la luz en la mano, se convence sucesivamente de cuanto le van diciendo, reconoce que las tres tienen razón, se confunde y no sabe qué resolver.

Sant'Angelo: *L'empio, punitor di se stesso, con Trufaldino cuoco oltramontano.* Comedia. Ésta es una de aquellas piezas que se representan sin apuntador, sabida ya la trama y el orden de las escenas, los actores la sostienen con diálogo repentino, según les ocurre. Es cosa que al principio sorprende, y después fastidia; no hay duda que en la acción, la voz, las interrupciones y progreso del diálogo se ve tal desembarazo y naturalidad, que se confunde con la verdad misma, las equivocaciones, las repeticiones, el atajarse la palabra unos a otros, el hablar dos o tres a un tiempo, son accidentes que contribuyen a aumentar la ilusión de un modo admirable, y esto, o no se lograría jamás en una pieza estudiada, o necesita todo el esfuerzo del arte y una reunión de talentos en los actores, que rara vez se verifica. Ésta es la única ventaja que hallé en tal método de representación; por lo demás,

¿quién no advertirá que este mismo método ha de producir defectos capitales, insufribles, capaces de fastidiar al espectador?, lejos de complacerle, el estilo es desigual, a veces frío, difuso y redundante; las escenas se dilatan o se apresuran; padece la economía de la fábula y en suma, a fuerza de trabajo de parte de los actores, no logran producir más que un entremés dividido en tres actos; porque sería ignorar demasiado la dificultad del arte dramática presumir que con tales medios pudiera resultar otra cosa que un mal entremés. Añádase a esto que no cuanto allí se dice es repentino; no solo saben puntualmente la trama de la acción, sino que poseen también de memoria todos aquellos pasajes que tienen inmediata conexión con ella, y es necesario que lo hagan así para no perderse. Dicen, por ejemplo, en una escena aquella parte que tienen aprendida, dirigida a informar a los oyentes del estado de la fábula o a aumentar su progreso, y hecho esto, alargan el diálogo cuanto quieren, según el humor de que están aquel día, según su talento y la práctica que tienen en el teatro. De aquí resulta que buena o mala, cual ella sea, no son los cómicos los que hacen la comedia en el teatro, la comedia está hecha ya, la adornan solo, y la adornan con bufonadas, equívocos, alusiones puercas, graciosas, obscenas, según les ocurre, y multitud de acciones y visajes ridículos, recargados y extravagantes. En la pieza que se acaba de citar, *Trufaldino* se finge cocinero francés, y le dicen si sabrá hacer un pastelón; él se encarga de hacerlo, pide perdices, pavos, capones, pichones..., dice que los cocerá muy bien, que lo mezclará todo con queso rallado, que lo pondrá en una gran fuente, que lo cubrirá con rebanaditas de pan tostado muy sutiles, en suma, que después se lo comerá todo; que le tengan prevenida la cama, se acostará, y al otro día al amanecer les promete un pastelón magnífico. *Trufaldino* quiere casarse con Corallina, que tiene cuatrocientos escudos de dote, pero ésta le dice que es menester que aprenda algún oficio, porque si no, los cuatrocientos escudos se acabarán pronto, y habrán de morirse de hambre si les faltan otros recursos; y para hacerle la cuenta le coge la mano, le hace doblar el dedo pulgar y le dice: ve aquí estos son los cuatrocientos escudos, ciento se necesitan para poner la casa, y le hace doblar el dedo del corazón, otros ciento para gastos de boda, y le hace doblar el infamis, con que (añade) lo que te quedará es esto, y presenta la mano de *Trufaldino* con el índice y el meñique tiesos, formando los cuernos; a esto la dice *Trufaldino* que es cierto, pero que a ella la toca multiplicar el capital. Uno de los personajes de esta farsa es el Señor Agonía Moribondo, vestido como Tartaglia, pero con la diferencia de que el traje no es negro, sino de color oscuro, con aforros encarnados o amarillos, y ojales de plata, la gracia de este personaje consiste en hacer el asmático, y soltar de cuando en cuando unos falsetes desapacibles si en el calor de la disputa se ve precisado a esforzar la voz. Pantalone es un mercader veneciano, gorro negro, máscara, nariz corva, barba larga y cana, que tiene exactamente la figura de una morcilla, chupa, calzón ancho y medias de color rojo, una especie de balandrán negro con mangas anchas, y un cuchillo pendiente de la pretina. Habla siempre en veneciano, la acción es descompasada y extravagante, alzando los brazos, sacudiendo las mangas y haciendo mil rebujos diferentes con el balandrán. *Brighella*. Es un criado bergamasco, máscara espantosa, de color de cobre, con barba negra y corta, gorro, chupa larga, calzones largos y capa, todo blanco, con guarniciones azules. No tiene más gracias que la de hablar el dialecto de Bérgamo, recargar la acción de un modo ridículo y manejar la capa y el gorro. Arlequino es también bergamasco, su máscara, su figura, la agilidad de sus movimientos, y el carácter que se le da, son harto conocidos. En algunas piezas le llaman *Traccagnino* o *Trufaldino*, pero es siempre el mismo personaje.

San Crisóstomo: *La somiglianza inganna*. Comedia. Sin apuntador, como la antecedente. El enredo consiste en dos Arlequines gemelos, exactamente parecidos, invención repetida en todos los teatros, antiguos y modernos. Plauto, Moreto, Regnard y Goldoni han tratado este asunto con la gracia que les era propia, pero no es invención que pertenece a la buena comedia. En ésta hay una serie de equivocaciones y embrollos que fatiga, y no permite seguir el hilo de la acción, bien que nada se pierde. Arlequín hace dos papeles, y ve aquí desempeñada perfectamente la semejanza; no da el caso de que se vean juntos en el teatro los dos gemelos, y así se salva la dificultad esencial, que destruiría la ilusión. Se repite el juguete de los cuernos de Arlequín, con otra explicación distinta; se habla de culo, mezzano, becco, cornuto... No me canso de admirar la naturalidad que se advierte en la representación de tales farsas; si fuese posible dar al Misántropo o a Ifigenia este carácter de verdad, se vería entonces la mayor perfección a que puede llegar el arte; pero es inútil desearlo.

San Lucca: Eugenia. Traducción de Beaumarchais. Representada con frialdad, pero sin disparates; el teatro bien servido y decente; el concurso silencioso. Noté que los vendedores de peras, bollos, tortas y barquillos no daban gritos descompasados para anunciar su mercancía, como lo hacen cuando preside en la escena Arlequín; tanto influye un buen drama en la compostura y moderación del público.

San Crisóstomo: La pazza per amore. Comedia. Traducción de la célebre ópera francesa, Nina, suprimida toda la música. Muy mal representada. L'ospedale di vagabondi. Farsa en un acto, necia y extravagante. Hicieron repetir una escena que agradó; bien que no sé por qué agradó.

Sant'Angelo. Todero brontolon. Graciosa comedia de Goldoni, bien representada.
Truffaldino inghiotitto da una ballena. Farsa, véase Nápoles.

San Benedetto: La Principessa filosofa. Ópera bufa. Este teatro es más grande que el de San Moisés y el primero que he visto en Venecia de figura regular, formando la sala casi una elipse, cortada con la boca de la escena. Buena orquesta, mucha pompa, y no mal gusto en trajes y decoraciones. En los entreactos cierran el teatro con dos cortinas, que se corren lateralmente, no sé qué ventaja tenga sobre el telón. En este y en los demás teatros, se sientan en el patio hombres y mujeres, y nadie las desflora ni hay muertes ni escándalos. La ópera era una mala imitación del Desdén con el desdén, reducidas a dúos y quintetos las principales escenas de la pieza española. Los partidarios de la música moderna podrán decidir si hay asomo de verosimilitud, si hay algo que se acerque a la naturaleza en los papeles de la Princesa y su amante, puestos en solfa, y si son comparables todos los gorjeos y garambainas armónicas (con que se estropea la verdad a fuerza de arte) con una buena representación, que, expresando los afectos del alma como son en sí, imite la naturaleza sin desfigurarla, y produzca el placer de la risa o la dulce melancolía del llanto. Hacía el primer papel la Andreozzi, conocida ya por su voz de flauta y su frialdad boreal, los demás cantores valían muy poco. La compañía de bailarines era regular; buenos trajes, y no mal pintadas las decoraciones. Pero ¿qué precisión hay de que salga aquel sacerdote cornudo en todos los bailes?, no he visto todavía un baile heroico en que los personajes sean ateístas. No, señor; si falta el Padre Capellán, los héroes no se atreven a dar un paso, y debe notarse que el tal personaje siempre es ave de mal agüero; todo baile en que sale el cura se acaba a puñaladas.

Sant'Angelo: *I sepolti vivi*. Drama lúgubre, en cinco actos: El interés de la acción empieza a decaer al principio del tercero, y se dilata inútilmente el desenlace, a fuerza de accidentes imposibles y de inconsecuencias. El estilo ni es trágico, ni es cómico, es el que tenía el autor, no el que correspondía a los personajes, exclamaciones, sentencias, furor continuo, retazos pedantescos, situaciones de extremo dolor, que, cuando se repiten, se inutilizan. El principal actor lo hizo bastante bien; lloraron las tiernas damas, y el drama es pésimo. Desde que faltó, con Goldoni, la gracia cómica, se han llenado los teatros de Italia de comedias lloronas, que anuncian solo la decadencia del arte y la escasez de grandes talentos, y en vez de pintar las costumbres, los vicios, las ridiculeces nacionales, en alegres fábulas, que instruyan y deleiten, se han apoderado del teatro los milores y miladys ingleses, los emperadores, viajeros incógnitos y los acampamentos prusianos; venganzas atroces, desafíos, venenos, cadáveres, consejos de guerra, arcabuceados, subterráneos espantosos, hambres, desolación, furores inauditos, pistoletazos, suicidios, terror, violencias, y la pobre Talía llora, que no tiene consuelo.

San Crisóstomo: L'alfiere. Comedia. El carácter principal (que no es el del alférez) es indeciso y fantástico; la fábula se apoya en sucesos extraordinarios y romancescos; la acción mal conducida, entre accidentes inútiles o inverosímiles; el fin moral que se propuso el autor no sé cual sea. Es traducción del alemán.

Florindo e Traccagnino, Cavaliere d'industria. Farsa *a soggetto,* como las otras de que ya se ha hecho mención. Arlequín, al mirarse al espejo, cree que hay otro Arlequín dentro de él, alarga las manos para cogerle, mira por detrás, y pide la llave de aquella máquina, para hacer salir de allí al que está escondido. Se aplica al oído un reloj y dice que quién está dentro, que mete aquel ruido. Le manda su amo buscar una mosca (esto es un lunar), y él se pone a cazar moscas por el teatro. Hay una escena graciosa, en que Pantalón va con ánimo expreso de reprender a una cuñada suya, y entre ella, que le conoce la intención, y su criada, no le dejan entrar en materia, y le obligan a irse. Molière introdujo esta situación, verdaderamente cómica, en el *Festín de Pierre.*

Sant'Angelo: *I due Truffaldini gemelli, comedia a soggetto;* es la misma que la intitulada *La somiglianza inganna,* representada por otra compañía con diálogo distinto.

San Crisóstomo: *La forza della gratitudine.* Drama. Otro marido celoso y precipitado; otra mujer inocentísima y santa; otro subterráneo donde vive a oscuras; en suma, parecidísima a *I sepolti vivi,* con la añadidura de un chiquillo de cuatro o cinco años, que habla como un Sócrates, y disimula el llanto y el hambre por no dar pesadumbre a señora madre, y dice también sentidas razones, acompañadas con su poquito de acción trágica, que no hay más que pedir. Los descuidos e inconsecuencias en la conducta de la fábula, y los desaciertos en punto de caracteres y estilo, corresponden a todo lo demás.

I due sordi, farsa en un acto de Albergati, aun con ser tan corta esta pieza, llegan a fastidiar los tales sordos. El ridículo de la comedia no procede de los defectos físicos, sino de los vicios morales del hombre. Un jorobado, un tuerto, un sordo, un gangoso, un tartamudo, no son personajes aptos a ocupar el primer lugar en una fábula dramática, estos defectos son irremediables, y todo vicio que se exponga en el teatro a la risa del público ha de ser una culpa en quien le tiene, y culpa que los demás puedan evitar. Ni por esto deben absolutamente desterrarse de la escena tales personajes, pero colóquense en el último término del cuadro, o sean accidentes subalternos de la fábula, y nunca objeto principal o de ella. En esta pequeña pieza hallé inútil el personaje que viene a suplir por el maestro de baile, e inútil también el baile que se introduce, el objeto de los dos amantes se reduce a engañar a sus padres, que, por cierto, es un poco duro, y el modo con que lo consiguen, inverosímil.

Sant'Angelo: *Truffaldino guerriero per amore...*, farsa *a soggetto*, disparatada a más no poder. Arlequín apalea muy a su sabor a los alguaciles y el populacho gritaba con descomunales alaridos, *forte, forte*. Gran despacho de peras y barquillos, algazara, estruendo.

San Crisóstomo: *I Portenti della goma arabica dell'albero incantato, con Truffaldino mago*. Farsa *a soggetto*. Unos ladrones asaltan a Arlequín en medio de un bosque y le dejan en camisa, en la cual camisa aparece una inscripción que dice: *Ristaurata anno 1794*. Después oye voces dentro de un árbol, desgaja un ramo y el árbol se convierte en un pabellón, de donde sale el Mago Caraculiandro, que estaba condenado a habitar por ochocientos años aquel tronco, si no venía a desencantarte el mayor idiota del mundo. Agradecido, pues, a la merced que Arlequín le ha hecho, le da un pedazo de goma arábiga de tan poderosa virtud, que, teniéndola en la mano derecha, podrá transformarse en la figura que quiera, y pasándola a la izquierda se hará invisible, le introduce diez mil demonios en la espada de palo, para que pueda hacer con ella cuantas diabluras necesite, y además le señala tres demonios pajes, para cualquiera cosa que pueda ocurrirle, de los cuales el uno se llama *Catenaccio* y el otro *Gambastorta*. Ya se infiere que todo esto ha de venir a parar sobre el triste Pantalone, al cual se le hacen mil burlas, como también al juez y alguaciles, entreveradas de palos, torniscones, vejigazos, cohetes... En el mismo día se representaba en otro teatro: *Truffaldino, re di Thebe*.

Sant'Angelo: *La scuola delle madri*. Comedia. La idea es tomada de la novela de Marmontel, *La mauvaise mère*, pero la fábula es diferente. Personajes inútiles, mal expresados los caracteres, desenlace tardo, y acompañado de circunstancias inverosímiles. Esta pieza, como casi todas las que se hacen hoy día por autores que no nacieron para hacer comedias, tiene buena moral, carece de disparates absurdos, y en general puede decirse que la acción está bastante bien conducida, pero el gran pecado de ésta y de las otras consiste en que no se expresan los afectos según el carácter, según las circunstancias; consiste en que no hay caracteres, ni se imita la naturaleza, consiste en que no hay asomo de gracia cómica, ni lenguaje ni estilo. Ni son tragedias, ni son comedias, dirán que son dramas, como si toda fábula teatral no lo fuese; yo diré que no son sino unas disertaciones hechas retazos y éstos, puestos en boca de muchos actores; buena moral, pero manejada infelizmente; personajes virtuosos, que no se parecen a nadie, y que, faltándoles el colorido natural que a cada uno de ellos pertenece, hacen ilusoria y fantástica la misma virtud que predican. Hoy día el que sabe hacer un buen discurso sobre el lujo, según la poética moderna, ya puede hacer una comedia en que este vicio se censure; divida en trozos el discurso que leyó en la Academia, repartiéndole entre los personajes que introduce; amontone sentencias y exclamaciones; las razones favorables al lujo, las dirán unos, las contrarias, las dirán otros y en cuanto a la fábula, basta sacar a la escena un joven disipado, que deberá ser un milord o un conde palatino, y con eso se salva la gran dificultad de pintar las costumbres nacionales, salga luego un escribano con una orden del Parlamento o del Emperador Leopoldo; confiscación, lloros, desmayos, de la tierna esposa, y cuando el héroe esté ya a punto de tirarse un pistoletazo, salga otro personaje, que habrá sido el primer misionero del drama, y viendo arrepentido al disipador, dígale que es su padre o su tío, que, por raros accidentes, ha estado veinte años lejos de su familia; abrazos recíprocos, nuevas exclamaciones, nuevas sentencias político-morales, y ya está hecha la comedia. Pero ¿se parecerá a las de Plauto, Terencio, Molière, Regnard o Goldoni?, no, se parecerá a las que hoy se hacen en Italia y España.

> Un vers heureux..., d'un tour agrèable
> ne suffit pas: il faut un'action,
> de l'intèrèt du comique, une fable,

> des moeurs du temps un portrait veritable,
> pour consommer cett'oeuvre du démon.

San Lucca: *La forza degli occhiali.* Comedia. Embrollo extravagante, sin pies ni cabeza; la acción confundida en episodios, o por mejor decir, muchas acciones juntas, sin conexión ni verosimilitud. Hay un Contino que pasa la vida haciendo anteojos; pero deben de ser anteojos mágicos, según las propiedades que les atribuye; con motivo de los anteojos todo es en esta pieza metafórico, todo ambiguo y los anteojos hacen moralizar al dicho Conde, pero de un modo tan fastidioso y tan necio, que es único en su género. Al fin de la comedia regala un par de anteojos a los catorce o quince personajes que en ella se introducen, y aparecen colocados en fila con sus anteojos puestos, a fin de ver con ellos sus defectos, sus vicios y extravagancias. Si tales anteojos hubiera, no estarían mal empleados en las narices del autor, para darle a conocer que su obra es un hacinamiento de despropósitos y que no le parió su madre para hacer comedias.

San Lucca: *Rotrude.* Tragedia de Alexandro Pepoli. Obra escrita con juicio e inteligencia del arte, no exenta de errores, pero capaz de asegurar a su autor un lugar distinguido entre los pocos que han cultivado con acierto en nuestra edad el género trágico. Hay buenas situaciones, interés, afectos, sentencias, buena dicción; la fábula conducida con facilidad y verosimilitud. Creo que sin gran violencia se hubiera podido reducir a escena fija. El público la admitió, como siempre admite lo bueno con aplauso.

Sant'Angelo: *Guiglielmo e Carolina.* Comedia. Tiene situaciones tiernas que interesan; agrada el carácter de un hombre sencillo y benéfico, y el de un joven, hijo de un poderoso, que se interesa con su padre, con el más vivo afecto, para que restituya a su gracia a un hermano suyo, perseguido e infeliz.

San Cassan: *Chi la dura la vince, o sia il contrasto della magia fra maestro e discepola, con Arlechino custode delle donne, spaventato dal'leone e trionfator del Satyro. Comedia colle maschere, tutta da ridere.* Este teatro es el más antiguo de Venecia, la sala forma una raqueta, muy angosta hacia el proscenio, tiene seis órdenes de palcos, para lo cual ya se deja considerar que es menester una altura enorme. En el patio hay silletas de tabla como en los demás, y una especie de barrera, inmediata a la puerta, quedando un espacio ahogado y estrecho para la gente que quiere estar de pie, obligándolos de esta manera a que vayan a sentarse, artificio sutil. Algunas decoraciones nuevas que vi eran bastante buenas; la compañía malísima; la comedia, basta haber leído el título para inferir lo que será. La mayor parte de ella era *a soggetto*, y de cuando en cuando salía el apuntador por el agujero a apuntar algunas escenas en que había piropos y coluros y rosicleres. El Arlequín era más vivaracho, más atrevido y más puerco que los otros Arlequines de que ya se ha hecho mención. Decía que la mujer para ser hermosa, debía ser blanca en tres partes, negra en tres, estrecha en tres...; cuando llegaba a hablar de las partes estrechas, así la acción como las interrupciones de voz y el afectado disimulo con que las acompañaba, daban a esta idea indecente mayor expresión que las palabras que omitía. Una dama que se halla a pie y sola en medio de un bosque quisiera *trovar un comodo* para volverse a la ciudad, esto es, una proporción de carruaje que pueda conducirla; pero *comodo* también significa bacín. Arlequín, al oír esto, empieza a dar vueltas, y persuadido de que es imposible hallar tal mueble en un monte, la aconseja que vaya y se ponga detrás de un árbol que la indica, y saca de la faltriquera un papel y se le da para que se limpie, acabada que sea la operación. En el mismo día se representaba en el teatro de San Lucca *Il mostro turchino; favola chinese, adorna di machine, apparenze e transformazioni*, y en el de Sant'Angelo *Il contrasto delfi tre maghi per l'imnoccenza di Truffaldino, quarto Mago per accidente*.

Sant'Angelo: *Il ciabatino consolatore dei disgraziati*. Esta comedia se parece mucho a la de *Guglielmo e Carolina*, o por mejor decir se parece a todos los dramas filosóficos y sentimentales que se componen continuamente. Un hijo de un poderoso, casado, a disgusto de su padre, con una mujer virtuosísima, con dos chiquillos, que viven en un guardillón, que él y su mujer y los chiquillos hace dos días que no comen, pero ya que no comen, hablan, hablan que no tiene fin, y qué cosas tan bellas dicen sobre la providencia, sobre la resignación en los trabajos, sobre el orgullo de los grandes, sobre la dureza con que los caseros exigen el dinero del mes. Un zapatero de viejo, vecino suyo, les consuela, y reparte con ellos lo poco que tiene, personaje que siempre gusta, por más repetido que esté. Un casero, ni más ni menos como los que han pintado en sus comediones Zabala y Comella. Y el desenlace ya se sabe, que buscan al padre, le dicen que lo mate, le agarran las piernas, lloran, él resiste, le sacan los chiquillos y los perdona. El tercer acto es enteramente inútil, las situaciones patéticas del quinto no hacen efecto, porque ya en el anterior se anunció el desenlace, al fin de la pieza hay una buena situación teatral, producida por una letra de cambio. La escena ya se supone que ha de ser en Londres, ¿para qué ha de haber pintura de costumbres, vicios, ridiculeces nacionales?, no señor.

San Lucca: *Il cortigiano honesto*. Comedia. Esta comedia, fría y lánguida, fue silvada solemnemente, pero no puedo ponderar cuánto me divertí, ya que no con la pieza, con el auditorio. En ninguna parte he visto más caracterizado el genio alegre y bufón de los venecianos, que en el concurso de aquel día. La rechifla empezó por un rumor sordo y amenazador, al cual siguieron brevemente toses, gargajeo y estornudos, como si hubiese un resfriado general, y después una música la más discordante, la más nueva para mí que imaginarse puede, silbidos, bostezos, suspiros, ladridos de perro, croar de ranas, canto de codorniz, mayar de gatos, cacareo de gallos, gruñir de puercos, bramidos, relinchos; todo lo cual, acompañado de risotadas y palmoteo continuo, formaba una alegre y extravagante confusión de sonidos, que hacía temblar el coliseo; solo los tristes cómicos, mal satisfechos de tanto regocijo, y renegando de su suerte mientras los demás se complacían tan a su costa, sufrieron largo rato la cruel descarga, hasta que por buena providencia corrieron el telón.

Sant'Angelo: *Truffaldino muto per la paura*. Comedia a sogetto tan sin pies ni cabeza como todas las de este género. El actor que hacía de Arlequín desempeñó muy bien su papel, que casi todo es acción muda. Pregunta Arlequín a una criada cómo se llama y ella responde Smeraldina Menarella, al oír esto, Arlequín hace tales gestos y contorsiones de placer que excita el aplauso general del auditorio, siendo de advertir que *menare il c...* en italiano, significa en español *hacer la p...*

San Crisóstomo: *Il Campiello*. Comedia veneciana. No he visto cosa más semejante a nuestros sainetes, en ella se pintan las costumbres del pueblo, su lenguaje, sus quimeras, sus diversiones, sus amores, sus bodas, los personajes son zapateros, pescadores, pillos de cocina, viejas, gente de plaza. Agradó por la verdad de la imitación, no por el interés ni artificio de la fábula, no hay acción, todo es episodios, uno después de otro, sin conexión ni oportunidad.

Le convenienze teatrafi. Comedia del Abogado Sografi. Graciosa pintura de lo que sucede continuamente con los operistas, introduce un empresario embrollado y aburrido con los caprichos, los dengues, la insolencia, las pretensiones ridículas de la prima donna, del soprano y de cuantos componen la compañía, queriendo cada uno de ellos que todo se haga a su modo, todos quieren mandar, todos reclaman *le sue convenienze*, esto es, sus derechos, y vuelven loco al empresario, al músico, al poeta y al pintor. El poeta es un zapatero de viejo, que se ocupa a ratos perdidos en componer y remendar las óperas de Metastasio. Los golpes más principales de esta sátira iban dirigidos contra el famoso Marchesi.

La Fenice: *Achille in Sciro*. Ópera. Éste es el teatro más moderno de Venecia, grande, cómodo y elegante, con una fachada regular, que da a la Plaza de San Fantino, la sala es muy espaciosa, de forma casi elíptica, cortada por la escena, decencia y buen gusto en los adornos; hay contiguo un gran salón de baile, y otras piezas para desahogo del público en días de extraordinario concurso, pero aún no está concluida esta parte del edificio. La escena es grande y los vestuarios cómodos y decentes.

Empezó la temporada de este Teatro el 21 de noviembre, para concluir el 17 de febrero, y a esta época se refieren los precios siguientes: a Marchessi 3 D cequines (cada cequín vale 44 reales vellón), casa y góndola; a la dama, que era una tal Cassentini, 400, a Fabiani, primer bailarín, 260 y poco más o menos a la primera bailarina Luisa Zerbi. Los bailes se componían de dos primeros, dos segundos, ocho que llaman de mezzo caratter y veinticuatro figurantes, en todos treinta y seis personas que, unidos a sesenta comparsas, forman la Compañía de baile. Las decoraciones, pintadas por me parecieron ricas y caprichosas; hubiera deseado solamente más regularidad, más exactitud en los órdenes que introducía en sus edificios, de cuya falta de sujeción resultaba confusión en muchas partes, pesadez y goticismo en otros y en general no advertí que se hubiese valido de la alternativa de luces y sombras en grandes masas para dar vulto y distancia a sus perspectivas, bañadas sus escenas de un tono igual de luz, no producían todo el efecto que debieran. Acaso la estrechez del tiempo le obligaría a dejar sus obras en tal estado. En cuanto al manejo de máquinas y decoraciones, solo puedo decir que aquí, como en lo restante de Italia, es éste uno de los artículos más descuidados. Marchesi aunque cantó menos de lo que sabe, fue muy aplaudido. Cari, primer tenor, podrá haber sido bueno, pero los años y la gordura le permiten hacer muy poco; no obstante, sostuvo muy bien algunos recitados; el segundo caponcillo, la dama y todos los restantes, cosa mala. El primer baile de Andrómeda y Perseo se sostuvo en fuerza de la mucha pompa con que se adornó, y sobre todo, porque los dos primeros papeles bailaron primorosamente, el final era ridículo en extremo. Perseo se veía rodeado de enemigos, y para deshacerse de ellos prontamente, les mostraba la cabeza de Medusa y los convertía en estatuas, pero esta transformación no se hacía a vista del público, sino que salían corriendo a todo correr de entre los bastidores treinta o cuarenta enharinados, y luego se agrupaban en la escena, haciendo juego con unos cuantos cartones de figuras pintadas, todo mal dispuesto, mal ejecutado y extravagante. El segundo baile fue silvado solemnemente y lo mereció. El primer día valía un palco cien reales; el segundo, veinte.

Sant'Angelo: *Carlo Duodecimo*. Comedia, 1.ª, 2.ª, 3.ª parte. Traducción de las comedias de Zabala del mismo título; se llenó el teatro y hubo mucho aplauso y gran despacho de *forti storti y spinacarpi*.

San Lucca: *Berenice*. Comedia heroica. Buen estilo, una buena situación en el acto tercero, que aunque no pueda llamarse nueva, está presentada con novedad, a este pasaje y a la excelente ejecución de las dos actrices que representaron en esta pieza, debió el aplauso con que fue recibida del público.

San Benedetto: *Oro non compra amore.* Ópera bufa. Menos mala que las comunes; cantó en ella la Gasparini, con buena voz, gracia e inteligencia del teatro, ésta y el bufo eran personajes nuevos, y ambos fueron justamente aplaudidos. Un buen baile *Morlacco*, de mucha pantomima, bellas decoraciones del famoso Mauro, función completa en su línea, la mejor que he visto en Venecia. Pero el público de esta ciudad es demasiado caprichoso, inconstante e inconsecuente en estas materias; y cuando llega a hacerse moda asistir a un teatro quedan desiertos los demás, aunque en ellos se hiciesen maravillas.

Así como Nápoles se ha hecho famosa, ya por los excelentes profesores de música que ha producido y produce, ya porque las más célebres obras de esta clase aparecen regularmente en sus teatros antes que en otro alguno, así Venecia se cita como la capital de Italia en que más se ha cultivado la poesía dramática representativa, o a lo menos donde los teatros de representación son más en número, más concurridos y donde se ven más piezas nuevas. Hablando, pues, de los teatros cómicos de esta Ciudad, no hay para qué hacer excepción de otra ninguna de Italia, puesto que las mismas composiciones que se ven en ella se repiten en las demás. El gusto es generalmente el mismo, el lenguaje en que tales obras están escritas, exceptuando muy pocas de ellas, es común a toda la nación, y los actores que las representan vagan indistintamente por toda la península, por más que muchas de las compañías puedan reputarse como propias de tal o tal país. No hablaré ni de la historia del teatro italiano, ni de los que han cultivado con acierto la poesía dramática, porque, además de no ser análogo a mi intento, es cosa harto conocida ya de quien tenga alguna instrucción en tales materias. Diré solo cómo hallé el teatro en esta nación, sin hablar de las obras antiguas o modernas que no se representan. Las noticias que daré serán exactas, pero escasas y diminutas, aunque bastarán acaso a formar una idea de los espectáculos nacionales de Italia; y en el juicio que forme llevaré por guía mis principios y mi razón, tal cual ella sea, y nunca la autoridad ajena, que aunque muchas veces sea segura, no es fácil seguirla siempre sin riesgo de parcialidad.

Pueden reducirse a tres clases las piezas que comúnmente se representan: tragedias, comedias y farsas, incluyendo en el número de estas últimas, no solo aquellas pequeñas composiciones a quienes se da este título, sino también las comedias escritas o representadas *a soggetto*, que por la fábula, los personajes, las costumbres y el estilo no pertenecen a la buena comedia.

Después del teatro francés, superior a todos los de Europa, ninguna otra nación ha cultivado la carrera trágica con más acierto que la italiana; y entre los autores vivientes que han escrito en este género, Monti, Betinelli, Pepoli, Alfieri y algún otro merecen particular estimación por haber publicado obras regulares, que si no pueden llamarse excelentes, contienen, a lo menos, aquel número de bellezas capaz de acreditar el nombre de sus autores y asegurarles un lugar distinguido entre los más célebres. Ya debe suponerse que no será grande el número de estas obras. Francia apenas puede contar un par de docenas de piezas excelentes, entre comedias y tragedias; pues ¿cuántas serán las que se cuenten en una nación que en esta parte se halla tan inferior a aquélla? Se ha escrito mucho en Italia en este genero y si debieran considerarse como tragedias las que tienen este título, fácil sería formar una lista interminable de ellas; pero son muy pocas las que le merecen, y poquísimas las que se representan con aplauso en los teatros. En éstas, hablando en general, hay mucha acción, situaciones interesantes, sentencia, dicción poética, pompa y aparato. Participan mucho de la libertad de la ópera, se observa muchas veces falta de economía en la fábula, pocas veces un carácter principal es el móvil de toda la acción, no siempre el orden de las escenas es feliz, no siempre los personajes se presentan en la escena oportunamente; en suma, no vi aquella sobriedad, aquella progresión de interés, aquella unidad de impulso dirigida a un solo objeto, aquella maestría en descubrir los afectos del corazón humano, según el carácter y las situaciones.

Debo advertir que las tragedias de Alfieri no deben sujetarse a estas observaciones, hechas, en general, sobre las otras; este autor ha seguido un rumbo tan diferente de los demás, que no es posible confundirle con ellos.

Sus obras merecen particular examen, pero por no dejarlas en silencio, diré solamente que este escritor se ha propuesto despojar a la tragedia de todo lo que no es absolutamente necesario, ha querido simplificarla, imitando más el gusto griego que el moderno de Europa, poco enredo en la fábula, poco aparato, pocos adornos; ha desechado los personajes inútiles, y disgustado de los confidentes que en la mayor parte de las tragedias sirven solo de oír lo que el héroe les dice, sin que, por otra parte, sean necesarios al progreso o desenlace, los ha desterrado de la escena. Reducidas sus piezas a tan corto número de personas, carecen de variedad y movimiento; el diálogo, por consiguiente, es cansado y enojoso y se oye hablar de conjuraciones, tiranías, trastornos de imperios en un palacio desierto y estos grandes acaecimientos se verifican entre cinco o seis personas. Su estilo ha sido muy censurado, duro y gótico; por lo demás, a pesar de todos estos defectos, merece este autor el primer lugar entre los modernos; pinta las pasiones con admirable inteligencia, los caracteres con toda la verdad y robustez imaginables, y en sus obras se ven esparcidas tan grandes ideas, máximas tan sublimes, ya de moral, ya de política, que en gran parte disculpan sus descuidos y le hacen acreedor al mayor elogio por la singularidad de su talento.

Deben añadirse, a las tragedias originales las que se han traducido de otros idiomas, ocupación en que se han empleado literatos de gran celebridad, las mejores piezas del teatro francés se hallan traducidas en italiano y se representan, como también varias del alemán y algunas imitaciones del inglés. La famosa Caminer y el Marqués Albergati han publicado varias piezas francesas, traducidas con inteligencia, el Abate Cesaroti, la *Semiramis* de Voltaire, Paradisi, el *Tancredo*, Frugoni, el *Radamisto*, Betinelli, el *Julio César*, en suma, lo mejor del teatro francés se halla bien traducido en italiano.

Después de Goldoni ha hecho pocos progresos la poesía cómica, aquel célebre autor, después de haber purgado el Teatro de la mayor parte de las monstruosidades que halló en él, produjo, entre muchas obras de inferior mérito, algunas tan bien escritas, que hasta ahora nadie ha logrado superarlas. Ninguno de cuantos le han querido imitar o competir ha sabido igualarle, pudiendo decirse de este autor lo que se dijo del famoso Molière:

189

L'aimable comédie avec lui te rasséeen
en vain d'un coup si rude espère revenir,
et sur ses brodequins ne paut pas se tenir.

El Marqués Albergati, Willi, Tomassini y Rossi han cultivado en estos últimos tiempos la poesía cómica, dando a sus piezas regularidad y decoro, y Albergati merece alabanza por haber sido de los que más abiertamente se declararon contra los absurdos personajes de Arlequín, Pantalón y otros tales, que se creían absolutamente necesarios para dar gracia a la comedia, y que el mismo Goldoni no se atrevió a desterrar enteramente de las suyas. Hoy día nadie introduce ya en sus dramas tales figurones y ciertamente no hacen falta. Las comedias de Albergati, escritas con buen lenguaje, buen estilo, regularidad y decencia, carecen solo de fuerza cómica, de viveza y gracia natural en las situaciones y en el diálogo, prendas sin las cuales se aspira en vano a la perfección. No obstante, las obras de este escritor pueden citarse con elogio, y merecen, sin duda, el primer lugar entre las que han dado al teatro los autores vivientes.

El Conde Tomás Tomassini Soardi, veronés, ha publicado cuatro tomos de piezas dramáticas, que contiene: *La Moda*, comedia, en prosa, la fábula no mal conducida, buena pintura de costumbres. *Harum Califo*, tragedia, en verso, poco interés, defectuoso el personaje principal, estilo débil. *I Comici in sconcerto*, no hay acción ni interés, ha gustado por la pintura que hace de la vida de los cómicos, sus miserias, y la discordia que reina entre ellos, los bailarines y cantores. *Un felice inganno*, comedia, es gracioso en esta comedia el enredo que prepara la solución; carecen de acción los dos primeros actos. *Clementina*, tragedia, mala. *Il temporale*. Comedia, muy floja y fría, como lo es también la intitulada *Il ritorno della Corte*. La de *I Matrimonii formati dall'accidente, o sia la forza della simpatia*, comedia, en verso, es fría; los caracteres fantásticos, y el de un personaje que introduce en ella, parecido a Don Quijote, cosa muy mala.

La irresoluta vinta dall'eroismo, comedia fría, falta de acción, mal sostenida por un episodio inconexo; no hay fin moral. Habiendo anunciado ya que el defecto dominante en las obras de este autor es la frialdad y falta de interés, no hay para qué advertir que no hay en ellas disparates absurdos, ¿qué mayor defecto puede tener una obra dramática que el de hacer dormir? Algo más animadas me parecieron las de Juan Gerardo Rossi; algunas de ellas se han representado con aplauso, por la pintura de las costumbres del día, que es, a mi entender, su principal mérito, tanto más digno de alabanza, cuanto es más raro entre los que escriben para el teatro.

Sin embargo de que los mencionados autores, y algunos otros de menor nombre, sean los que han manifestado más gusto e inteligencia del arte, no son sus obras las que con más frecuencia se representan. Italia tiene sus Zabalas, Comellas y Monzines que abastecen los Teatros de comediones hechos en cuatro días *invita Minerva*, donde no hay asomo de ingenio, ni regularidad, ni cultura. Es inútil hacer aquí una enumeración de sus principales defectos, baste repasar la lista de las piezas que he visto representar en Italia, y por lo poco que en ellas he notado, hablando de cada obra en particular, podrá formarse juicio del mérito de sus autores.

Camilo Federici es, sin disputa, el más fecundo, el más célebre, y no sé si el más loco de todos ellos; ya se ha hecho mención varias veces, en estas apuntaciones, de algunas de sus comedias, añádanse estas pocas, que casualmente me han venido a las manos, impresas en el primer tomo de su colección dramática:

La privazione genera i desideri, comedia, en prosa. Dos hermanos casados, el uno tiene muy encerrada y sujeta a su mujer; el otro se acomoda a las costumbres corrientes y deja que la suya haga lo que quiera. Ésta se descubre después pundonorosa y honrada, la otra, amiga de cortejos, de diversiones y desahogos, que la ponen muy cerca de faltar a su honor. Accidentes romancescos e inverosímiles; la escena fija, violenta; personajes inútiles; ninguna fuerza en la expresión de los caracteres.

I viagi dell'Imperator Sigismondo. Comedia, en prosa. Una de las mil quinientas que se han hecho ya sobre el mismo asunto. Poca acción, y el acostumbrado desenlace; reconocimiento del Soberano, arrodillamiento general y exclamaciones; todo flojo y frío.

Il tempo fa giustizia a tutti. Comedia, en prosa. En esta pieza hay siete u ocho reconocimientos entre hijos y padres y hermanos y hermanas y tíos y sobrinos; ya se ve que esta falta de economía anuncia poca inteligencia del arte. Así en ésta, como en las demás obras del mismo autor, no se halla una fábula bien urdida, ni un fin moral bien desempeñado, ni un carácter bien sostenido, siempre habla el poeta, y nunca los personajes; mal lenguaje, mal estilo; unas veces grosero, arrastrado y débil; otras campanudo y retumbante; ni pintura de costumbres, ni decoro, ni chistes. Y ¿qué diremos de otra célebre comedia suya?, representada con gran concurso en las principales ciudades de Italia, intitulada: *Ilusione e verità*. Un cierto Rugero, de oficio mago, instado de tres hermanas, que solicitan su protección, las concede al fin cuanto le piden, esto es: a la una hermosura, a la otra riqueza, y a la otra virtud. Las dos primeras se casan con dos genios, Oronte, genio de la riqueza, y Lucidoro, genio de la hermosura, y estos genios tienen otros geniecillos a su mandar, que les sirven de pajes. La hermana virtuosa se casa con un pobretón lleno de arambeles, pero luego sucede que el pobretón se descubre ser el Príncipe de Salermo, y las otras dos hermanas se quedan viudas, porque sus maridos genios las abandonan, y además de viudas, pobre la una, y la otra fea como un lechón. Hay truenos y relámpagos, y palacios encantados que se vuelven chozas, y chozas que se vuelven palacios. Baste de Federici.

Cayetano Fiorio, poeta y comediante, ha surtido los teatros de Venecia con sus obras, que ha impreso después, y se representan en lo restante de Italia por las compañías cómicas, con más o menos aplauso, según es mayor o menor la habilidad de los actores que las desempeñan. Éste es un Monzín italiano, a quien nadie echará en cara los defectos de sus obras, si atiende a lo que él mismo dice en su prólogo:

> La ristretezza di mie fortune, i bisogni di numerosa ed amata famiglia, un po di genio, e di pratica teatrale m'hanno posta in mano la penna, ed *indotto ad*

ingombrare della carta.... ed ecco come mi sono aperta una onesta strada a qualche, benche piccolo profitto.

Ya se ve que un hombre que habla así merece compasión. Las piezas que he visto de este pobre diablo son:

La nobil vendetta. Comedia.
Imelda e Bonifacio, rappresentazione trágica;
Meleagro, representación heroica fabulosa;
Il sogno avverato, fábula pastoral.
L'oppreso d'animo felicitato, comedia.
Chiodo scaccia chiodo, drama heroicómico
Un momento c'é per tutti, comedia.
Alberto e Martino II, Signori di Verona, representación;
Agnese di Bernaver, azione trágica spettacolosa.
La vedova medico e filosofo. Comedia.
I pazzi corretti, comedia. No es éste solo a quien el diablo tentador haya *indotto ad ingombrare della carta.*

Andolfati, otro cómico hambriento, lleno de hijos y necesidades, ha hecho comedias a porrillo, que se han representado e impreso, y a éste se deben las traducciones de los Federicos, los Carlos XII, la Jacoba, los falsos hombres de bien y otras piezas de nuestros autores modernos, que son hoy día las que con más aplauso se representan en Italia.

Avelloni es otro poeta ramplón, tan malo como los antecedentes, y de éstos hay tantos y tan famélicos y de tan fecunda vena, y tan obstinados en escribir disparates, que es imposible, no solo hacer mención de sus obras, sino también formar la lista de sus nombres. Así es que para una comedia decente, arreglada y festiva de Albergati, Rossi o algún otro escritor de mérito, que tal vez se ve representar, hay que sufrir un sin número de piezas escritas sin arte ni gusto, pastos informes de tanto lo poeta hambriento y mezquino, en cuyas manos están hoy los teatros de Italia. Comediones lúgubres llenos de disertaciones fastidiosas, furores, venganzas, pasiones exageradas, caracteres fantásticos, enredo inverosímil, puñales, pistolas, venenos, subterráneos. Otras en que, perdiendo de vista el fin moral que en tales obras debe desempeñarse, se pintan los vicios como virtudes, y se desnuda a Venus con el pretexto de azotarla. Otras en que hay asaltos de ciudades, reseña de ejércitos, consejos de guerra, tempestades, ruido y tabaola, y en todas ellas mal lenguaje, perverso estilo, ninguna elegancia, ni fuerza trágica, ni chiste cómico. Tales son, en general, las comedias de estos infelices autorcillos; las restantes, que solo merecen el nombre de farsas, son en extremo groseras e indecentes. En ellas hacen papel Arlequín, Pantalón, Tartalla, Briguela, el Doctor Boloñés, Pulchinela, Smeraldina, y a éstos les es lícito decir cuantas groserías y desvergüenzas se les viene a la boca; y como ellos consigan hacer reír al populacho, ni aspiran a más, ni escrupulizan en los medios de que se valen para este fin.

Estas farsas, ya sean de las que están escritas o de las que se representen *a soggetto*, son, sin duda, de lo más necio y escandaloso que puede imaginarse, y en ningún otro teatro de Europa se ve cosa igual. Todos los domingos y días de fiesta salen Pulchinela o Arlequín a hacer locuras; los teatros se llenan desde el patio a los palcos; el vulgo, y el que no se llama vulgo, sufre y aplaude aquellos indecentes dramas, y el Gobierno descuida este punto y tolera tales desaciertos, tan perjudiciales a la ilustración y a las costumbres, en la patria del Ariosto, del Taso, de Frugoni y Mafei.

Si hubiera de hacerse un paralelo entre el teatro italiano y el español, para decidir cuál está mejor, yo diría que el italiano es mucho mejor y mucho peor que el nuestro. Mejor porque además de las buenas traducciones de obras extranjeras en el género trágico, hay en él obras originales que exceden, con mucho, a las que en España se han escrito de treinta años a esta parte, y sería temeridad querer comparar las piezas de Mafei, Varanno, Pepoli, Alfieri y Monti a las de Cadalso, Ayala y Moratín. En la comedia no podemos presentar tampoco una docena de piezas comparables a las que se pueden entresacar de solo Goldoni, y en esta parte les somos también muy inferiores, y si nos ceñimos a juzgar solo entre los autores vivientes, ¿qué poeta cómico opondremos al Marqués Albergati y a Gerardo Rossi? Si este cotejo no nos es favorable, descendiendo un poco hallaremos quizá motivos de consuelo. Federici, Avelloni, Fiorio, Andolfati, y todos los que hoy surten los teatros de Italia, son, en mi opinión, tan semejantes, tan idénticos con nuestros Comella, Zabala, Monzín, Laviano, Fermín del Rey, Flores Gallo..., que solo el idioma en que escriben los diferencia.

Hay muchas plazas en Venecia, y algunas de ellas bastante espaciosas, pero ninguna es comparable, ni por su grandeza ni por su forma, ni por sus edificios, ni por el concurso, a la de San Marcos, único paseo de la ciudad, centro del comercio, de los placeres y la concurrencia. No he visto cosa más parecida al Palais Royal de París. Forma un gran cuadrilongo aunque las dos fachadas laterales no son paralelas, a un extremo está la Iglesia de San Marcos, al otro la de San Geminiano, y a los lados le Procuratie vechie e nuove, dos grandes edificios que ocupan todo el largo de la plaza, y el último de ellos da vuelta, formando otra fachada en la plaza inmediata, que comunica con la de San Marcos, llamada Piazzeta, quedando enfrente el palacio Ducal, y a la extremidad de esta pequeña plaza el hermoso canal de la Giudeca; cerca de la orilla hay dos columnas enormes, de granito oriental, que hacen muy buen efecto, aunque su forma no es de las más bellas. En la plaza de San Marcos, cerca de la esquina que forman las dos plazas mencionadas, está una torre altísima, separada enteramente de los demás edificios, donde está el campanario de dicha Iglesia; desde su altura se goza una vista hermosa de la gran ciudad que queda a sus pies; el mar, lleno de embarcaciones, las islas y la tierra firme, coronada de montes a la parte del norte. En la plaza de San Marcos conté hasta treinta cafés, sin incluir en este número ni los casinos contiguos a ellos al piso de la plaza, ni las tiendas de licores y bebidas; hay además multitud de tiendas de comercio, bulle la gente, corre el dinero, los objetos varían a cada instante, se habla de noticias, de negocios, de teatros, y menos de gobierno, de todo es lícito discurrir.

Los casinos son unas habitaciones de entresuelo sobre los cafés, alquiladas por uno o más particulares, adonde se van cuando quieren y con quien quieren a hacer lo que quieren. Allí escriben, allí se hartan de café, allí ríen, juegan y enamoran; para buscar a un veneciano no hay que preguntar dónde vive, sino indagar dónde está su casino, y esto muchas veces suele ser un misterio inaveriguable. Las horas de mayor concurrencia en esta plaza son al mediodía y después de anochecer, hasta que es tiempo de ir al teatro; entonces se llenan los cafés, los casinos, las tiendas y los pórticos; se oye música, por todas partes, de cantores ambulantes de ambos sexos, que se paran a cantar canciones a las puertas de los cafés; todo es alegría y movimiento y el centro de la plaza, como paraje más desembarazado y más oscuro, sirve para verificar citas, pedir celos, prometer constancia. Por allí cruzan a media luz busconcillas vergonzantes, en zagalejo y mantilla blanca; alcahuetes que ofrecen sus servicios a cualquier caballero de buen gusto que quiera emplearlos; comerciantes, rebujados en sus capas, haciendo cálculos y pensando en su navío; abates melancólicos, jóvenes aturdidos, que van a correrla; emigrantes franceses, cotejando gacetas, citando cartas y soñando imposibles; turcos, esclavones, raguseos, berberiscos, todos fumando.

La Iglesia de San Marcos es de un gótico antiguo, poco elegante, muy oscura en lo interior, negra y lúgubre, las paredes altas, y las bóvedas llenas de mosaicos; entre ellos los hay antiquísimos, obra de los griegos, que en la decadencia del imperio de oriente pasaron a Italia; cosa ruda e informe; otros hay modernos, hechos por buenos diseños; pero no son comparables a los de San Pedro de Roma. El pavimento es de piedras de colores, que forman labores menudas, obra de gran trabajo y coste; en la parte exterior que da a la plaza, hay también mosaicos, uno de ellos antiguo, los demás modernos, pero todos ellos sobre fondo de oro, que hace mal efecto. Encima de la puerta principal hay cuatro caballos de bronce, atribuidos a Lisipo. Lo cierto es que los venecianos los trajeron de Constantinopla, donde estaban colocados en el Hipódromo, y es creíble que hubieran sido llevados allí por Constantino, como otras muchas obras preciosas con que adornó su nueva Ciudad, despojando a Roma de lo mejor que en ella había. Por toda la parte exterior del templo hay muchos ornatos góticos de escultura, estatuas y gran número de columnas, no pocas, entre ellas, de pórfido verde antiguo, mármol rojo y otras piedras de gran valor, traídas de Grecia en los tiempos en que la república extendió por aquella parte sus conquistas y su comercio. El Palacio Ducal, edificio gótico, de grande extensión, está contiguo a dicha iglesia, en él habita el Dux y en él se juntan los Consejos Supremos.

Si esta ciudad es digna de la atención de cualquier viajero, por la forma de su gobierno, sus costumbres, sus espectáculos y su situación, no lo es menos por las obras de las artes con que se adornó en tiempos de mayor prosperidad. Los célebres arquitectos Palladio, Scamozzi, San Micheli,

Sansovino, Tullio Lombardi y otros la llenaron de hermosos templos y edificios; las Iglesias de San Francisco de la Vigna, de San Giorgio Maggiore y la del Redentore son de Palladio y en ellas se admira bella proporción, buen gusto, sobriedad de adornos y un carácter grandioso que las es peculiar; de estas tres, la del Redentore me pareció la mejor. Sansovino, escultor y arquitecto toscano, hizo las cárceles inmediatas al Palacio Ducal, la Casa de la moneda, el Palacio Cornaro, le Procuratie nuove, varias Iglesias, y otros edificios que sería largo referir. En todos ellos se reconoce un buen carácter de decoración, rica y ligera, elegantes proporciones, se le censura que las cárceles más parecen un palacio que una prisión de delincuentes; y al contrario, la Casa de la moneda, que admitía mayor elegancia, carece de ella; le Procuratie nuove, edificio inmenso, que ocupa todo el largo de la plaza de San Marcos, el de la Piazzeta, y vuelve, a la orilla del mar, a unirse con la Casa de la moneda, es obra de gran mérito, compuesta de dos cuerpos, dórico y jónico, formando el primero una hermosa galería al piso de la Plaza; toda la obra está ricamente adornada, sin confusión; en el segundo cuerpo ensanchó el friso para colocar dentro de él ventanas, y esto, además de hacer muy pesado el entablamento, me parece que le quita el carácter. En la parte de este edificio que cae a la Plaza de San Marcos añadió Scamozzi un tercer cuerpo corintio, que añade grandeza y hermosura a la masa total.

Hay otros muchos edificios, repartidos por la ciudad, dignos de la observación de los inteligentes, San Salvador, San Teodoro, San Fantino, Scuola de San Fantino, San Geminiano, San Vitale, San Barnaba y otras iglesias merecen citarse con elogio. Dentro de ellas hay algunos sepulcros, que forman grandes cuerpos de arquitectura, con adornos de estatuas; el que hay en la Iglesia de Gesuiti, sobre la puerta de los pies, perteneciente a la familia Legio; dos en el Santuario de la de San Francisco de la Vigna, y los de la Iglesia de San Salvador de los Dogues Venerio y Priulli, me parecieron ser los mejores de cuantos vi.

Se reconoce, no obstante, que en Venecia, como en toda Europa, cundió también el mal gusto en las artes, y que al mismo tiempo que en otras naciones, disparataban los artífices venecianos, como los demás a pesar de los grandes modelos de perfección que tenían presentes. La Iglesia degli Scalzi, templo enriquecido con la mayor profusión, donde todo es preciosos mármoles, estatuas, pinturas y oro, prueba demasiado el estado decadente en que se hallaban las artes cuando se hizo; en las de Gesuiti, Santa María, Zobenigo, San Moisés y el Hospitaleto hay portadas tan extravagantes, tan recargadas de adornos inoportunos, pesados, ridículos, que manifiestan el olvido de los buenos principios y el desenfreno de la imaginación, que, apartándose de los preceptos, concibe solo despropósitos. Hay altares muy malos en la de Gesuati, las dos citadas degli Scalzi y de Gesuiti, en la de San Esteban, y otras; ni entre los buenos sepulcros que he citado deja de haber otros de pésimo gusto. Éste era el dominante a fines del siglo pasado y gran parte del presente, después se ha corregido este desenfreno, se han estudiado otra vez los buenos modelos, y en los templos renovados modernamente, aunque no sean comparables con los antiguos, se ve otro método más regular y más cercano a la perfección. La Iglesia de San Simión Piccolo que forma una bella rotonda, a imitación del Panteón de Roma con un pórtico exterior de buena proporción, el de la Iglesia de Tolentini, el Teatro de la Fenice, y algunas otras obras modernas, aunque muy pocas, prometen el próximo restablecimiento del arte.

En materia de escultura, hay muy pocas obras modernas que merezcan citarse, y no es, ciertamente, porque no se haya ejercitado bastante, pues apenas habrá ciudad en que sus templos abunden más de estatuas y adornos. Vi en las obras de este siglo un gusto berninesco enteramente opuesto a la hermosa sencillez de la naturaleza, con todos los defectos propios de aquel estilo, y ninguno de los primores que se admiran en el célebre Bernini. Este artífice, como todos los grandes corruptores de las artes, tenía un talento extraordinario, y en fuerza de él produjo obras llenas de belleza y de extravíos, lo mismo hicieron Marini, Góngora, y Calderón en la poesía; pero como los que se dieron a imitarlos carecían del raro talento de sus maestros, solo pudieron copiar sus desaciertos, no sus perfecciones; en muchas de las estatuas que adornan los templos de Venecia se hallará confirmada esta verdad. Por lo que hace a las antiguas, pueden verse muchas obras de mérito del citado Sansovino, Alejandro Victoria, Tiziano Aspetti, Jerónimo Campagna y algún otro de menos nombre. Las puertas de la sacristía de San Marcos, con bajorrelieves de bronce, y la cubierta de la pila bautismal, con una estatua de San Juan en medio, son obras de Sansovino, como también cuatro estatuas de bronce que se ven en el pequeño edificio contiguo a la torre de San Marcos donde se hace la extracción de la lotería; dos grandes estatuas de mármol, de Marte y Neptuno, colocadas en la escalera que llaman de Giganti en el Palacio Ducal, las que hay en el sepulcro de Venerio, en San Salvador, son del mismo artífice. En la citada Iglesia de San Salvador, en la Scuola de San Fantino y en la capilla del rosario de Santi Giovanni e Paolo, hay esculturas de Alejandro Vittoria, y en algunas de las mencionadas las hay también de Jerónimo Campagna, como puede verse más individualmente en las descripciones de Venecia. En todas estas obras se hecha de ver el estudio del natural; buenas actitudes, verdad y sencillez en los ropajes, que es precisamente la parte en que más han disparatado los modernos. En materia de pinturas, puede Venecia competir con las más célebres ciudades de Italia, no porque en ella se encuentre aquella multitud de cuadros de varias escuelas que se halla tal vez en las otras, sino porque la suya particular ha dejado en sus templos y palacios abundancia de obras excelentes, que inmortalizan el nombre de sus artífices. Tiziano, el Tintoreto, Pablo Veronés, Palma, Bassán y otros son ya tan conocidos por el juicio que ha formado de su mérito la justa crítica, que sería inútil repetir lo que ya está dicho, o añadir opiniones arriesgadas en quien no es un profesor.

Diré solo que no he visto cosa más suntuosa y magnífica en su línea, que los salones del Broglio, dónde se juntan los varios consejos de la república, cubiertas las paredes y los techos de las obras más primorosas de tan grandes hombres. Hablaré solamente de aquellos que me parecieron mejor. En la sala de las cuatro puertas, un gran cuadro de Tiziano, que representa la Fe, San Marcos y el Dux Antonio Grimani, la composición me pareció un poco fría. Se alaba con razón un grupo de soldados que hay detrás del Dux; lo demás es digno del gran Tiziano, aunque no de sus mejores obras. La entrada de Enrique III en Venecia, obra del Vicentino. La toma de Verona, buen cuadro de Giovanni Contarini, y otro de Pablo Veronés, en que un Dux da audiencia a los embajadores de Persia. En el techo de esta sala, lleno de labores de estuco, hay varias pinturas del Tintoreto; en la de en medio Júpiter y Venecia, la figura del Júpiter parece un Apóstol.

Sala llamada Anticollegio, una bella pintura al fresco en el techo, de Pablo Veronés, y un cuadro del mismo, en que representó el robo de Europa. La crítica que se hace de que este cuadro peca contra la unidad de acción es justa. Si todos los esfuerzos de la pintura van dirigidos a hacer parecer verdad lo que es mera ficción, ¿cómo puede ser verdad que un mismo personaje se vea repetido tres veces a un tiempo? Cuatro cuadros de Tintoreto, de asuntos sacados de la fábula; hay buenas cabezas, tonos más suaves de color que los que él acostumbraba, y más exactitud en el diseño; entre ellos, el de Baco y Ariadna me pareció el mejor.

En la sala del Collegio hay excelentes pinturas de Pablo Veronés, un gran cuadro sobre la sillería, en que representó a Cristo, la Fe, la Justicia y el general de la República, Sebastián Venerio, y en el techo varios asuntos alegóricos o fabulosos, cosa admirable por la delicadeza de tonos, los ropajes, la frescura del colorido, la gracia del diseño. Entre los cuadros del Tintoreto que hay en esta sala, creo que tienen mucho mérito el que está sobre la puerta principal, y otro a la derecha, en que representó los desposorios de Santa Catalina; no vi en ellos aquel desorden de imaginación que es tan común en este artífice, aquellas manchas con que solía oscurecer sus cuadros, aquellas medias tintas verdinegras, aquella falta de corrección en el dibujo, producida acaso de la presteza increíble con que pintaba.

En la Sala de Pregadi hay varios cuadros de Tiziano, que, sin carecer de ciertas bellezas parciales, no son de lo más estimable de este autor; los hay también de Giacomo Palma, pintor de mérito, y entre ellos me pareció el mejor el que está sobre la puerta principal, que representa a Jesucristo, la Virgen y dos Dogues en oración acompañados de San Lorenzo y San Jerónimo. Cuando los artífices sujetan la composición de sus obras al gusto de quien las paga, el ingenio, oprimido, produce cosas triviales, y tal vez ridículas. Esta idea, de un Cristo, una Virgen, o un Santo en la gloria, y un Dux a los pies rezando letanías, está tan repetida en los cuadros que adornan las salas de este Palacio, que fastidia al que lo ve, y no puede menos de lamentar la suerte de los artífices, que se vieron precisados a copiarse unos a otros, sin poder dar a su fantasía la libertad que necesitaba.

En la Sala del Consejo de los Diez hay dos buenos cuadros, el uno representa al Dux Sebastián Ziani, que vuelve triunfante de Federico Barbarroja, obra de mérito, de Leandro Bassán. El otro es del hijo de Tiziano, y representa la paz de Italia; pintó en él a Carlos V y Clemente VII, hay buenas cabezas. En el techo hay bellísimos cuadros de Pablo Veronés; en el de enmedio se ve Júpiter, que fulmina a los gigantes; cosa llena de fuego e invención, pero me parece que se le olvidó indicar la decoración, digámoslo así, que correspondía a aquella escena terrible; no vi en aquella pintura oscuro el cielo, trastornados los montes, cruzar centellas por el aire, ni el humo sulfúreo, ni el horror ni el trastorno de la naturaleza que debió acompañar a tan gran victoria.

El Salón llamado del Gran Consiglio está adornado de cuadros en que se representan varios sucesos gloriosos a la república, sus victorias, sus alianzas, su influjo en la suerte de las otras naciones, asuntos dignos, ciertamente, de los grandes artífices que los desempeñaron, más que los ex-votos de sus Dogues, que aunque manifiesten su devoción cristiana, no son materia a propósito para los pinceles. El cuadro de Francisco Bassán en que pintó a un Dux recibiendo la espada que el Papa le envía; otro de Palma, en que el Papa da licencia al joven Othón para que vaya a verse con su padre y procure la paz; otro de Federico Zuccheri (que pintó algo en el Escorial), donde se ve el Emperador Federico postrado a los pies del Pontífice, delante de la Iglesia de San Marcos; la toma de Constantinopla por los venecianos, obra de mérito, de Dominico Tintoreto, hijo del famoso Tintoreto; otro de Pablo Veronés, que representa al Dux Andrea Contarini victorioso de los genoveses; otro cuadro enorme, que ocupa todo el testero del salón, en que Tintoreto representó la gloria con inmensa multitud de figuras, cosa llena de bellezas parciales, pero confuso, verdinegro, mal distribuidos los toques de luz, lo cual produce un efecto desagradable. El techo de este salón todo es oro y pinturas, los asuntos, históricos o alegóricos, y los artífices que los desempeñaron, de los más célebres de la escuela veneciana; Francisco hijo de Giacomo Bassán, el Tintoreto, Palma y Pablo Veronés, hay cosas admirables por cierto en estas obras, pero las que más se admiran son la toma de Padua, pintura de Palma, de una frescura de colorido singular; la victoria de Esteban Contarini en el lago de Garda, por el Tintoreto; la de Francisco Carmagnola y Victor Barbaro sobre el Duque de Milán, buena composición y excelentemente colorido, por Francisco Bassán; la entrada de Francisco

Bembo en el Po, obra de Palma; otro cuadro oval del mismo artífice, en que figuró a Venecia en un solio magnífico, coronada por la Victoria, rodeada de símbolos, cautivos y despojos; otro del Tintoreto, también alegórico, alusivo al dominio de Venecia en la tierra y el mar; las nubes me parecieron mal hechas, en grupos menudos, pesadas, sin degradación de tonos, sin diafanidad ni ligereza, a modo de máquina de teatro. La perspectiva de San Marcos, que ocupa el fondo, colorida con tintas muy fuertes, de que resulta que aparece muy inmediata, y confunde las figuras que están delante. Hay en este cuadro excelentes cabezas y en general buena composición. Otro grande óvalo de Pablo Veronés, que parece que acaba de pintarse, qué bella figura la de Venecia, qué majestuosa, sentada sobre las nubes, coronada por la gloria, acompañada de la paz, la abundancia, las gracias y otras deidades; admirada con reverencia de todas las naciones, ¡qué fantasía anima toda la composición!, ¡qué armonía de luces!, ¡qué ligereza de pincel!

En la Sala dello Scrutinio, entre muchas pinturas que la adornan techo y paredes, es muy estimado un gran cuadro de Palma, que representa el juicio final, con bellos desnudos y bien colorido; otro del Caballero Liberi, en que pintó un combate naval; hay en particular cosas buenas, pero mucha incorrección y muy mal observadas las distancias, defecto que se advertirá, desde luego, si se cotejan las figuras gigantescas del primer término con las naves que están inmediatas. En el techo, la toma de Padua, pintada por Francisco Bassán, y la derrota de los pisanos en Rhodas, cuadro de Andrea Vicentino. Hay también en esta y en otras salas una larga serie de retratos de los Dogues de Venecia, la mayor parte de ellos pintados por el Tintoreto.

En la Scuola de San Roque, célebre cofradía de esta Ciudad, hay una colección de cuadros de Tintoreto, en que se ve todo su ingenio, con los primores y defectos que caracterizan a este gran pintor; todos son asuntos de la vida de Cristo, representados en más de treinta cuadros, colocados en las paredes y el techo. En la huida de Egipto, la Virgen es figura muy bella, no pude entender la composición de la degollación de los Inocentes, tal es el embrollo y confusión que hay allí; son buenos los cuadros de la Circuncisión y la Asunción; la actitud de la Virgen, que sube a los cielos, está llena de fuego y expresión; el nacimiento de Cristo es la idea más extravagante que puede verse; la Virgen y el Niño están en una especie de andamio, que divide el cuadro en dos escenas, cosa muy rara en verdad; en la resurrección hay gran movimiento, el cuerpo de Cristo es bueno, y algunos Ángeles que acompañan, bellísimos; en la oración del huerto hay un grupo de discípulos iluminado con algunos toques de luz que producen grande efecto; el Cristo parece también que está subido en un andamio; la Cena parece merienda de taberna; la multiplicación de los panes es buen cuadro; en el de la Ascensión, las nubes parecen globos espesos de humo de pez. En el de la Piscina hay una mujer con las piernas abiertas, y otra que la alza las faldas para que Cristo vea una llaga que tiene en el muslo; cosa indecente, por cierto. En el del Diablo tentador, Cristo está encaramado en un árbol.

En la Sala que llaman del Albergo, entre varios cuadros de mérito, del mismo autor, me pareció muy bella la figura de Cristo delante de Pilatos y, sobre todo, el de la Crucifixión, que ocupa el testero de la sala, buena composición, bien distribuida, gracia y naturalidad en las actitudes, buenos ropajes, multitud de figuras, sin confusión ni pesadez.

Así en los palacios como en las iglesias de esta ciudad hay multitud de cuadros de los citados artífices, que por ser los mejores de la escuela veneciana, son los primeros que se recomiendan y se buscan. En la Scuola de San Marcos, ocho o diez grandes pinturas del Tintoreto; la de la Translación de San Marcos es cosa estimable por los accidentes de luz y otra en que representó al Santo que baja por los aires a librar a un esclavo martirizado por los turcos, es cosa llena de fuego e invención de expresión y buen colorido; en el altar mayor hay un buen cuadro de Palma y en la Sala del Albergo otro de París Bordone, otro de Gentil Bellino, del cual se conservan bastantes obras en Venecia; fue maestro del Tiziano y esta circunstancia le hace muy recomendable además de su mérito, que le tuvo ciertamente. Si se considera el tiempo en que floreció en la obra que acabo de citar se ve mucha exactitud, y regularidad en la composición, pero es fría, débil, tímida, ¡qué diferencia del maestro al discípulo! En la fachada exterior de esta iglesia merecen notarse cuatro perspectivas hechas en piedra, con muy poco relieve, que a corta distancia producen admirable ilusión. En la Iglesia inmediata de San Giovanni e Paolo está el famoso cuadro de San Pedro Mártir, pintado por el Tiziano, y uno de los más aplaudidos de este autor, gran movimiento en la composición, expresión, colorido excelente, y un grupo de ángeles en lo alto, que es difícil figurarse cosa más bella. Este gran pintor tiene un monumento en esta iglesia, aunque no está enterrado en ella, cosa mezquina y pobre, indigna de tan famoso o artífice. En la capilla del Rosario hay buenos cuadros del Tintoreto y de Giacomo Palma, en el convento hay claustros magníficos, limpios, con lujo de adornos, como es ordinario en los conventos ricos de Italia.

En la Scuola grande de la Carità hay otro cuadro del Tiziano, cosa de gran mérito; representa la Purificación, entre los personajes retrató a algunos de su tiempo, con el mismo traje que usaban; defecto que he visto muy repetido en los pintores más acreditados. Merecen citarse también un gran cuadro de la degollación de los Inocentes, de Sebastián Rizzi, una Presentación y una Anunciación de Lazarini; el Descendimiento y la Adoración de los pastores, por Ballestra, y en las salas de juntas, obras de autores modernos, entre ellas, muy buena la muerte de Raquel, por Zingarelli; en esta iglesia o capilla y las salas adjuntas se ven pavimentos de mármoles con bellas labores, sillerías de maderas finas, enriquecidas de estatuas de lo mismo y adornos de gusto, lo cual, unido a las pinturas, hace un efecto grandioso; y esto en una capilla de cofradía, que al fin no es otra cosa; en España no hay idea siquiera de esto.

Además de las pinturas de Pablo Veronés, de que se ha hecho mención hablando del Palacio Ducal, omitiendo otras muchas de este autor, citaré solamente algunas que merecen verse. En la Iglesia lo de San Bastián, donde está enterrado aquel ilustre artífice, llena de obras suyas, es buen cuadro uno de los dos inmediatos al altar mayor, que representa a San Marco y Marcelino, bajando la escalera del Pretor; el de San Sebastián, colocado en el altar mayor, me pareció excelente por la composición, la armonía del color, las medias tintas, en las cuales fue admirable este gran maestro. El cuadro del refectorio, en que representó la comida de Cristo en casa de Simón, es una de sus mejores obras. Y el que hay en el refectorio del convento de San Giorgio, también del mismo, en que pintó las Bodas de Caná y el primero que hizo en Venecia, muchas figuras, entre las cuales se retrató él con otros pintores de su tiempo, gran composición y maestría de dibujo; armonía de color; buenas cabezas; ropajes con toda la riqueza, brillantez y verdad que él sabía hacerlos.

Si es lícito, cuando se ignoran los principios de un arte, exponer su propia opinión y juzgar por las sensaciones que uno recibe, diré que en los pintores de la escuela veneciana hallé gran fuerza de invención, gran movimiento en la composición de sus cuadros, y mucho estudio de colorido y luces; que el Tintoreto me pareció el más atrevido e incorrecto de todos ellos, unas veces confuso, otras negligente, otras ridículo, otras gracioso, y otras sublime; Tiziano, de menos imaginación, pero de más gusto y delicadeza y el Veronés, de fecunda fantasía, más correcto que el Tintoreto, inteligente en graduar las luces, noble en las cabezas y actitudes, único en las ropas, tal vez menos delicado que el Tiziano en el colorido de las partes, pero más feliz en el efecto general de sus cuadros. Yo admiro los primores de tan grandes artífices; conozco la dificultad de saber decidir entre el mérito particular que los caracteriza; pero juzgando siempre por la sensación que hicieron en mí sus obras, en caso de dar a alguno la preferencia, se la daría a Pablo Veronés.

Habiendo hecho mención del Palacio Ducal, no puede omitirse hablar de los agujeros que se ven en sus galerías destinados a echar en ellos las declaraciones secretas contra cualquiera de los empleados en los tribunales y oficinas según se anuncia en la inscripción que acompaña a cada una de estas bocas; ni es allí solo donde esto se ve; no hay establecimiento alguno donde no haya lo mismo, y hasta en las iglesias hay boca de denuncia contra los blasfemos o irreverentes al templo. Nadie está libre de verse acusado, y el acusador puede contar con una impunidad y un sigilo absolutos. Tres males me parece que se infieren de esta costumbre inicua: 1.º Que los varios ramos de administración pública no están arreglados en términos que alejen la sospecha de seducción, venalidad, rapiña en los que están empleados en ellos, puesto que una buena organización bastaría a evitar cualquier desorden en esta parte. 2.º Que los jefes de tales establecimientos no suplen con su vigilancia el defecto de las leyes, que no todo pueden prevenirlo, y que en aquellos casos extraordinarios en que debería obrar su actividad y su celo, esperan que el particular les avise para atender al cumplimiento de su obligación y dar castigo a los excesos, que ellos deberían advertir antes que otro ninguno. 3.º Que por este medio se abre la puerta a la envidia, al interés, al odio, a la venganza, para sacrificar al más inocente; porque, en fin, ¿quién duda que el ánimo de un juez puede prevenirse siniestramente, a fuerza de acusaciones, aunque las pruebas no sean de las más palpables, quién duda que repitiendo delaciones con variedad de letra y estilo, un hombre solo puede hacer creer que son muchos los que escriben y se quejan, tanto más, que muchas veces la calumnia tiene toda la probabilidad de su parte, y no siempre la inocencia halla demostraciones que la defiendan? ¿Quién duda que es un error absurdo, contrario a toda justicia, conceder impunidad al delator, porque aun suponiendo que el acusado pueda confundir con pruebas la delación injusta, resulta siempre que el ofendido no recibe una satisfacción proporcionada a la ofensa, y el ofensor queda sin castigo? Todo acusador, en principios de sana justicia, debe nombrarse y debe exponerse él mismo a el rigor de las leyes, porque si es falsa su delación es un malvado, y un malvado no debe quedar impune. No he visto, en fin, práctica más absurda, más inicua ni más apta a corromper las costumbres públicas.

Debo advertir, antes de acabar mis observaciones de Venecia, que en ninguna parte he visto al pueblo más contento de su gobierno y que a pesar de cuanto puede decirse contra la constitución de aquella república, que lo es solo de nombre, es fuerza confesar que los que la administran saben el gran secreto, no menos difícil que importante, de captarse el amor de la multitud. El pueblo veneciano vive divertido, trabaja y no murmura de su Príncipe.

Salgo el 29 de noviembre a las once de la noche, metido en una barca negra, incómoda, atestada de gente y fardos, tirada a remolco por otra más pequeña, de remos, que durante la noche nos condujo por la laguna hasta llegar a Brondolo. Se entra después en un canal, que va a parar a uno de los brazos del Po; de aquí se pasa a otro canal, llamado Cavanella del Adige; después se entra en dicho río, después en el canal de Lorco, llamado así por un lugar de este nombre que hay a su orilla; luego se entra por el que llaman Cavanelle del Po. Comimos en una posada muy grande, muy jalbegada, muy fría y prosiguiendo nuestra navegación, llegamos a desembocar en el ancho Eridano poco antes de anochecer. Todo el terreno que se deja atrás, dividido por tantos ríos y canales, lleno de pantanos, húmedo y nebuloso, me pareció poco agradable. Luego que se entra en el Po hay la incomodidad de tener que mudar de barca, pasando a una de igual tamaño y fealdad que la anterior, pero sin quilla, a fin de no tropezar en el fondo del río. Baúles, fardos, pasajeros, todo se muda con bastante prontitud, y hecho esto, se prosigue navegando río arriba, y así se pasó la noche del 30. Al día siguiente desembarcamos por la mañana en Lago Oscuro y llegué a Ferrara.

1 de diciembre. Vuélvenme a rodear los Jesuitas, mucho chocolate, mucho hablar de Ganganelli, sin haber forma de llamarle Clemente XIV [...].[73] Exceptuando esto, bellísima gente, me obsequiaron, me festejaron, me trajeron en palmitas [...].[74]

La Biblioteca pública, establecida de pocos años a esta parte, es pequeña, pero bastante selecta, y muy bien arreglada por el bibliotecario español, Don Luciano Galisá hombre de extensa erudición y conocimiento en estas materias, modesto y amable. En una de las salas hay una numerosa colección de las obras de autores ferrareses, cosa estimable y allí mismo vi el tintero de Messer Ludovico, y la silla en que se sentaba; me exhortaron a que la ocupase, y un temor reverente me lo impidió; citáronme, para animarme, varios duques y condes y miledys y embajadores y ministros, que se habían sentado en ella; y esto me confirmó de nuevo en la resolución de no sentarme. Me enseñaron algunos manuscritos antiguos pero más que todo me agradó el ver los de las sátiras y algunos Cantos del Furioso, escritos de mano de aquel gran poeta. Vi también el Pastor Fido, del Guarino, bastante diferente, en muchos pasajes, del que corre impreso, un madrigal, de mano del Tasso, y algunas correcciones a su Poema, como también una carta que escribió estando en el Hospital de Santa Ana, encerrado por loco. También son estimables las primeras ediciones del Orlando y la Gierusaleme que se conservan allí.

3. Salgo de Ferrara; y pasado un buen trozo de camino nuevo, se va por la antigua madre del Reno, entre baches y lodazales, cosa muy incómoda, llanuras dilatadas, país húmedo; se sale del Ferrarés poco antes de atravesar el Reno, en barca, mientras pasábamos el río vendió nuestro calesero uno de sus caballos en seis reales, y el comprador se quejaba después de que le habían engañado, y así era la verdad. Pasamos la noche en el Tedo, y al día siguiente, por buen camino, llegamos a la docta Bolonia.

---

73 [«casi 4 renglones».] (N. del E.)
74 [«casi 3 renglones».] (N. del E.)

La lengua boloñesa es, como todas las demás de Italia, una corrupción del toscano, mezclada con voces y frases provinciales, y alterada considerablemente en la pronunciación. La multitud de abreviaturas que hay en ella, y el acento particular que es necesario darla, la hace muy difícil a los forasteros.

Hay escritos en este dialecto algunos libros muy graciosos, pero no he visto nada de noble, de grande, de sublime, por más que los del país creen y juran que es capaz de todo. Los dos sonetos siguientes darán una idea de lo que ella es. En el primero, un poeta que va a leer un soneto de su composición ante una asamblea respetable, mete la mano en el bolsillo, se asusta de no hallarle, se aflige, vuelve a buscarle, y, por último, el soneto no parece. En el segundo se llora la muerte de un gato.

Adress, ch'ai hó za fatt la riveranza.
Lá a quel degn Senatour, mi cmenz a dir...
Me catt! dov é l Sunnet, ch'a fi fin iir?
Cert, s'an al trovan sò gnianc cmod als'cmenza,
C'è d'impussibil ch'a vj vgnú qui senza,
perch'a sò d'cert, ch'al hò lett in fal ugnir;
almanc avissia al sugh in t'al pinsir,
tant ch'an eni fiss smattar qui a so *Eccellenza*.
Quand av al digh, ch'mi n'val una pattacca,
an capiss gnint, es son qusi smemorià,
ch' s'an tocc la testa a pens d'aveirla dstacca.
Si pur maldett i matt; e chi i hà cuyà;
gnianc qui an al troves è l'ubtma bissacca,
ch' vol dir schiavo, Sunnet, bondi, l'e andá.

Pianzj pur, pianzj pur, e piamzj d'bon
ch'mi, pianzròz sempr' in vostra cumpagnj,
es' cred ch' tutta Bulogna ancora lj
fará l'istess, pur ch' l'ava l'us d'rason
trissot (am sent murrir dalla pession)
trissot, terrour di pundgh, cmod a savj,

quel Gatt si bell, cho ogn'un i era matt drj,
quel Gatt, ch'an iera a st'mond al miour paston.
Sta nott, giust alla botta del dis our,
souvra a quel bus, ch ai fe la sintinella,
dov al chiappò mill pundgh, cuntant sounour,
la mort cum qula maldetta falcinella
s'ha arzunt qusi li. Pauvrin! ah! ch'al dulour
m' ha tolt el forz, la vista e la favella!

Lo que son en Nápoles los lazarones, son en Bolonia los birriquines, pillos descamisados, infelices, sin ocupación ni oficio alguno, a quienes tolera el Gobierno, quizá porque ellos le toleran a él. No es fácil fijar su número pero me aseguraron que llegaban a quince mil. Esta gente tiene varios festines al cabo del año, en las elecciones de Párrocos, de Confalonier, la célebre fiesta della Porchetta y otros.

El Confalonier o Jefe del Senado se elige, de dos en dos meses, entre los nobles llamados *Quaranta*, aunque aquel cuerpo pasa de este número. Al tomar posesión, adorna su casa y la abre al público, recibe la enhorabuena del Colegio de España, que va en carroza dorada, llena de pelucones, golillas, becas y guantes; sale procesionalmente; una gran merienda, escoltada por los Suizos del Legado, destinada a que se la devoren o la vendan, y consiste en cuarenta o cincuenta mozos cargados de pirámides, urnas, jaulas, y otros armatostes, cubiertos de botellas, salchichones, tocino, pan, aves, frutas y algunas terneras y vacas, dorados los cuernos y adornadas de flores. Hay gran comilona para la nobleza; muchos *tortellini*, especie de macarrones, *codegnini* de Módena, embuchado, que se lleva tras sí los dedos, mucho vino de Cypro, Málaga y sorbetes. El populacho de birriquines aúlla entre tanto por la parte de afuera, hasta que se abren las ventanas, y empieza a caer sobre él una gran lluvia de panecillos, a que sigue después otra de dinero en monedas menudas, concluyendo la función con fuente de vino, del cual llenan a porfía cubetos y cacharros, con grandes voces, empujones, puñadas y garrotazos, que dan los alguaciles en los pucheros luego que están llenos, sin duda para mantener el orden público.

La fiesta de la Porchetta, que se celebra el día de San Bartolomé, es la más famosa de todas. Se hace una gran valla en la plaza, delante del Palacio del Legado, con algunas graderías, donde se acomoda la gente que gusta de ver más de cerca la función; fórmanse en escuadrón o en ovillo, o en laberinto, las milicias de a caballo, acaudilladas por el capitán Giraldi, hombre de aquellos a quienes, si se les mira a la cara, no se les puede prestar, ni aun sobre prenda, seis maravedís. Su tropa es de lo más gracioso que en mi vida he visto, pero sería mucho episodio pintar la figura de los soldados, sus desastrados uniformes, sus armas y arreos, y, sobre todo, la flaqueza, la caducidad y derrengamiento de sus caballos, baste decir que, aunque no lo parecen, lo son en efecto, según me aseguró el citado Giraldi, hombre que no dirá una cosa por otra si le frieran vivo. Esta tropa y los alguaciles contienen los ímpetus del agitado vulgo. Ciérranse las puertas de la ciudad, llénase de populacho birriquín la gran Plaza de San Petronio, corónanse los balcones de hermosuras boloñesas, blancas por naturaleza, coloradas por arte, habladorcillas, bufonas, ojinegras, muy abultadas de pañuelo, pero (¡qué lástima!):

> No corrisponde a quel che fuori appar quel che s'
> [asconde.

Sale al balcón el Eminentísimo Legado, e inmediatamente empiezan a tirar sobre los birriquines pollos, pichones, gallinas, capones, patos, ánades, pavos, carneros..., y, por último, una puerca cocida y hecha trozos, que es el objeto principal de la función, acabado esto, el Eminentísimo arroja un bolsillo de terciopelo, en que hay diez o doce escudos, le agarra el que puede, su Eminencia se retira, suenan las trompetas, y desfilan las tropas del capitán Giraldi. La diversión de este espectáculo consiste en ver una multitud de pillos que se amontonan de aquí y de allí, se acachetean, se desgarran, se desgreñan, se ensangrientan y desfiguran por coger lo que cae de arriba; en ver cubrirse de plumas el suelo y el aire, y destrozar a aquellos animales con ligereza increíble, dejando en manos de la plebe feroz sus miembros, que ahúman palpitantes aún y sangrientos, en ver cuándo van a coger los pedazos de la porchetta, cómo les vuelcan encima una marmita del caldo en que se ha cocido; en ver la gracia con que su Eminencia, al tiempo de tirar la bolsa, hace ademán de inclinarse a una parte y luego a otra, y a otra, después, cuyo movimiento sigue la apiñada multitud que la está esperando; y en ver, cuando la ha tirado, la prontitud con que se apoderan los alguaciles de ella y del dichoso birriquín que logró agarrarla, y cómo le llevan en volandas a la cárcel, que es el único medio que se ha discurrido para que sus compañeros no le maten y despedacen por quitársela. Todas estas escenas son, sin duda, graciosísimas, y dan lugar a mil reflexiones, pero si he de hablar en puridad, lo único que me gustó de toda la fiesta fue la tropa del capitán Giraldi.

Estos birriquines son diestrísimos en raterías y dotados de una agilidad de piernas maravillosa; no hay pañuelo, ni abanico, ni caja que resista a su poderosa atracción y aun los sombreros no van seguros en la cabeza; agarran la presa y echan a correr, que no hay galgo que los alcance y a esto se añade que la gente no se interesa demasiado a favor del particular a quien acaba de despojar el pillo. El egoísmo, Dios de Italia, no les permite acción ni movimiento que no se encamine directamente al interés personal, y aún he observado que en todo lance de robo o asesinato, más se compadecen del agresor que del paciente, siempre es el pícaro el que merece el título de «pauvrin».

El año de 95 cayó en Bolonia hasta una vara y media de nieve; fue necesario abrir las calles para el paso de la gente y los coches ¿juzga mi lector que los birriquines se ocuparon en esta operación? Nada menos que eso, vinieron del campo una multitud de labradores con picos, palas y carros, trabajaron quince días en desembarazar la ciudad, y entre tanto los birriquines, desde los pórticos, estuvieron presidiendo a la maniobra, cruzados de brazos, con sus gorros tiznados y su talego al hombro, rascándose el pescuezo y dando alaridos, porque esto de trabajar es contra la constitución de todo buen birriquín.

En 1795 se abrió el Teatro de Bolonia, y representaron en él:

Il Sogno di Aristo. Comedia. Parecidísima a *Le vertigini del secolo,* con un desenlace a manera del de Don Juan de Espina en Milán. Cosa muy mala. Hablan en ella el Desengaño, la Fortuna, el Remordimiento, el Orgullo...

Vita e morte di Sansone. Comedia. Sansón, enamorado de la hija de Pantalone; Tartaglia, escudero de Sansón; Arlequín, comisionado por el Rey de los Filisteos para carcelero de Sansón, a quien después saca los ojos. Lucha con el león, milagro del panal, y la fuente que sale de la quijada. Batallas con los Filisteos, de cuyos cadáveres se llena el teatro. Arlequín los hace resucitar a palos, y el populacho ríe.

Arlechino finto principe. Comedia. Un mago, unas parejas de caballitos de pasta. Arlequín mata los piojos en la mesa del Gobernador. Alusiones al culo, mierda... Es una de las farsas más necias que he visto; algunos pedazos están escritos, otros los dicen a *braccio,* esto es, de repente.

Le vertigini del secolo. Ya se ha hecho mención de esta comedia, hablando de Verona.

Il tempo e la raggione. Comedia. Obra por el mismo gusto que la antecedente, Palacio de la Fortuna. Gruta del error, Botica del tiempo, Gabinete de la Verdad, Alcázar de Astrea. Los personajes son Astrea, la Fortuna, el Tiempo, el Error, el Escrutinio, la Razón, las Pasiones humanas. Cosa peor no es posible imaginarse. Obra de Federici, como lo es también la de *Ilusione y verità.*

Arlechino nato dell'uovo. Comedia. Para que Florindo se case con Rosaura, se junta un conciliábulo de magos, y disponen que venga un diablo del infierno a servir a Florindo y dirigir la difícil empresa de su consorcio. Para formar el cuerpo humano en que se ha de ocultar este diablo, echan varios ingredientes en un barreño, los revuelven muy bien y hacen sus conjuros, cavan un hoyo en el suelo, echan allí el guisote y lo cubren con tierra. Sale el Sol, y su calor hace nacer un gran huevo, que va saliendo poco a poco de la tierra y en este huevo se contiene el feto de Arlequín, baja una gran pava por el aire, y cubre el huevo, poco después se rompe, y asoma Arlequín un brazo, después otro, después la cabeza, en suma, sale vestido y calzado, rueda por el teatro y empieza a llorar. Acude al llanto una mujerona horrible, con dos vejigas por tetas, le limpia, le amolda la cabeza, le faja, saca una de las vejigas, y le da de mamar; todo esto a vista del auditorio, que no cesa de aplaudir tales delicadezas. En suma, Arlequín cobra fuerzas, habla, va a servir a Florindo, y ya se ve cómo es un diablo humanado, nada resiste a su voluntad. Diablos van y vienen; vejigazos, palos, cohetes sobre Tartaglia y Pantalone, hasta que, a pesar lo de todo el mundo, Florindo se casa y Arlequín se vuelve al infierno.

Il convitato di pietra. Comedia. Véase Nápoles. Acudió tanta gente, que por no haber ya asientos, una gran parte de ella vio la comedia en el mismo teatro, y apenas quedaba lugar para la representación.

Ginevra di Scozia. Tragedia del Marqués Pindemonte, de Verona. Drama caballeresco, lleno de aparato. Los tres primeros actos, en que el autor siguió a la letra al Ariosto, poniendo en acción lo que es narración en el Furioso, valen muy poco. El cuarto acto es muy bueno, las dos escenas que hay en él, de Ginebra con su padre, y de la misma con Ariodante, que juzgándola culpada, va, no obstante, a combatir en su defensa, y la habla, cubierto con la visera, sin darse a conocer, están llenas de afectos y turbación trágica, si bien es inverosímil que Ariodante, aunque con el rostro cubierto, no sea conocido por la voz, la estatura y los ademanes, del Rey, de su querida Ginebra y de su hermano. El estilo, aunque algunas veces degenera en prosaico, tiene buenos pedazos de versificación. No hay unidad de lugar. El quinto acto se reduce al duelo.

Apelle e Campaspe. Ópera. Espectáculo de grande aparato y riqueza de vestidos, en la orquesta sesenta instrumentos, algunas escenas, pintadas en Bolonia, de bastante mérito; el manejo de ellas siempre malo, como es general en Italia. Cantó Crescentini, reputado por el mejor cantor capón, después de Marchesi. Los bailes muy buenos, inventados por Clerico, el único que yo haya visto en Italia que sepa disponerlos con inteligencia. El primero era *Hamlet*, en que se lucía mucho la hermana de Clerico por su excelente pantomima, si bien la pequeña estatura que tiene y la cara, nada bonita, la ayudaban poco. El segundo baile, intitulado el *Convaleciente*, era una pequeña comedia, llena de gracia, ligereza y naturalidad. Olvidábaseme decir que la ópera de *Apelle y Campaspe* está tan mal escrita como todas las que hoy día se ven en los teatros de Italia; la música era buena. Así esta ópera, como las comedias de que se ha hecho mención, se representaron en el Teatro Nuevo, que es el más grande y el mejor de Bolonia.

En el Teatro Casali (o Zagnoni) se echaron óperas bufas, todas muy malas, sostenidas por la bondad de la música.

Il Fanatico in berlina.
I due Baroni di Roca Azurra.
Il Marchese Tulipano.
La Moglie corretta,

y otras tales no merecen que se hable de ellas. Las decoraciones malas, los bailes y bailarines, de corto mérito, si bien entre ellos debe distinguirse a Marchesi, grotesco, que en su género hace cosas admirables, aunque no vale nada en la pantomima. Cantó en la Cuaresma de 1796 la Bertinotti, una de las buenas cantatrices de Italia; voz delicada, mucha sensibilidad, y bastante conocimiento del teatro. La Bilington, reputada por la mejor que hoy se conoce, cantó poco después en el Teatro Nuevo. A un gran conocimiento de la música junta la voz más grata, las inflexiones más suaves que pueden oírse, y ejecuta los pasajes más difíciles con una franqueza y facilidad que sorprenden, a esto se añade una buena presencia, mucho decoro y compostura, y solo se echa menos algún mayor conocimiento y práctica de la escena, viveza y expresión en sus movimientos, que en general son fríos o equivocados o insignificantes. Cantó con ella Mombelli, tenor de conocido mérito. La ópera era la Merope; ya se supone que no debería parecerse a la del Mafei, ¿para qué?, la música y el sentido común están reñidos mucho tiempo ha. Los bailes, compuestos por Viganò, eran muy malos; la primera bailarina llamada Del Caro, aunque de corto mérito en la pantomima, lo tiene muy grande en las actitudes y movimientos, baila con admirable soltura y gracia, y en este género es la mejor. Los demás no hay para qué nombrarlos.

En el verano de 1796, además del Teatro Nuovo y el de Casali, se abrió en Bolonia el de Marsigli, muy pequeño pero de buena forma y cómodo; en este y en los otros dos representaron, entre otras piezas, las siguientes:

Il giudice dell'propio delitto. Comedia lacrimosa. Tres hijos de un milord proscripto, que se mueren de hambre; una hermana que los mantiene con su labor, mientras ellos se entretienen en hacer reflexiones morales. No saben cómo tener dinero, hasta que a uno de ellos se le ocurre la idea de hacer que sus hermanos le acusen como asesino de un cierto milord, a fin de que, ahorcándole a él, reciban ellos el premio ofrecido a que descubra el delincuente; sobre esto gira la acción. Hay hambre cruel, persecución de doncella, maldiciones contra los que tienen dinero, disertaciones filosóficas... El tercer acto se acaba con cinco desmayos.

Li portenti della fata Urganda, prottetrice d'Arlechino. Comedia. Basta el título para formar idea de lo que será la obra.

Argenide. Tragedia fría, llena de impropiedades.

Costanzo e Micheletto. Comedia. Traducción libre de la ópera francesa *Les deux petits savoyards.*

Truffaldino, re di Tebbe, ubbriaco fra le selve, pazzo in corte, e digiuno a lauta mensa. Comedia. Hecho Rey Arlequín le presentan la princesa con quien ha de casarse, le instruyen de lo que ha de decirla, y le aconsejan que empiece su cumplimiento amoroso con un suspiro; él empieza a apretarse y frotarse fuertemente la barriga, hace mil gestos y contorsiones, y, por último, dice a los circunstantes que ya salió el suspiro, esto es, un pedo, «ex ungue leonem».

Non contare gli anni alle donne. Comedia. De las menos malas de Federici.

La madre de famiglia. Comedia de Sograffi. Un viejo de ciento cuatro años tiene un hijo de setenta, padre de otro hijo casado, que tiene cuatro hijas, de las cuales hijas, cada cual tiene su amante y todas rabian por matrimonio. El padre está plagado de trampas, y toda la numerosa familia se mantiene a expensas de cierto comerciante viejo, que está enamorado como un Macias de la madre de las cuatro doncellas, la cual es el héroe del drama. Hay dieciséis personas, y entre ellas la mitad, lo menos, es del todo inútil, el padre de las hijas es un zanguango, la madre una habladora, el comerciante que mantiene aquel hospicio, un viejo verde, que a veces parece un alma de Dios, y a veces un pícaro.

Li falsi galanthuomini. Comedia. Traducción de Los falsos hombres de bien de Comella.

La Zingarella. Comedia. Tomada de *La gitanilla de Madrid.* El autor italiano, alteró la fábula española con poca maestría, haciendo desaparecer toda la gracia y chiste cómico de aquella pieza, y desfigurando el personaje de Preciosa, tan bien delineado por Solís.

Il contrasto di magia in favore d'Arlechino, prottetore delle donne. Comedia *a soggetto*. Plutón, aficionado del mérito de Arlequín, le da el empleo de su Bufón, y la gracia de hacer diabluras. Brighela, Pantalone y el Señor Agonía son víctimas de esta habilidad; en una escena aparecen todos tres con cuernos repentinamente. Arlequín mete en un mortero aplaca al escribano que le formaba el proceso, da fuego a la pólvora, y hace volar al escribano por los aires. Palos y bejigazos, y porquerías en abundancia, según costumbre.

La vigilanza. Comedia de Federici. Un Rey que va a visitar una de sus ciudades y se finge medico; un Gobernador que, para gozar de una mujer casada que le detesta, trata de ahorcar al marido; escenas de hambre numantina, chiquillos, exclamaciones contra los ricos, casero inexorable, cárcel y cadenas. Dieciséis o diecisiete personajes. Esta pieza es muy parecida a la del *Médico notturno*.

Le donne avvocati. Comedia de Sograffi. Fábula mal conducida, con personajes y episodios inútiles, viveza en el diálogo, gracia y chiste cómico.

Il matrimonio in maschera. Malísima comedia de Federici, llena de accidentes inverosímiles.

Le nozze mal augurate. Comedia, de lo peor que ha escrito Federici. El enredo es absurdo, los caracteres mal sostenidos, moral ninguna, indecencias bastantes, gracia cómica, Dios la dé.

I Baccanalli. Tragedia del caballero Pindemonte. Buenos versos, poca acción, exposición embrollada y lenta, largos discursos, que hacen dormir.

Werter y Carlota. Comedia. Mal argumento, caracteres mal sostenidos, estilo de disertación.

Arlechino inghiotitto da una ballena. Comedia. Véase Nápoles. Arlequín mata los piojos a patadas en la mesa del Gobernador, como lo hace Pulcinella en la misma pieza; le escupe en la cara, le pone parches de papel en los ojos, le saca las muelas, y hace otras habilidades por este género.

Falta que hablemos de otro Arlequín, no menos ridículo que el de los teatros, y no menos grato al populacho de Italia. En Bolonia y otras ciudades del Estado Pontificio se explica la doctrina en los días de cuaresma y los domingos, y esto se hace dentro o fuera de las iglesias, poniendo un tablado alto, con dos sillas, que ocupan dos curas, encargados de la explicación doctrinal. El uno hace papel de hombre grave y serio, habla en toscano, propone los misterios o máximas cristianas de que quiere instruir al pueblo, y las explica y exorna según conviene; el otro hace la parte de Bufón, malicioso, ignorante, incrédulo, respondón y hablador, en todo halla dificultades, a todo replica, de todo se burla y a esto se añaden las contorsiones, los gestos, las risotadas que da, y el lenguaje provincial en que habla, con lo cual todo el concurso se divierte y ríe los kiries. Ya se supone que el desenlace de esta farsa ha de ser que el Cura serio convenza siempre al Arlequín, como es cosa sabida que, en las comedias de moros y cristianos, los moros han de ser apaleados en la tercera jornada, para que el auditorio quede contento. Hay que advertir, no obstante, que entre las solemnes herejías y disparates que dice el Clérigo gracioso, propone muchas veces tales dificultades, que el otro difícilmente puede desatarlas; el pueblo se hace de la parte del antagonista, y sale de la Iglesia con menos fe de la que trajo a ella. En mi tiempo había en Bolonia un Clérigo alto, virolento, tuerto, muy hablador, que hablaba con mucha gracia el lenguaje boloñés, y era el más célebre de todos los Pulchinelas eclesiásticos de la Ciudad; la gente corría en tropel a oírle, y toda explicación de doctrina en que él hacía papel era preferible a la función de títeres más completa. O yo me equivoco mucho, o esta costumbre bastaría por sí sola a dar una idea del genio de aquella nación.

Salgo de Bolonia el día 11 de septiembre y llego a Génova el 13.

No sé si en mis apuntaciones sobre esta ciudad hice mención de la Iglesia de San Felipe Neri enriquecida de mármoles, oro, bajorrelieves y pinturas al fresco, muy cargada de ornamentos de mal gusto. En el pequeño teatro del Falcón había comedia francesa.

Salgo en una faluca para Niza; arribamos al Final, lugar al pie de los montes, a orillas del mar, con playa abierta. Vi una casa con una inscripción latina, en que dice que Felipe V hizo *augustas* aquellas *aedes angustas*. La posada era tan mala como la inscripción. El criado parecía un oso; si el hombre es animal risueño, aquél no era hombre, pálido, calzado de frente, barbinegro, vista torva, voz ronca y profunda, sórdido, avariento, por las noches nos pedía a todos anticipado el dinero de la cama; íbamos a comer, nos pedía el de la comida, al irnos se le olvidó a uno de mis compañeros el pañuelo; llamole desde el pie de la escalera para que se le trajese; vino con él, y no quería soltarle de la mano hasta que le pagasen el porte. En mis largos viajes no he conocido jamás tan aborrecible bestia. Salí al cabo de tres días de aquella maldita prisión; llegamos a San Remo, e hicimos noche, a mí me tocó dormir en un camastro inmundo, con un judío, el hombre más honrado y menos fastidioso de todos mis compañeros.

Llegamos a Niza el 23. Está rodeada por Oriente y Norte de montecillos agradables, con muchas casas de campo, huertas, olivos y amenidad, detrás de éstos se levantan las cimas desnudas de los Alpes. La Revolución ha hecho mudar a esta ciudad de aspecto. Soldados insolentes por todas partes, falta de sociedad, de tranquilidad, de diversión; todo porquería, miseria, desorden, exceptuando algunas calles anchas, rectas, con buenos edificios, hacia la parte del mar, y una espaciosa plaza, uniforme, con pórticos en su circunferencia, lo restante de la ciudad se compone de calles largas, estrechas, puercas, oscuras, sin edificio alguno de consideración. Parece que las bautizó a todas algún filósofo reformador, según los nombres sentimentales y metafísicos que tienen: Calle de la Razón, de la Libertad, de los Derechos del hombre, de la Felicidad, de la Moral, de la Igualdad, de la Unión, del Juicio, de la Indivisibilidad: *risum teneatis*?

Resuelvo (por mi mal) irme a España, en la fragata española La Venganza, que se hallaba fondeada en el pequeño puerto de Villafranca, inmediato a Niza. Salimos el 18 de octubre, vientos furiosos, corrientes encontradas, balances, golpes de mar, confusión, terror. El corazón se me oprime al acordarme de aquellos infaustos días, rompiéndose la caña del timón, se quebrantó el bauprés, corrimos de una parte a otra, adonde los aires y el mar quisieron llevarnos. Avistamos por dos veces una escuadra que creímos inglesa, y entre el temor de perder la vida o la libertad, vacilamos inciertos, hasta que logramos fondear en la Isla de San Pedro, situada en la punta meridional de Cerdeña. Hay en ella una pequeña población, llamada Carloforte, habitada de pescadores y gente pobre; el terreno produce algún vino, hay salinas abundantes, y se pescan atunes en aquellos mares; en cuanto a la sal, si no vienen por ella los extranjeros, allí se queda, y las aguas la consumen. Enfrente de esta Isla está la de San Antioco, abundante en caza, donde me dijeron que había algunas ruinas y antigüedades romanas.

Salí el 6 de noviembre y a pocas horas arreció el viento, se alteró el mar, y entre borrascas, lluvia y huracanes, llegamos a Mahón. El puerto es demasiado estrecho de boca, pero excelente, de mucha extensión, de mucho fondo hasta las orillas, con calas cómodas, bien defendido de los aires. La ciudad mirada desde el Puerto, tiene muy mala vista; pero en lo interior, aunque pequeña, es bastante buena. Casas de piedra, muy bien construidas por el gusto inglés, mucha limpieza, aun en las de la gente más pobre. Las iglesias feas, llenas de mamarrachos, chafarrinadas, y monigotes espantosos. A una media legua de la Ciudad está una población que llaman el Arrabal, con una gran plaza y dos grandes edificios para cuarteles, poco más adelante se ven las grandes ruinas del famoso Castillo de San Felipe; enmedio de ellas hay una pirámide, obra pesada y mezquina, en cuyo pedestal se leen cuatro inscripciones: en español, inglés, francés y latín. La española dice:

A Carlos III, Rey de España y de las Indias, habiendo reconquistado de los ingleses la Isla de Menorca, rendido felizmente el día 4 de febrero de 1782, y demolido después el fortísimo Castillo de San Felipe, excluido del puerto de Mahón a los corsarios berberiscos, y asegurado la religión, erigieron los habitantes, restituidos a su antiguo y natural dominio, esta memoria de la conquista y de su gratitud hacia tan buen soberano, en el centro del mismo sitio que antes ocupaba el castillo, año de 1785.

En las tres inscripciones restantes dice lo mismo.

La Ciudad de Mahón ha recibido considerable aumento desde que conquistamos la Isla a los ingleses; los naturales se han enriquecido con el comercio de granos, y hoy día llegan a ciento y cincuenta los bergantines mercantes que hacen la navegación del Mediterráneo, todos ellos de los vecinos de Mahón. Acaso las ganancias que sacan del transporte de granos seguras y prontas, les aparta de otros ramos de industria, que se echan menos en la isla. El campo es poco agradable, áspero y pedregoso, sin árboles, lleno de tapias de piedra que dividen las heredades, poca amenidad, y gran porción de molinos de viento. El traje de las mahonesas puede verse en la *Colección de trajes de España*, el verlas [...]⁷⁵ huecas y cortas de falda [...],⁷⁶ bien calzadas, [...]⁷⁷ limpias de bajos [...].⁷⁸

En el puerto se está construyendo un nuevo lazareto, obra considerable, que ascenderá a muchos millones; hay un pequeño Arsenal, con gradas de construcción; las fragatas hechas en Mahón, en estos últimos años, son de los mejores buques de nuestra marina, trabajaban en este Arsenal hasta unos seiscientos hombres.

Salimos de Mahón el día 7 de diciembre para Cartagena. Calmas en los dos primeros días, que apenas andábamos dos millas por hora, el día 9 se levantó un leste fresco, que después arreció con lluvia y nieblas; por no estrellarnos en las costas, que la oscuridad no nos dejó descubrir, fue necesario apartarse de ellas; avistamos al cabo de Gata, pero la violencia del viento, que nos había estorbado la entrada en Cartagena, nos impidió también que tomáramos el Puerto de Málaga, seguimos pues, la noche del día 10, caminando nueve millas por hora a palo seco, y entramos en la bahía de Algeciras al día siguiente, arrastrados de las ondas y de los vientos, y a medio tiro de la escuadra inglesa, fondeada en Gibraltar. El conflicto de este viaje, lo peligroso de este arribo, los horrores de que me vi cercado exceden a toda ponderación.

Viaje de Italia VIII
Génova, Turín, Milán, Mantua, Florencia, Roma
26 de marzo de 95. Salgo de Bolonia a la una del día, con el correo de Parma, y llego a esta ciudad a las 2 de la noche. Ajustes de veturinos, elijo el más hombre de bien de todos ellos, y el más recomendado. Salgo el 27 al medio día; paso el Taro cercano a Parma. Llego al paraje en que me robaron el cofre, entre San Donino y Firenzuola, y doy gracias a San Antonio que hizo parecer en toda su integridad mi desastrada guardarropa. Malísima posada en Firenzuola, algo mejor que la de Alcorcón; dolor de muelas, no ceno.

---

75   [«una palabra».] (N. del E.)
76   [«una palabra».] (N. del E.)
77   [«una palabra».] (N. del E.)
78   [«un renglón».] (N. del E.)

Llego el 28 a Plasencia. Algunas calles largas y anchas, piso llano, caserones grandes pero ningún edificio de consideración. En la plaza hay dos estatuas ecuestres de bronce, de Ranuzio Farnese y Alejandro Farnese, célebre general, ambas están llenas de fuego y expresión, pero a mí me pareció mejor la de Ranuzio. La otra es demasiado berninesca, hay muchos ropajes, muchos flecos, muchas crines, mucho aire, ambas hacen muy bello efecto en el paraje en que están; los pedestales son de mármol, con bajorrelieves y ornatos de bronce. Vi mucha clerecía por la ciudad, y muchos mendigos. Dígase de paso, en honor de la verdad, que los soldados que hallé así en Plasencia como en Parma, tenían muy buena traza: altos, bien dispuestos, bien vestidos, en nada semejantes a la tropa del capitán Giraldi. Mi vetturino se finge malo; me engaña a mí y de camino engaña a otro vetturino más viejo que él, con el cual prosigo mi viaje, atravesando, no sin mucho riesgo, la Trebbia, río que crece de un instante a otro, y suceden en él muchas desgracias, ni éste ni el Taro, ni otros cinco o seis que hallé en el camino, tienen puente y es necesario vadearlos. Si el dinero que se ha gastado en Colorno se hubiese destinado a estos objetos ¿quién sabe si no sería más amado de sus pueblos el discípulo de Condillac?

A tres leguas de Plasencia empieza un terreno quebrado, y el camino es harto incómodo, con baches y lodazales a poco que se humedezca, el que dejo atrás desde Bolonia todo es bueno; se pasa por Castel San Giovanni, y se entra en los estados del Rey de Cerdeña. Duermo en Broni. El 29 paso por Voghera, lugarote grande y viejo, y por Tortona, ciudad fortificada. Vi en la plaza una inscripción española, que no tuve tiempo de leer; se atraviesa después el río Scrivia, vadeándole, cuando crece más en barca y cuando crece más, de ninguna manera. Llego a Novi, primera población del Genovesado, ciudad bonita, aunque pequeña, buenas casas, buenas calles, limpieza, mucha gente, todo anuncia prosperidad. Está situada al pie de los montes, dominando a una hermosa llanura, que se dilata a gran distancia por Poniente y Norte, cerrando el horizonte por estos lados el Apenino y los Alpes; en todo lo que alcanza la vista se ve mucha población.

Día 30. Luego que se sale de Novi, se empieza a caminar por montaña, al fin de una subida se descubre repentinamente el castillo de Gavi a la extremidad de una alta roca, el pueblo al pie de ella, y el pequeño río Lemo, que va serpeando por un gran valle, coronado de montes ásperos. Sigue el camino dando grandes vueltas, por cerros incultos, piedras, mármoles desprendidos de la altura, arroyos que bajan golpeando con estruendo, hasta juntarse en cañadas profundas, rompiéndose entre las pizarras y peñascos, esterilidad, soledad triste. Llégase, por último, a la Bochetta, que es una garganta del Apenino, en su mayor altura por aquella parte, donde zumban los vientos y arrebatan tal vez con ímpetu espantoso pasajeros y carruajes. Este paso se considera como el más importante en circunstancias de guerra, y el que le ocupa tiene en su mano las llaves de Italia. De allí adelante se empieza a bajar y se goza de una escena harto diferente de la que se dejó atrás, se ve por todas partes mucha población, derramada por aquellos montes: casas limpias, lugarcillos alegres, mieses y frutos, que hacen prosperar el calor del Sol y el aire templado del mar. Desde Campo Marone, distante ocho millas de Génova, se va por un hermoso camino, costeado por la Familia Cambiaso, a la derecha corre el río Polcevera, y a una y otra parte se ven cubiertas las colinas de hermosas casas de campo, con viñas y jardines, olivos y frutales; se llega, por último, al famoso arrabal de San Pier d'Arena, que todo se compone de palacios, pues tal nombre puede darse a las casas magníficas de los señores de Génova que componen esta población, por todas partes se ve riqueza, abundancia, todo anuncia la cercanía de una ciudad opulenta. ¡Oh Canillejas infeliz! ¡Oh Maudes!

Génova, población de cien mil almas a lo menos desde que por la Revolución de Francia se han establecido en ella muchas familias de aquella nación, está situada al pie del Apenino, en extensión muy corta, rodeada de montes altísimos exceptuando solo la parte del mar; tiene un buen puerto, con dos muelles que le cierran aunque no tanto que basten a defenderle del Lebeche. Tiene hermosa vista, mirada desde el mar, pero no tan bella como Nápoles, no obstante que el caserío suntuoso que ésta presenta es sin comparación superior al de aquella ciudad; todos los edificios parecen nuevos, la variedad de sus colores, sus techos de pizarras, el no verse entre ellos tejados puercos, fachadas ennegrecidas ni fábricas pobres, sino todo grande, todo limpio, es cosa, por cierto, muy agradable. Como está situada la vertiente de los montes, es de piso muy desigual e incómodo; está muy bien empedrada con losas y fajas de ladrillos puestos de canto;

las casas numeradas y escrito en las paredes los nombres de las calles, de las plazas e iglesias, no hay alumbrado público; las calles, exceptuando algunas pocas, son muy estrechas, las casas altísimas de 6 o 7 de alto, por lo común recodos y callejones oscuros, que sirven de comunicación a unas calles con otras, muy parecida en esto a Venecia como también en el gran gentío que bulle por todas partes, y en la multitud de tiendas. No vi en esta ciudad la pobretería desnuda y asquerosa que se ve en Nápoles, ni grupos de pillos desarrapados cogiendo el Sol sin hacer nada. Todos tienen ocupación, todos trabajan, todos estudian los medios de adquirir dinero, y el interés les da industria y actividad. No vi gran lujo, los señores van vestidos de negro, los senadores llevan una capa de seda larga como la de nuestros consejeros. La gente del foro una capeta corta, como la de los abates. Las señoras visten con elegancia pero aunque tienen joyas con que adornarse no las usan sino en ocasiones de grande etiqueta. El traje de libertad es muy parecido al de las nuestras, una mantilla de muselina blanca con flores o de china con ramos y matices y un guardapiés con cola y guarnición de seda de color o de tela blanca. Así van por la mañana a la iglesia o a pasear las calles o a hacer visitas de confianza y solo se visten a la francesa para ir al teatro o a la conversación de ceremonia. A esta mantilla la llaman mezzaro y la manejan con gracia y coquetería. Las mujeres de clase inferior usan el mismo traje, diferenciándose solo [...][79] en ser más o menos precioso no en la forma. Entre unas y otras hay muchas bonitas, blancas, ojos negros y expresivos, carirredondas, formas menudas, buen cuerpo, abren mucho las puntas de los pies y el andar es algo hombruno y marcial.

No hay más que una calle por donde puedan andar coches, y esto hace que el número de ellos es muy reducido, por consiguiente, hay mucha abundancia de sillas de manos pero ni los señores ni las señoras las ocupan sino cuando llueve o hace gran frío, cuando vuelven del teatro van dentro de ellas pero al ir se van paseando precedidas de sus lacayos con faroles y la silla sigue detrás. En esta ciudad no hay paseos, pues no deben llamarse tales ni el del Acqua Verde, que es una plaza con veinte o treinta árboles, desparramados y éticos, ni el de Acquasola, con otros tantos, situado en una altura incómoda y fuera de los muros. Así es que las gentes pasean mucho

---

79 [«tres palabras?;».] (N. del E.)

lo interior de la ciudad, a lo menos aquella parte más llana y cómoda, y por las tardes la Strada Balbi es la que más se frecuenta. La muralla que da al mar es paseo molesto por las muchas cuestas que hay, y cuando entra el buen tiempo es insufrible el Sol por aquel paraje, que bate en las casas y produce un calor excesivo, por la muralla del puerto apenas pueden caminar dos personas de frente.

Por más que se diga, el vicio del juego es muy moderado en Génova y esto hace muy desagradable la permanencia en esta ciudad a los que gustan del garito, en el verano cuando toda la gente acomodada se va al campo tienen casino de juego o se juntan en las casas particulares, pero en lo restante del año pocas o ningunas veces se verifica que en alguna casa haya concurrencia numerosa y que se juegue en ella. Los nobles genoveses tienen tanto engreimiento y presunción como los más engreídos y presumidos nobles venecianos, y no hay que admirarse, un Cambiaso, un Doria, un Durazzo, que cuentan entre sus abuelos muchos soberanos del país, y que ellos lo serán mañana, parece que tienen alguna disculpa en imaginarse de superior naturaleza que los demás, incapaces de aspirar a tan altos honores. Entre ellos se reparten todos los empleos de la República que es absolutamente aristocrática, la dignidad de dux dura dos años, al fin de los cuales se presenta un secretario de la República y le dice: «Vuestra Serenidad ha cumplido su tiempo. V. E. puede retirarse».

Génova existe por el comercio; si los nobles no lo comerciasen, todo el sistema del gobierno se trastornaría necesariamente, porque, dejando de ser ricos, dejarían de ser poderosos y en un país que nada produce, si no hay comercio no hay riqueza. El único lujo de estas gentes consiste en un gran palacio, bien adornado, y una vajilla inmensa de plata, el dinero que se gasta en estos objetos queda en pie siempre y no se desvanece como las demás frivolidades de moda, que destruyen lentamente las mayores fortunas, y empobrecen cualquier estado para alimentar la industria extranjera. Si uno de estos hombres acaudalados gastase al cabo del año toda su renta se miraría como un prodigio de disipación; el que gasta la mitad de ella se le cuenta por un manirroto; así es que aumentándose continuamente el capital por los ahorros anuales, le destinan o a promover las fábricas e industria nacional o a las especulaciones de comercio, ciencia en la cual desde el soberano al mozo de esquina todos son maestros. Esto se llama poner el dinero a multiplico, y en efecto le multiplican en términos que no hay más que pedir. A esto debe su opulencia este pequeño estado, situado entre montes ásperos e inhabitables, sin más protección que los celos recíprocos de las demás naciones, sin más enlaces que la franquicia de su pabellón, sin más defensa que el Apenino y el mar, sin más ejército que unos dos o tres mil hombres, a quienes les estorban las armas para correr y sin más escuadra que cuatro galeras viejas y casi inútiles. Los genoveses me parecieron en general un poco ásperos y montaraces, la juventud no es aturdida y alegre, como la de Venecia, el populacho es grosero y rudo, no canta ni ríe, como el de Nápoles, calcula.

Esta ciudad en que hay tal inteligencia en el comercio, no hace gran papel en materia de literatura y se dice comúnmente que en Génova no se conocen más letras que las de cambio. Hay una universidad y tres bibliotecas públicas. La de San Ambrosio, abierta todos los días, sin distinción y gran parte de la noche, se compone casi toda de obras teológicas, hallé en ella muy mala colocación; Jansenio y Catulo, San Pablo y el arte de cocina, todo revuelto. La que llaman de los Misionarios, cerca de San Mateo, es bastante grande y hay muy buenas obras clásicas, particularmente de física, historia y antigüedades. Es buena también la que fue del Abate Berio y hoy está junto a la Iglesia de San Pablo, además de las obras eclesiásticas, que siempre son las más abundantes, hay otras muy buenas de historia, física, historia natural, medicina, humanidades, crítica, viajes..., algunas ediciones particulares y una colección muy apreciable de autores genoveses y muchos manuscritos muy interesantes relativos a la historia nacional. Hay también una Academia de Artes, entre cuyos alumnos no parece que haya salido, hasta ahora, ningún talento superior. Las fábricas de lo seda, las pastas, el papel y el mármol de Carrara son objetos de grande utilidad en este país, las flores artificiales que hacen en el Conservatorio o Colegio de niñas, construido por la Familia Fieschi fuera de la ciudad, son perfectísimas y se venden con grande estimación, los ebanistas y tallistas hacen obras de mucho gusto, y en particular los últimos trabajan la madera con tal delicadeza y elegancia de diseño, que no he visto en ninguna otra parte cosa semejante.

El pueblo genovés es uno de los más devotos de Italia. La Virgen Santísima, San Juan Bautista, San Lorenzo, San Jorge y Santa Catalina de Génova son patronos de esta ciudad, y en las puertas de la muralla debajo del escudo de sus armas se ve en mármol ésta inscripción:

Genova, cittá di Maria Santissima.

La Catedral es un gran templo gótico de mármol blanco y negro en fajas horizontales; y exceptuando algunas estatuas que no carecen de mérito no hay cosa particular en punto de artes, pero en cuanto a reliquias posee dos dignas por cierto de religiosa veneración, allí se conservan las cenizas de San Juan Bautista en una capilla llena de lámparas y en la sacristía una gran copa de esmeralda de catorce: pulgadas y media de diámetro en la cual nuestro Salvador comió el cordero pascual con sus discípulos; se dice además que ésta fue una de las muchas alhajas que la reina Saba presentó a Salomón [...][80] Se enseña esta preciosa alhaja con tanta dificultad que es menester un decreto especial del Senado para poder verla.

Hay algunas iglesias enriquecidas con profusión de mármoles y pinturas, bien que ni en éstas ni en los ornatos hay demasiado mérito. La Anunziata, Le Vigne, San Syro, la Magdalena, Santa María en Carignano y alguna otra, son las más suntuosas por la materia y el arte, pero solo hallé simplicidad, elegancia y buen gusto en la última de Cariñán, donde parece que el arquitecto quiso imitar aunque muy en pequeño la de San Pedro de Roma, hay en ella dos grandes estatuas de Puget, cosa de mucho mérito, la una de un San Sebastián, la otra de un Santo de la familia Sauli. En la Iglesia de Le Vigne, en el altar mayor, hay un grupo de bronce del mismo autor, y en el Albergo, u hospicio de pobres, también en el altar mayor hay una bella Asunción de mármol, obra del mencionado artífice, y éstas son las que se citan con más aprecio entre lo poco bueno que hay en este género en Génova. No deben omitirse tampoco las estatuas y bajorrelieves en bronce que adornan la Capilla Grimaldi en la Iglesia de San Francisco, obra del célebre Juan de Bologna, en esta Iglesia, en un cuadro de Andrea del Sarto en que representó la Adoración de los Pastores, pintó al Niño Dios metiéndose el dedo

---

80 [«casi 7 renglones».] (N. del E.)

en la boca y tentándose la pollita. No puede darse cosa más natural ni más graciosa en un chiquillo, ni más impropia de la alta majestad del Divino Verbo. Todos los años sacan procesionalmente las cenizas del Bautista el día de Cuasimodo y es una de las festividades de la ciudad. La procesión consistía en un sin número de cofradías de penitencia yendo todos los hermanos cubiertos con sus sacos y capirotes blancos, negros, azules, con esclavinas, sin ellas, de mil modos distintos. Observé que los que debían ser mayordomos o priostes de aquellas congregaciones llevaban a diferencia de los demás la capucha, la esclavina y el saco de seda, terciopelo o glasé de plata, con galones y exquisitas bordaduras de oro, con todo el lujo imaginable, nada conveniente, por cierto, a la austeridad de su institución. Cada hermandad llevaba un gran Cristo de enorme peso, ya por su tamaño, y ya por la mucha plata de que van cubiertas y adornadas las cruces; y esto de llevar el Cristo es una de las más difíciles operaciones y por consiguiente la que más divierte y admira al concurso, le llevan a mano como entre nosotros los pendones y es increíble lo que sudan y jadean y se abren de piernas y bufan y se tartalean y fatigan para conservar el equilibrio [...];[81] hay hombres de conocida práctica que se han hecho célebres entre el vulgo por esta habilidad y aún me aseguraron que corría impresa una obra, publicada pocos años ha, intitulada *Arte de llevar los Cristos*. Entre estas hermandades iban varios coros de muchachas, feas como diablos, cantando en voz chillona y desapacible varios motetes. Vi también un Santiaguito a caballo con un bordón y su esclavina, seguían después las comunidades, después el clero, después el Cabildo de la Catedral con sus canónigos ricamente vestidos de muer encarnado, porque hay que advertir que los citados canónigos son cardenales [...][82] seguía después la oficialidad, la cual es tan numerosa como diminuto el ejército, seguían los pajes del Dux, vestidos a la antigua de terciopelo verde y carmesí, con galones de oro, después las cenizas del Bautista, y cerraba la procesión el Dux, vestido de damasco encarnado con una gran toga, delante llevaban una grande espada y dos mazas o cetros, detrás seguía el Senado con togas negras y a los lados la Guardia Suiza.

---

81 [«1 renglón y medio».] (N. del E.)
82 [«más de 2 renglones».] (N. del E.)

Esta ciudad es célebre por la multitud y grandeza de sus palacios. No hay extranjero que no se sorprenda al verlos, la Strada Novisima, la Strada Nuova y la Strada Baibi, que están a continuación una de otra, presentan un conjunto de edificios soberbios que en ninguna otra parte los he visto tales. Hay otros muchos por la ciudad, pero exceptuando algunos pocos situados ventajosamente no se goza la vista de los demás por la estrechez de las calles. Unos son de mármol, otros de piedra, otros adornados de estuco, otros pintados; hay en ellos escaleras magníficas, salones enormes, proporciones gigantescas y grandiosas, falta solo buen gusto en la arquitectura y en esta parte los de Venecia y el Estado Véneto son infinitamente superiores, nada e hay en Génova comparable a las grandes obras de Paladio, Scamozzi, Sansovino y otros grandes artífices que enriquecieron el Estado Veneziano con admirables obras. En los de Génova todo es caprichos y licencias poéticas, todo mascarones, conchas, florones, cartelas, formas extravagantes sin oportunidad ni belleza; hay uno u otro que debe exceptuarse de esta censura general, pero siempre serán muy pocos por grande que sea la indulgencia con que se examinen. En lo interior hay muchos muy bien adornados, con frescos en las bóvedas, colecciones de buenos cuadros, mármoles y muebles preciosos. En el que llaman Palazo Rosso, entre otras muchas pinturas de mérito, vi cuatro Sibilas de Guido Rheni, una Virgen, un Cristo y un San Sebastián, del mismo artífice; un San Francisco adorando la Cruz, del Capuchino; un cuadro de Judit y Holofernes, de Pablo Veronés; uno pequeño de la Asunción, que dicen ser del Correggio, lleno de gracias; un Cristo con la Cruz, de Vandick, una bella pintura de Olinto y Sofronia, del Caravaggio, y tres o cuatro grandes cuadros, del Guercino, dignos de su pincel. El cuarto segundo donde estuvo alojado el Rey de Nápoles está adornado por el gusto moderno, espejos dorados, estucos, sillerías, mesas, todo exquisito y digno del augusto huésped; las pinturas modernas que hay en él aunque no puedan llamarse mamarrachos, anuncian demasiado que el siglo de las academias, de los preceptos y de la crítica no es el siglo de las artes, y esto se entienda no de Génova solamente, sino de toda Italia, particularmente en la pintura, el sublime de esta arte ha desparecido y las obras antiguas que se conservan cada vez son más preciosas y según parece inimitables. En el Palacio Durazzo de Strada Balbi hay también muy buenas pinturas, tres grandes cuadros de Jordán como él sabía hacerlos, cuando no pintaba a destajo, que representan la muerte de Séneca, Olinto y Sofronia y Phineo caído en el suelo al ver la cabeza de Medusa, pero el más precioso de esta colección es el de Pablo Veronés, en que representó a la Magdalena a los pies de Jesucristo, cosa admirable, grupos, cabezas, colorido, luz, ropajes, todo digno de aquel gran maestro, hay en la misma casa una buena copia de esta obra, pero no tan buena que pueda equivocarse con el original; como dice La Lande, al cotejar entrambas pinturas se reconoce inmediatamente la mano de Pablo Veronés. En las estancias de este palacio hay gran riqueza de adornos, en espejos, vasos de china, suelos a la veneciana, mármoles, estucos dorados, frescos en las bóvedas y cuanto puede contribuir a hacer una habitación suntuosa y magnífica. En la galería hay un techo pintado por Parodi, en que quiso figurar la destrucción de los imperios de Assyria, Grecia, Persia y Roma, en las descripciones de Génova se explica muy a la larga la idea del pintor, pero el tal argumento está desempeñado de tal modo que puede significar aquello o cualquiera otra cosa, o por mejor decir, no significa nada, en una parte Venus que se peina, en otra Apolo que desafía a Marsias, en otra Baco triunfante; y esto significa la destrucción de los asirios, sea enhorabuena.

El Palacio del Dux tiene una fachada moderna, de buen gusto, pero está metida dentro de un patio y en la parte que da a la calle solo se ve un gran lienzo de casas viejas y sin elegancia; esta fachada consta de dos grandes cuerpos de arquitectura, el primero dórico, y el segundo jónico, con columnas o medias cañas pareadas, y una gran balaustrada, que corona ambos cuerpos y corre toda la tirantez del edificio; después de éstos, hay otro cuerpo de mal gusto, con resaltos que hacen pésimo efecto, estatuas en nichos, y sobre ellas trofeos militares; al pie de la escalera, que está delante de la puerta, hay dos estatuas de Andrea Doria y Juan Andrea Doria, con inscripciones en el pedestal. En lo interior merecen verse dos salones que se acaban de construir, el menor concluido ya enteramente, obra de muy buen gusto, con adornos de oro, bajorrelieves de estuco bien ejecutados y pinturas que hacen buen efecto considerando el todo, pero examinadas en sí, no me parecieron de gran mérito; el salón grande, de orden corintio, con columnas de mármol, y estatuas en nichos de los varones célebres de la República, entre los cuales está el duque de Richelieu, como ciudadano y bienhechor de ella; es una pieza suntuosa, en que se junta el Gran Consejo, digna del objeto a que se destina; aún faltan algunas estatuas y pinturas, la que está ya colocada en medio de la bóveda, obra de Doménico Mépolo, me pareció muy mal.

El Palacio de Andrea Doria, fuera de la puerta de Santo Tomás, de grande extensión, con un buen jardín que da sobre el mar, en la más bella situación posible, es uno de aquellos monumentos que venera la posteridad agradecida; en medio del jardín hay una gran fuente de mármol, con un Neptuno tirado de tres caballos marinos, obra de mal artífice, estimable solamente porque en la figura de Neptuno retrató el escultor a Andrea Doria, con barba larga, desnudo y en la mano el tridente. En la fachada exterior del Palacio hay esta inscripción:

> Divino munere, Andreas Doria, Cevae F.S.R. Ecclesiae, Caroli Imperatoris catholici maximi, et invictissimi Francisci primi Francorum Regis, et patriae classis triremium IIII prefectus: ut maximo labore, jam fesso corpore, honesto otio qui esceret, aedes sibi et successoribus instaurabit. 1529.

Enfrente de este Palacio hay una posesión perteneciente a la misma familia y en la parte más elevada se ve en un nicho una estatua enorme de Júpiter, mal hecha y muy destruida, a sus pies está enterrado un perro de Juan Andrea Doria con esta inscripción en una lápida de mármol, la copia es exacta:

> Qui giace il gran Roldano, cane del principe Gio. Andrea Doria, il quale per la sua molta fede e benevolentia, fu meritevole di questa memoria, e perche servó in vita si grandemente d'ambidua le leggi fu anco giudicato in morte doversi collocare il suo cenere, appresso dell'sommo Giove, comme veramente degno della Real custodia. Visse XI anni e X mesi, morse in Settembre de 1605, giorno 8, hora 8 della notte.

En el Albergo, que es un grande edificio, destinado a Hospicio de Pobres y Casa de Corrección para las mujeres, hay estatuas de los que han contribuido con sus limosnas a sostener este establecimiento; lo mismo se ve en el Hospital General y en el de los Incurables, cuyas salas están llenas de estos monumentos, tan dignamente merecidos. Admira, por cierto, las sumas enormes con que los poderosos han sostenido estas casas de caridad; pero por qué manía ridícula las inscripciones han de estar en latín, un infeliz que encuentra allí socorro a sus miserias, que encuentra allí la salud perdida, que ve delante de sí las imágenes de sus bienhechores, no ha de poder adivinar sus nombres, para venerarlos, no ha de poder saber hasta qué punto la humanidad y la religión conmovieron su ánimo generoso y cuando ve huir de su lado la enfermedad y la muerte, no ha de poder descifrar las líneas de aquellos mármoles, repasarlas mil veces, y agradecer con lágrimas tantos beneficios.

Estos hospitales están muy bien asistidos por los padres capuchinos y unas monjas de no sé qué orden, ¡qué bien parece un religioso cuyo traje, cuyo aspecto anuncian austeridad, penitencia, desprecio del mundo, ocupado en aliviar y consolar la humanidad doliente y desvalida! No hay duda la caridad es la mayor de las virtudes y entre cuantas aquellos varones piadosos ejercitan, ninguna será más grata a la divinidad que la que sea más útil a los hombres.

Se ha hablado ya del hermoso arrabal de San Pier d'Arena y las orillas de Polcevera, al poniente de la ciudad; lo mismo debe decirse de la parte opuesta, por donde corre el pequeño río Bisagno, todo cuanto alcanza la vista, exceptuando lo más áspero de los montes, está cubierto de caseríos, con edificios magníficos y una multitud de jardines sostenidos con murallas, a fuerza de trabajo y gasto, cuanto pueden hacer los hombres en un terreno ingrato y desigual, otro tanto se ha hecho allí para allanar el piso, edificar sobre él habitaciones deliciosas, rodearlas de frutos y flores, y defenderlas de los estragos de las inundaciones y torrentes que las amenazan. Tanto puede la industria humana, a cuyos esfuerzos parece que la naturaleza misma opone inútil resistencia; los que fueron barrancos y precipicios ya son pensiles, y el hombre convierte en morada de los placeres la que antes fue habitación de fieras.

20 de abril. Salgo para Turín, en compañía de don Diego La Cuadra, Secretario del Ministro de España en Génova, en un coche derrengado,

lleno de agujeros, goteras, parches y apósitos; llegamos a paso de buey a Alejandría, situada entre el Bormida y el Tanaro, pasando el primero de estos ríos por un puente de barcas. No hubo tiempo de ver la Ciudad, plaza de guerra, con una buena ciudadela, llana, calles rectas, casas viejas, muchas tiendas, muchos cafés, y escofietas de tamaño enorme.

Salimos el 22 (día infausto), atravesamos el Tanaro por un bello puente cubierto, al modo de algunos que he visto en Suiza, y dejamos a la derecha la ciudadela, que el río separa de la ciudad. Mal camino, sin una piedra; después peor, después impracticable, por último se atasca el coche, se sepultan los caballos en el lodo, el veturino reniega, y al cabo de media hora de un continuo latigueo, logra desengastar las dos alimañas, pero no consigue que el coche desvencijado se enderece ni se mueva de donde está. Pues aquí de la prudencia del veturino; desata sus caballos, márchase con ellos por el camino adelante sin decir palabra, y nos deja dentro del coche en manos de la Providencia. Cuando advertimos su fuga, ya estaba donde no podía oír nuestros alaridos; consulta, confusión de pareceres, pie a tierra, llegamos a una casuca con el lodo hasta las rodillas y lloviendo sin cesar, júntanse algunos payos hablando en piamontés y pidiendo dinero a cada palabra; tráense cuatro robustos bueyes y a fuerza de cuerdas, de voces y hurgonazos sacan el coche. Llegamos a paso de tortuga a un lugarcillo poco distante, llamado, según pudimos entender, Quatordici o cosa semejante, que si catorce veces me desollaran, no volvería a pasar por él ni una vez sola. El veturino nos recibe con un semblante tan halagüeño, que desarmó nuestra cólera y, como sea ya cosa averiguada y cierta que ningún veturino es criatura racional, nos pareció más conveniente almorzar que reñir. Seguimos nuestro viaje y al pasar un torrente que venía furioso, para mí tuve que aquél era el cabo y remate de mis peregrinaciones. Para qué es mentir, mi virtud dominante es el miedo y al verme allí tuve tantas razones de tenerle, que en mi vida me he visto más cerca de perecer. Salimos, en fin; mejora el camino y llegamos a Asti, donde se pasó lo restante del día y la siguiente noche en mudarnos, secarnos, y estregar el lodo de que llegamos cubiertos. Prosíguese al otro día el viaje por un hermoso país, cortado en vegas y montecillos, abundante en mieses, árboles y agua, con varios pueblos muy bien situados a las faldas de las colinas, cosa pintoresca y agradable. A cuatro millas de Turín, pasamos por el Moncaglieri, Sitio Real, con un palacio muy grande de ladrillo, sin decoración ni elegancia, situado en una altura, desde la cual se goza la vista de una ancha llanura poblada de árboles, por donde corre joven y sosegado el Po; los Alpes, erizados, cubiertos de nieve, la punta altísima de Monviso, padre del Eridano, que descuella sobre los demás montes; una colina que corre de Norte a Sur, llena de casas de campo, bien cultivada y fértil y en medio de aquellos espacios llanos, la ciudad de Turín.

23. Está situada en el confluente de la Dora y el Po y exceptuando los dos arrabales que llaman Borgo del Po y Borgo del Pallone, todo lo restante está guarnecido de muros, bastiones, fosos y cuanto es necesario para una buena defensa; a la parte de Poniente está la ciudadela, a la de Oriente el montecillo de los Capuchinos, que es el punto que domina la ciudad, desde el cual pudieran ofenderla, está fortificado y minado, para sostener aquel puesto o volarle en caso de necesidad.

La planta de la ciudad es de las más bellas de Europa, o acaso la primera de todas, por la rectitud, longitud y anchura de sus calles, la regularidad y elegancia de sus edificios. La calle más larga es la que llaman de Dora Grosa, con casas muy altas a un lado y otro, casi iguales en los adornos, con ánditos para la gente de a pie, infinitas tiendas de mercaderes, gran concurso y movimiento. La que llaman Contrada del Po es mucho más ancha, aunque más corta, compuesta de grandes edificios, espaciosos pórticos. La Calle Nueva, y las que la atraviesan [...][83] desde el río a la ciudadela, son espaciosas y de buen caserío. La mejor de sus plazas es la de San Carlos, con edificios iguales y pórticos de arcos sostenidos en columnas pareadas. La Plazza Castello sería grandísima, si no la dividiese en dos el Palacio que llaman de Madama Real, en toda su circunferencia hay grandes pórticos, centro del comercio y el concurso; son muy buenas también la Plaza de Carignan, la delle Erbe, hecha toda de planta, y la Paesana. Es lástima que muchas de las grandes fábricas que se ven en estas plazas y calles sean de ladrillo sin blanquear ni pintar, agujereadas por todas partes con los mechinales de los andamios, lo cual las da un aspecto de vejez y rusticidad que sería fácil y poco dispendioso de corregir. La ciudad se alumbra de noche con grandes

---

83 [«¿ medio renglón».] (N. del E.)

faroles de reverbero, de a dos luces cada uno, está bien empedrada de guijarros menudos; en la Puerta de Susa hay un depósito de agua, que corre por todas las calles, cosa no menos útil para refrescarlas en verano que para limpiarlas de la mucha nieve que las llena en invierno.

En cuanto al mérito particular de los edificios, diré solamente que los menos adornados me parecieron los mejores: porque en aquellos en que los artífices han querido lucirlo, he hallado muchas extravagancias y malísimo gusto. No hay fábricas de gran decoración y en las más grandes se reduce a los ornatos de puertas y ventanas, y exceptuando la fachada del Castello, que consta de un orden compuesto, con columnas y pilastras, y una balaustrada que corona el edificio, ningún otro hallé que pueda compararse con los de Verona, Vicenza y Venecia. Pueden citarse también los cuarteles, que están al fin de la calle de Dora Grossa, con decoración de pilastras y cornisamento dórico, la fachada del Teatro de Carignan, y algún otro palacio de que no me acuerdo. El del Rey, aunque muy grande, es tan sencillo, que no merece este nombre, el que hoy sirve para el Colegio de Nobles, edificio inmenso, aun no concluido, de ladrillo sin revestir, ennegrecido y rústico, está cargado de molduras, recuadros y adornos pesados e inoportunos, que sería bien destruirlos si se tratase de concluirle, el Palacio de Carignan, también de ladrillo sin blanquear, obra del célebre Padre Guarini, como el anterior, es digno de Churriguera, por las muchas garambainas y triquitraques de que está lleno.

Las iglesias de Turín son pequeñas por lo común, su merito consiste en la multitud de mármoles y los ornatos de que están llenas. En la Catedral hay, detrás del altar mayor, una capilla redonda, de mármol negro, con grandes columnas de lo mismo, basas y capiteles de bronce; la cúpula es de una construcción singular y atrevida, compuesta de semicírculos, que forman otras tantas ventanas, cargando el arranque de los más altos, sobre la clave de los inferiores, al modo de una alcachofa o las escamas de un pez; toda esta obra peca mucho contra el buen gusto, pero no puede negarse que produce un grande efecto y sorprende a primera vista lo extraordinario de sus formas y la riqueza de sus ornatos, en medio de ella hay un grande altar con una urna, en que se conserva el Santo Sudario, reliquia preciosísima, que habrá dado, sin duda, motivo a aquella devota oración que empieza:

«Señor Dios que nos dejaste la señal de tu pasión la sábana santa, en la cual fue envuelto...». La Iglesia de San Lorenzo, inmediata a la Catedral, obra del Padre Guarini, como lo es también la capilla de que se ha hecho mención, es por el mismo estilo, aunque todavía más extravagante que la primera; alaben, si quieren, el ingenio del artífice, como tal vez se alaba el de Villamediana y Góngora, pero el juicio no hay para qué nombrarle; la planta es un estrellón, compuesto de semicírculos hacia el centro; las capillas, semicírculos hacia la circunferencia; la cúpula, semicírculos que se cruzan, formando una celosía. Todo es caprichoso y nuevo, todo compuesto de preciosos mármoles y recargado de adornos, que no caben más; hay alguna pintura de mérito; las estatuas no valen nada. En las demás Iglesias hay menos disparates, pero ninguna de ellas, inclusas las del famoso Juvara, que hizo muchas obras en esta ciudad, me pareció poderse citar como un modelo de buen gusto. La Lande, hablando del mencionado Juvara y Guarini, cita una opinión de Mister Cochin y a renglón seguido la impugna, y en su respuesta se ve demasiado que es muy posible llegar a ser un grande astrónomo sin entender palabra de arquitectura. Santa Cristina, San Felipe Neri, Santa Teresa, San Solutore, Corpus Domini y alguna otra, son las más ricas en mármoles y más elegantes por su forma y adornos; en la de Santa Cristina hay dos bellas estatuas de Le Gros, escultor francés, y en la de San Felipe un buen cuadro de Solimena. Merece verse la Capilla del Hospital, que forma una rotonda, sostenida por doce columnas jónicas aisladas, tribunas sobre la cornisa, y una hermosa cúpula. Si mi opinión valiese, yo citaría esta iglesia como la mejor de Turín; buen plan, buenos ornatos, sencilla y elegante, sin pesadez, sin confusión, sin travesuras ridículas. El Hospital no me pareció tan bien asistido como el de Génova; en las salas hay muchos bustos, muy mal hechos, de los que han contribuido con sus limosnas a sostener y ampliar aquel establecimiento; en el Hospicio, edificio muy grande, donde se recoge multitud de pobres de ambos sexos, se ve lo mismo. Hay otras muchas casas de caridad, de educación y retiro para niños expósitos, para viudas de militares, para huérfanos; colegios de niñas, casa de corrección para mujeres perdidas, y en fin, todos aquellos establecimientos propios de una gran corte; paliativos insuficientes con que el Gobierno procura dilatar cuanto sea posible la total depravación de costumbres, que crece por instantes, y salvar algunas reliquias de tan desecha tempestad.

Hay varias bibliotecas abiertas al público, la más considerable es la de la Universidad, que con las adquisiciones que ha hecho en estos últimos años pasa ya de sesenta mil volúmenes. No está cargada, como otras muchas, de obras góticas, que ya nadie lee, y abunda en aquellas más clásicas, auxilios necesarios para el estudio fundamental de las ciencias útiles. Entre los manuscritos, de que hay impreso un gran catálogo, hay algunos muy apreciables, tales son un poema sacro, en hexámetros, del VI siglo; la Historia natural, de Plinio, llena de ornatos delicadísimos y miniaturas ejecutadas con admirable prolijidad, colores bellísimos, bastante mérito en las cabezas y en los ropajes; otro código del mismo autor, pero de corto mérito en las pinturas que le adornan; la Comedia, de Dante, con miniaturas muy bellas, como lo son también las que hay en un libro de oraciones que, a lo que parece, fue escrito en Francia para uso de algún gran príncipe; un pequeño libro, en vitela como los anteriores, que se cree haber sido un prontuario de Julio Romano, en que dibujó de tinta de China algunos pensamientos sacados de la historia sagrada y profana, estos diseños están en unos óvalos de doce a catorce líneas en su mayor diámetro; las figuras son pequeñísimas, pero muy bien tocadas, y no deja de parecerse bastante el estilo a la copia de los bajorrelieves de la Columna Trajana, que existe en Módena, hecha por el citado pintor; una grande obra de historia natural, en muchos volúmenes, coloridas las plantas con los mismos jugos que se han sacado de ellas mismas, lo cual será verdad en algunas, pero en otras sufre grandes dificultades. Entre los impresos hay muchas ediciones apreciables por su antigüedad; una Políglota de Arias Montano, impresa en vitela; un libro chino de las obras de Confucio, impreso en papel amarillo, muy sutil, parecido al de seda, contiene varios tratados de historia, de moral y política, himnos y canciones, edición de este siglo. En la habitación que está debajo de la Biblioteca le ve el Museo, que además de una buena colección de medallas, contiene varios objetos curiosos de antigüedad, muchos de ellos egipcios. Lo que hay de más raro en este Museo es una águila legionaria de bronce, un mosaico con una gran figura de Orfeo, y otros dos pequeños, el uno de un perro y el otro de un asno, estos tres con otros varios pedazos, que no se han podido conservar, formaban una sola pieza; la figura de Orfeo es la más grande que he visto en mosaicos antiguos, más apreciable por esto que por el mérito de su ejecución; los dos animales, particularmente el asno, me parecieron mejor hechos. Vi allí también la famosa tabla de Isis, sobre la cual han trabajado a porfía los anticuarios, monumento preciosísimo sin duda, tanto porque ha muchos años que se hizo, cuanto porque no hay demonios que le descifren. En la galería del patio contiguo al museo hay varias lápidas, inscripciones y bajorrelieves, colocados en la pared con buen orden, como en Verona, aunque esta colección es menos numerosa que la de Mafei; hay, además, algunas aras y columnas, también con inscripciones, que se hallan ya explicadas e impresas.

En el mismo edificio que ocupa la Biblioteca está la Universidad; asistí a unos grados [...][84] me daba compasión oír a los graduados y al graduando, pero me aseguraron después que casi todos ellos, y los que tienen parte en el mando, se ríen de aquella farándula, y si esto es cierto, quién podrá llevar en paz la indiferencia con que mira el Gobierno un objeto de tal entidad, y que así consienta que la juventud estudiosa y llena de talento pierda su tiempo y su razón en aprender desatinos, y que en vez de promover las ciencias útiles, se enseñe y se aprenda una algarabía ridícula de la cual ni el maestro ni el discípulo, ni el que arguye ni el que sustenta, entienden palabra, y al cabo de media hora de disparatar sin freno: hágote doctor ¿por qué? Porque has dicho mil necedades, para que se las enseñes después a otros infelices y así se perpetúa el goticismo, la presunción y la ignorancia con nombre de sabiduría. Así hay tantos doctores y tan pocos que sepan algo.

El Arsenal «es uno de los mejores que he visto, ocupa una grande extensión, había en él hasta unos cien mil fusiles, al principio de la guerra, colocados en tres salones, de los cuales, el que llaman de San Carlos y el de San Vitorio son magníficos, de a tres naves cada uno, puestas las armas alrededor de los postes, y cubiertas con unos pabellones, a modo de tiendas de campaña; vi, entre otras cosas, unas grandes espingardas, sostenidas en caballetes, que vienen a ser fusiles largos de mucho alcance, y otras que se cargan por detrás, y al dar una media vuelta a un manubrio cae una chapa,

---

84 [«más de 1 renglón».] (N. del E.)

que corta parte del cartucho, vierte una porción de pólvora en el fogón, y la mecha, colocada en un cañuto unido a esta chapa, la inflama, todo esto se hace en solo dos tiempos. Hay muchos talleres de arcabucería, fundición de cañones de bronce, con una grúa que levanta el cañón y le coloca donde se ha de barrenar, movida por un hombre; otra para barrenarle, movida por agua, de estas dos máquinas existen modelos en el Retiro. Vi cañones de dos tiros, el tercio más grueso es un obús, y los otros dos forman el cañón. Hay, además, todos los talleres necesarios para las cureñas, carros, pertrechos, relativos a la artillería. Se trabajaba con grande actividad; en el año de 94 se construyeron de 230 a 240 piezas de bronce, entre grandes y chicas. La fábrica de fusiles no es suficiente para abastecer al ejército, y mucho menos en una guerra tan desastrada como la actual; vi grandes remesas de ellos, traídas de Brescia, de Sajonia y de varias fábricas de Alemania. Todo esto y algo más se necesita para que los hombres sean felices y se quieran mucho.

El Teatro Real de Turín ha servido de modelo a otros muchos que se han construido después en varias partes. En éste nada se ha omitido para hacerle digno de una gran corte y de la presencia del Soberano, que asiste muchas veces a los espectáculos magníficos que se dan en él. La Lande hace la descripción y en ella pueden verse sus dimensiones. La sala es un óvalo truncado, más pequeña que la de San Carlos de Nápoles, menos rica, y menos cargada de adornos; la escena es grandísima, y se alarga, cuando es menester, abriendo en el fondo una gran puerta, o ventana, por mejor decir, que cae a un patio, cerrada con un puente levadizo. Muchas veces se ven salir al teatro 260 soldados de a pie y treinta caballos. Hay un gran depósito de agua, que baja al foso por un conducto, para formar con ella fuentes naturales de surtidor. Las máquinas, las decoraciones, los trajes, la orquesta, todo es correspondiente. Además de los cuartos en que se visten los actores, con chimenea, espejo, papelera y sillas, del café y piezas de juego para desahogo del público, hay una sala donde van a tomar lección de baile varias discípulas, costeándolo todo la dirección del teatro. Ésta se compone de algunos señores, que adelantan las sumas necesarias y se interesan en la prosperidad del establecimiento; el Rey contribuye también con una cierta cantidad, y todo es necesario para sostenerle. Para manifestar que se atiende a todo, sin omitir las menores cosas, basta decir que en el cuarto de la Dirección hay un gran botiquín, que durante las óperas está provisto de todo lo necesario para caídas, desmayos, jaquecas, convulsiones, sofocos y otras desgracias inopinadas a que están sujetas las Berenices, Armidas, Porcias y Pantasileas que gorgoritean y brincan. Este teatro se comunica con el Palacio del Rey por medio de una larga galería. Cuando yo estuve no había óperas; el son de Marte había hecho enmudecer a las tímidas Musas. ¡Oh, vuelva, que ya es tiempo, la dulce paz, y ponga término a este furor! ¡Vuelvan con ella las artes, las gracias y los placeres, y enjuguen las lágrimas de tantas naciones infelices!

En la escalera principal de Palacio hay una estatua ecuestre de Víctor Amadeo I. El jinete es de bronce, y el caballo de mármol, y esto hace muy mal efecto. Toda la obra es menos que mediana; el caballo pesadísimo, y como está colocado en un nicho, sobre pedestal bajo y en lugar estrecho, todo contribuye a hacerla parecer más mazacota de lo que es en sí. Las habitaciones del Palacio no contienen cosa particular en cuanto a los muebles y ornatos; pero hay en ellas, así en las bóvedas como en los muchos cuadros que cubren sus paredes, pinturas de mucho mérito. Las hay muy buenas de Ricci, que representan asuntos de la historia sagrada; cuatro cuadros de los elementos, excelente obra de Albano, un poco dispersa la composición, pero de una ejecución, de un colorido, de unas formas las más bellas que pueden verse; dos grandes retratos, de Vandick, de lo mejor de aquel artífice; una Santa Francisca Romana, del Guercino; una Anunciación, del Gentileschi, figuras del tamaño natural; otro gran cuadro, de Pablo Veronés, que representa a la Infanta de Egipto haciendo sacar del río al niño Moisés, entre las damas egipcias se ve un personaje vestido con su ropilla y su capa negra, su gorguera y pelón, pero ¿qué importa si el cuadro es excelente?, las ropas de la Infanta me parecieron hechas con admirable maestría. Hay un pequeño gabinete, adornado con pinturas de Vanloo, en que representó varios pasajes de la Jerusalén del Taso. Otro cuyas paredes están cubiertas de espejos, adornos dorados y una gran cantidad de miniaturas, muy bien hechas, que son retratos de varios príncipes y personajes ilustres; entre algunos retratos de pintores célebres vi el de Juan de Pareja, español; el famoso cuadro de la hidrópica, de Gerardo Douw, de una vara de largo y una tercia de ancho, poco más o menos, es excelente en su línea, bien diseñado, bien dirigida la luz, y concluido con una delicadeza extraordinaria, como es propio de los buenos autores flamencos que trabajaron en este género de composición pequeña. Hay también algunos cuadros de fruteros, flores y países, de mucho mérito. Los techos de las salas están pintados por Juan Miel, Daniel de Seneterre y Beaumont; los de este último, como dice La Lande, parecen pinturas de abanicos, vi también dos piezas con los techos pintados por un turinés, de cuyo nombre no me acuerdo, cosa horrenda en verdad. La colección de cuadros de este Palacio tiene la particularidad estimable de reunir obras de varias escuelas extranjeras y nacionales, lo cual no es común en las galerías de Italia. Los cuadros que he citado me parecieron los mejores, pero ya debe suponerse que hay otros muchos más.

El Palacio del Rey tiene muy buenos jardines, pero cuando yo estuve no se abrían al público, porque como ocupan gran parte de las fortificaciones, y éstas se guardaban entonces con todo escrúpulo, era necesario desembarazarlas de gente; por la misma razón no se permitía tampoco pasear la muralla que va desde Puerta del Po a Puerta Nova. Es muy bueno el paseo que hay dentro de la ciudad, entre ésta y la ciudadela, con varias arboledas, que llegan desde Puerta Susina hasta el Arsenal. Fuera de los muros hay hermosos caminos, con árboles muy altos, que sirven de paseo a los coches y a la gente de a pie, praderías, tierras cultivadas, y alegres vistas por todas partes. Tales son el camino de Rívoli, el de Orbassano, el de Stupinigi, el de Piamonte, y las arboledas que conducen al Palacio Valentino y a la otra parte del río, las que van a la Vigna della Regina y al sitio Real de Moncaglieri.

Vi algunos de los sitios o Palacios Reales cercanos a Turín; el Palacio Valentino, distante apenas un cuarto de legua de la ciudad, está situado a la misma orilla del Po; la fachada principal mira al río, tiene en los ángulos cuatro torres, en medio un gran patio para los coches, y a los lados dos jardines, el uno de paseo, y el otro, más pequeño, es el Botánico, perteneciente a la Universidad, bien cuidado, según me dijeron, por el profesor que le tiene a su cargo. En la fachada de este Palacio que mira a la parte de la ciudad hay esta inscripción:

Hic ubi fluviorum rex, ferocitate deposita, placidé quiescit, Cristiana a Francia, Sabaudiae Ducissa, Cypri Regina, tranquillum hoc suum delicium regalibus filiorum offis dedicavit. Anno pacato 1660

Stupiniggi dista tres millas y media de la ciudad, conduce a él un hermoso camino, ancho y recto, con grandes árboles que le adornan; antes de llegar al palacio hay dos alas de edificios iguales, que forman una calle muy ancha; la planta del Palacio es muy extraordinaria, un gran salón en medio, y cuatro brazos, a modo de una cruz de San Andrés, dos de ellos, prolongados y torcidos hacia la ciudad, forman una gran plaza para los coches. Las pinturas y adornos de este palacio anuncian su destino, todo es trofeos de caza, pinturas y alusiones a este placer. El salón es extravagante, magnífico, alegre y teatral, cargado de pinturas de mediano mérito, con bellos puntos de vista por todas partes. Las habitaciones están muy bien adornadas, los techos pintados a fresco, y entre ellos me pareció lo mejor uno de Vanloo, en que representó a Diana que sale del baño; otro del sacrificio de Ifigenia, pintado por Croisati, y en una especie de antecámara varios adornos, compuestos de despojos de caza, cosa hecha con la mayor delicadeza y gusto; me dijeron que era obra de un pintor turinés, llamado Vacca. En la habitación de la princesa Felicita hay dos techos pintados al fresco, que es lástima no darles una buena mano de cal para que no se echen a perder. Los jardines contiguos al Palacio son tristes, sin agua ni adornos. Hay un buen bosque, donde se hace la famosa caza de los venados; asiste toda la corte, y es una de las diversiones del país.

La Veneria Reale es otro sitio, poco más lejos de Turín que el anterior, donde el Rey y la familia real van a pasar parte del verano; la población se compone en parte de edificios regulares y bien construidos, donde se aloja cómodamente la servidumbre y dependientes de la corte y allí está el cuartel de Guardias de a caballo. El Palacio es grande, formando una figura irregular por los varios pedazos que le han ido añadiendo. Las habitaciones están adornadas en lo interior con estucos de corto mérito y varias pinturas. En los cuartos del Duque y Duquesa de Saboya hay algunos gabinetes de charol, cosa estimable en su género; la mesa de lapislázuli que cita La Lande no es de una sola pieza sino de muchas, y basta observar con algún cuidado sus vetas y colores para conocerlo. El cuarto del Duque de Aosta, en el piso principal, está adornado a la moderna, con elegancia y gusto; lo mejor que vi allí, en punto de pinturas, fue unos pequeños países, de Cignarolli y otros, hechos a aguada o con pluma, de un tal Palmesi, cosa muy buena, que se equivoca con el grabado. Hay una hermosa galería, con mucho ornato de arquitectura, donde se proponen colocar varias estatuas que representarán las provincias del Reino, hasta ahora no hay más que la de Alejandría.

La capilla es muy buena, hecha por Juvarra; en ella hay un bello cuadro de Ricci, en que parece quiso imitar a Pablo Veronés, y cuatro estatuas, de Doctores de la Iglesia, muy bien ejecutadas. Los jardines son muy grandes, simétricos, con hermosas arboledas de castaños, olmos y altísimos chopos de Lombardía; algunas calles con el piso cubierto de hierba, que hace un efecto muy agradable; galerías de olmo, cipreses y murtas en formas artificiales; un laberinto, donde nos perdimos todos, como era de creer. Estos jardines me parecieron melancólicos en extremo, sin fuentes, sin estanques, sin objetos que varíen e interrumpan la fatigosa simetría con que están dispuestos, sin más ornatos de escultura que unas doce o catorce estatuas monstruosas y ridículas; todo es monótono y triste. Hay un pequeño jardín de flores y un invernadero para las plantas delicadas, que forma una suntuosa galería. A cosa de un cuarto de legua del Palacio hay un grande edificio para las caballerizas y cría de caballos; los bosques abundan en caza y desde las pequeñas alturas que hay en ellos se gozan deliciosas vistas.

El célebre templo de la Superga, situado en la cima de la montaña que está al Oriente de la ciudad, pasado el Po, es obra de [...][85] Juvarra. En lo exterior bellas proporciones, un buen pórtico, sostenido en columnas, dos torres a los lados y una hermosa cúpula, que descuella con gentileza sobre la fábrica. Los contornos de las torres me parecieron muy mortificados con resaltos, e inútiles las columnas de los ángulos, que solo sirven de sostener unos candelabros, puede decirse que estas columnas aligeran la masa total, pero también la debilitan y sobre todo, columnas que no sostienen un edificio ¿de qué sirven? Lo interior de la iglesia, es muy bello y grandioso, la cúpula, sobre todo, hace un grande efecto, peca solo en los ornatos, donde no deja de haber algunas extravagancias. Hay tres altares con grandes bajo-

---

85 [«1 o 2 palabras».] (N. del E.)

rrelieves de mármol, el que representa la batalla dada a los franceses cuando Turín fue socorrida, y otro, lateral, de la Anunciación de Nuestra Señora, me parecieron obra de bastante mérito, el otro vale muy poco. Debajo de la iglesia está el entierro de los reyes, formando una capilla subterránea en cruz latina; la arquitectura nada tiene de particular; toda está revestida de bellos mármoles, y llena de ornatos de escultura en mármol y bronce; en medio del crucero está el depósito del último rey, que consiste en un gran zócalo, encima una urna, medio cubierta con un tapete, sobre él la corona y el cetro, cuatro pebeteros en los ángulos, genios y trofeos; en las paredes del crucero, cuatro estatuas, en nichos, en las dos piezas laterales, dos sepulcros, en el uno está enterrado Víctor Amadeo y el otro está destinado a Carlos Emanuel, cuyos huesos se sacarán del depósito cuando muera el actual soberano; etiquetas ridículas, que autoriza y consagra el poder. Estos dos sepulcros, el depósito y un bajorrelieve que hay en el altar mayor, son obras hechas con gusto e inteligencia del arte; trabajaron en ellas los dos hermanos Collini, escultores de mérito, el uno ha muerto ya, el otro que existe, a quien fui a visitar, une al conocimiento de su arte la afabilidad del trato y la moderación propia de un hombre de talento. La última reina, infanta de España, tiene también un sepulcro particular, bien hecho, aunque no tan suntuoso como los otros de que se ha hecho mención. Esta capilla me pareció demasiado baja de techo y demasiado alegre; los mármoles que la adornan deberían anunciar en lo oscuro de sus colores un lugar de horror, no un gabinete, la morada de la muerte, iluminada con escasa luz, debe presentar por todas partes matices funestos. [...].[86]

Hay mucho lujo en Turín, las modas y las costumbres son muy francesas, hay muchos vestidos bordados, mucho espadín, mucho peinado cargado de polvos, y sombrero debajo del brazo desde que amanece hasta que se cena. El traje de las mujeres también es francés, van siempre en cuerpo y solo por la mañana, para ir a misa o a alguna visita de confianza, se ponen un velo en la cabeza; hay muchos y buenos coches y la concurrencia en el paseo es numerosa y brillante.

En Turín se ponen mayos a la puerta del Palacio del Rey, de los príncipes de la sangre, del gobernador de la ciudad, de los cardenales y embajadores,

---

86 [«8 renglones y medio».] (N. del E.)

palitroques altísimos, con un ramo a la punta, una guirnalda un poco más baja, y en el tronco, a distancia de dos varas del suelo, el escudo de armas del príncipe o señor a cuyas puertas se pone. Éstos se renuevan todos los años, el primer día de mayo los soldados de la guarnición van a ponerlos con mucho repique de tambores y refresco y evviva sua *eccellenza*!

Ahora deberá sufrir mi lector una transición no menos violenta que la antecedente, bien que no será la última. Los judíos de Turín ocupan dos grandes manzanas en un buen paraje de la ciudad, ni están encerrados con muros y puertas, como en otras partes; viven con más holgura que los de Génova, porque en Turín hallan a quien engañar, compran y venden y revenden y prestan, y embrollan, y les va muy bien. Los de Génova, por el contrario, se mueren de necesidad, y para mí tengo que en Babilonia comían mejor; hasta ahora no ha habido ejemplar ni de que un genovés haya podido engañar a un judío, ni de que un judío haya engañado a ningún genovés.

Una de las cosas que notará cualquier forastero que llegue a Turín, será la multitud de jorobados y patituertos que se halla por todas partes; yo pregunté la causa de esto, y me alegaron tantas, que me quedé sin saber la verdad.

Todos los que mueren en la ciudad, exceptuando uno u otro que tenga sepultura propia en la iglesia, se entierran en dos cementerios públicos, fuera de las murallas [...].[87]

La lengua piamontesa es un compuesto de toscano y francés, los dos sonetos siguientes, sacados de una colección de poesías nacionales, impresa pocos años ha, darán una idea del idioma de este país:

Testamento d'un cane

Dagïá ch' j' eü da muri, per nen lassé
döp me decès anbreüj ai me parent,
fin ch' j'eü la testa cïajra, e i peüs parlè,
j'eü pensà d' fè doj righe d'testament.
E prima d'ögni cösa i lasso i dent
a chi ha di cativ ös dur da russiè;

---

87 [«casi 2 renglones».] (N. del E.)

I lasso i me doi eüi a d' serta gent
ch'a sïaira niente e pensa de scïairè.
I las l'ongïe ai sartor; i las le orie
ai marcant; ai curios i lasso'l nas;
e i las me pöch servèl tut ale fe.
Ma finalment, pr'alegeri'l maleür
d'mia situassion e per muri con pas,
a mia cara Padrona i lassol cheür.

Contro amore

Sent, Amòr scontradòn, l'è tenp d'finila;
rendme'l me cheür; tornme la mia rasòn;
ronp sta cadena; scurtme d'an person,
a l'è trop streita; i pes pi nen sufrila.
A tant' aitri, e t'ij ps conteje a mila,
l' t'as mescià l'amër con i bonbon;
e per mi solament, pest al mincïon,
el pi neïr d' tö velen veüs ch'a s' destila!
I t'protege un gascòn, ch' l'ha, che d'babia.
Un chr faus, e linger l'è bin tratà;
con l'inconstant i t'use d'cortesia.
E un pover diau, ch'a t' sërv con fedeltà,
a n'prva ch' tö rigor, toa, tirania?
Ah s' ved bin ch'i t' ses börgno e t' ses masnà?

Las rayas y puntos que hay sobre las vocales indican los diptongos, y la pronunciación cerrada o abierta.

8 de mayo. Salí de Turín en vettura, seguido de otros dos o tres carruajes, especie de caravana, muy necesaria en aquella ocasión, por cuanto los caminos estaban poco limpios de ladrones; algunos días antes había visto fijarse un bando en que se daban providencias para prenderlos, y entre otras, se permitía a cualquiera hacerles fuego, en caso necesario. Esta

buena gente formaba una compañía de más de cien hombres, desertores piamonteses, franceses y alemanes, diestros en las armas y desesperados; no había mucho que habían sostenido un combate formal con los dragones hiriendo algunos y matando tres de ellos, con pérdida del capitán, y seis o siete hombres de su parte y unos trece o catorce: que estaban ya en las cárceles de Turín. Esta gente robaba a los ricos y daba limosna a los pobres, máxima sutil, con la cual hacían de su partido al pueblo, que en vez de perseguirlos los ocultaba y favorecía.

El camino de Turín a Milán es bellísimo, el país agradable y bien cultivado, muchos plantíos de moreras, tierras de siembra, árboles que divierten y varían aquella gran llanura; en Vercelli y Novara muchos campos de arroz, o por mejor decir, estanques; se atraviesan muchos ríos, que bajan de los Alpes a engrosar el Po; en todos ellos hay puente de barcas o barca; el que llaman la Sessia es terrible por sus crecidas; al llegar al Tesín, que sirve de términos al Estado de Piamonte y al milanés, se pasa un bosque, famoso por los robos y asesinatos que en él se cometen frecuentemente; ya se deja entender el miedo con que yo pasé. Se atraviesa en barca el Tesín, de aguas clarísimas, ancho, profundo, precipitado, no me acuerdo de haber visto otro de igual rapidez. Nos juntábamos a comer en las posadas (en las cuales posadas comimos muy mal) todos los que íbamos en los tres o cuatro coches mencionados. ¡Qué galería de personajes! Un genovés sórdido, con su mujer y su hija (horrendas las dos), que en vez de hablar, ladraba, quejándose siempre de la carestía de los comestibles, y de que en las posadas las puertas de los cuartos no tienen cerrojo por de dentro, y por consiguiente, todo genovés que duerma en ellos está expuesto a ser asesinado. Un fraile, vestido de abate, muy gordo, sudando siempre, hablando de malos partos y destetes y preñados con las mujeres, de quien no se despegó jamás, era padre jubilado en Parma, y se hacía venir el café de Venecia, el vino de Florencia y los salchichones de Bolonia. Una mujerzuela que había hecho la campaña del Piamonte el año anterior con una chiquilla colgando de una teta, la cual chiquilla fue engendrada en Casteldelfino y parida en Asti. Una vieja ridícula, tan poco enseñada a coche, que en todo el camino dejó de vomitar y el fraile la apretaba la cabeza y la aflojaba la cotilla, y se esforzaba en persuadirla que todo aquello era mal de madre y así que llegaba a las posadas empezaba a despanzurrar colchones y quemar lana para dar humazos a la vieja, de donde resultaba un pebete infernal. Un boticario de aldea, vivarachuelo, feo, hablador eterno, que mientras yo me comí diez espárragos nos contó de dónde era, cómo se llamaba, en dónde vivía, lo que le había sucedido en Turín con otro boticario que le quiso casar con una sobrina jorobada que tenía, y en suma, su vida y milagros, las de sus parientes y amigos y vecinos, cuanto había hecho y cuanto pensaba hacer, otro tanto nos dijo, bien que nadie se lo preguntó. Llegué a Milán el día 10.

Ya he hablado de esta ciudad otra vez, ahora diré algo de nuevo, o quizá repetiré las mismas cosas. La Academia Patriótica, establecida en Brera, tiene por objeto promover las artes útiles, comprar máquinas y modelos relativos a la agricultura y los oficios; da premios a los que resuelven problemas interesantes sobre estas materias; informa al gobierno acerca de los puntos que remite a su examen, celebra una junta al mes, y en ella dan parte de sus trabajos las varias comisiones que se forman para desempeñar estos objetos. Tiene ya publicados algunos tomos de sus actas. Vi la colección de instrumentos y máquinas que posee; entre ellas está el modelo de molino de aceite, según el que se halló en Pompeya, que me aseguraron ser más ventajoso que los que comúnmente se usan. El segundo secretario de esta Academia da lecciones de agricultura a los discípulos de física.

Se está concluyendo un plan geográfico del Estado de Milán, sujeto a las observaciones astronómicas, obra hecha con la mayor exactitud y perfección, que hará honor a los profesores de matemática y astronomía de este Colegio, que la han dirigido. Se compondrá de nueve hojas grandes unidas; además de la puntualidad de las distancias de los pueblos, de la dirección de los caminos, ríos y canales, se indica también la calidad de los terrenos, el cultivo que hoy tienen, los que hay baldíos, y cuanto es necesario para el conocimiento físico y geográfico del país.

El Señor Bianconi, Secretario de la Academia de Bellas Artes, establecida también en la misma casa, posee una numerosa colección de libros relativos a ellas; vi, entre otras obras, la traducción de Vitruvio, por Ortiz, y le oí hacer una crítica muy dura de algunos pasajes mal entendidos por nuestro traductor; vi también algunas obras de mérito en el estudio del escultor Franchi, uno de lo los directores de la Academia, artífice estimable, que, entre otras cosas, ha hecho las dos graciosas ninfas de mármol que adornan la fuente de Piazza Fontana.

En la Biblioteca me enseñaron algunas ediciones particulares, anteriores al 1500, entre ellas son muy buenas, una de Tito Livio, otra del Dante, y una Biblia, toda hecha en Milán.

En la Biblioteca Ambrosiana, famosa por la multitud de sus preciosos manuscritos, vi algunos muy interesantes, uno de ellos la traducción de las Antigüedades de Josefo, por Rufino, aunque muy incompleta, escrita en papiro, que se parece bastante a las hojas de palma aunque más delgado y suave; cada hoja de este códice se compone de muchas de aquel vegetal, entretejidas y pegadas con alguna goma sutil, o según otros quieren, con el agua del Nilo. Es, por cierto, obra muy apreciable por su materia y ancianidad, se cree comúnmente que sea del VI o VII siglo; un Virgilio, en pergamino con varias notas marginales del Petrarca, escritas de muy buen carácter, y al principio del libro aquella que ningún hombre sensible puede leer sin lágrimas, que empieza: «Laura propiis virtutibus illustris, et meis longum celebrata carminibus...».

Vi también un curioso manuscrito de la Vida de los papas por Martín Polono, que ha servido a muchos de autoridad para dar por cierta la existencia de la papisa Juana; yo he visto, efectivamente, en el citado códice, el artículo que habla de ella, pero es de advertir que todo este artículo es marginal, y en mi opinión es cosa añadida al texto original. Esta adición está precisamente al fin de una página y en ella concluye; en la tinta hay alguna diferencia, el tamaño de la porción escrita en aquella llana es mucho más grande que en todas las demás del libro, y si se omite la adición, queda exactamente igual con las otras. Creo que bastan estas reflexiones para inferir que el citado artículo no debe hacer fe, como cosa apócrifa y contrahecha. En la misma Biblioteca hay también dos o tres códices de las vidas de los pontífices que escribió Anastasio, y en ellos no se hace mención de tal papisa. Volví a ver el Museo que está contiguo a esta Biblioteca, y volví a medir el enorme dedo pulgar de la mano, y no del pie, como dice La Lande, del San Carlos que está en Arona; desde la extremidad de la hiema hasta el primer artejo tiene unas once pulgadas de largo. El abate Amoretti, Secretario de la Academia Patriótica, me aseguró que había subido por dentro de la estatua, y había estado sentado cómodamente en el escalón que forman sus narices, yo al oír esto, volví a medir el dedo y lo creí. Entre las pinturas de esta colección no hay ningún retrato de doctor hecho por el Correggio, como dice La Lande; la perspectiva de la Catedral de Amberes no es de Pierre Nef, como dice él mismo, sino de Stceniwyck; ni hay allí busto alguno de Galeazo Arconatti, sino un retrato suyo, de perfil, en bajo relieve.

Los manuscritos y dibujos de Leonardo Vinci son una de las cosas más preciosas que allí se ven; no tuve tiempo más que para ojear un gran tomo de ellos, que, además de muchos diseños del natural, se compone de pensamientos de máquinas hidráulicas, económicas, militares de mil géneros, muchas de ellas adoptadas ya en Europa, como, por ejemplo, el uso de los morteros para bombas, y las compuertas de los canales; otras que no se han examinado como debieran, otras que no se alcanza el objeto a que pensó aplicarlas. Allí se ve lo que trabajó para hacer que un hombre pudiese volar, para hacerle atravesar un río o sumergirse sin peligro en el agua; en suma, este libro solo manifiesta el talento de aquel grande hombre, sus extensos conocimientos, y la justa razón con que Francisco I lloró su pérdida. En las notas y explicaciones de estos dibujos se ve que escribía con ambas manos, de izquierda a derecha y de derecha a izquierda. Se han grabado ya algunas de las cosas contenidas en este libro, pero aún falta la mayor parte, y sería conveniente examinarle por quien sea capaz de entenderle; que no es posible sino que en él se contengan ideas utilísimas, que, con los progresos que han hecho las matemáticas en Europa, pudieran perfeccionarse en beneficio público. Merece verse el Gabinete de Historia Natural que está en San Alessandro, Colegio de Padres Teatinos; hay en él piezas muy curiosas, particularmente en minerales; está al cuidado del Padre Pini, profesor de física, que ha viajado por Alemania de orden del Gobierno, para lo relativo a metalurgia, y es sujeto bien conocido por su talento e inteligencia. Una de las cosas que más me agradaron fue una piedra opal, con una porción de agua dentro. Este gabinete se ha formado en gran parte con las rentas de una cofradía extinguida [...].[88]

Ya he hablado en otra parte del Teatro de la Scala, y nada tengo que añadir a lo que dije entonces, solo sí observé por propia experiencia que

---

88 [«casi 5 renglones».] (N. del E.)

las cortinillas de los palcos, que se corren o descorren ad líbitum durante el espectáculo, son excelente socorro para estar divertido, aunque el drama sea detestable. La compañía que representaba en mayo de 95 era bien mala. La Goldoni, primera actriz, no carecía de sensibilidad, pero la faltaban gracias para la comedia, y una voz más robusta, capaz de inflexiones más delicadas, para sostener la declamación trágica. Mientras yo estuve representaron:

Didone abandonata. Es la ópera de Metastasio, sin música.
Aristide. Comedia, nueva, muy mala.
Il servo de due padroni, comedia de Goldoni.
Tancredo. Tragedia de Voltaire, traducida por Paradisi. Mal ejecutada.
Il medico per forza. Comedia, traducción del *Médecin malgré lui.*
Gli amori di Zelinda e Lindoro. Comedia, muy mala.
Gli amori di Adelaide e Cominge. Comedia. Un amor furioso de 24 horas, personajes y episodios inútiles, sin atadero ni verosimilitud.
Adelaide maritata. Comedia. Segunda parte de la anterior, con los mismos defectos; pero tiene escenas interesantes.
Theresa vedova. Comedia. Embrollo inconexo, sin pies ni cabeza. *Le gloriose gesta di...* copiaré a la letra el cartel:

Le gloriose gesta di Ercole, figlio di Giove e di Alcmene, vincitore del Nemeo Leone, delle furie, del Cerbero, debellatore dell Inferno e collocato fra le celesti Deità con Truffaldino, suo scudiere. Nell'Inferno poetico si vedranno le Harpie, Gorgone, le Furie a scorrere ovunque, Pluto a Prosepina sul loro seggio di fuoco, Tizio da un canto col cuore straziato dal avvoltojo, Issio ne da un altro incatenato sovra la ruota che gira alternamente; dall'altra parte, Sisifo che strascina sulla rupe il gran sasso; Tantalo sotto il ruscello e la pianta pomifera, che muore di fame e di sete. Ercole quindi comparirà per liberare l'amico Teseo, il che negato essendogli da Pluto, combatterà con i mostri infernali disperdendogli. Gli spaventi di Corvecchione signore di Thebe, formeranno una delle parti più ridicole alla azzione, ed'Ercole infine si vedrá posto fra le celesti Deità.

20. Salgo a las dos de la noche con el correo de Roma. Lodi, a lo que parece, es bonita ciudad: vi muchas calles anchas, rectas, bien empedradas, con buenos edificios. Al llegar a Pizzighetone se atraviesa por un buen puente de madera el hermoso y ancho río Adda, contenido en aquella parte con grandes espolones. Cremona me pareció buena ciudad, Bozolo, que está más adelante, y en general todos los lugarcillos que hallé de Milán a Mantua, limpios, alegres, de buen caserío. El camino excelente; los campos con muchos árboles, tierras de siembra, arroz, moreras y emparrados. Llegué a Mantua el día siguiente, a las 10 de la noche.

En la Casa de Estudios, que fue Colegio de Jesuitas, hay una Biblioteca pública, no grande, pero bastante rica de obras clásicas; vi en ella algunos manuscritos curiosos, anteriores a la invención de la imprenta. Hay una sala destinada solo para libros legales, de que hay gran número. El Museo está contiguo a la Biblioteca, no tan abundante de inscripciones como el de Verona, pero muy estimable por la colección de estatuas, bustos y bajorrelieves de que se compone. Entre las estatuas es muy buena la de un pequeño Cupido durmiendo, la de un fauno que toca la flauta, un Apolo, un gladiador, de que solo se conserva la cabeza y medio cuerpo, y un bellísimo torso de mujer, cosa excelente. Hay muchos bustos de emperadores y Augustas, aunque no forman serie completa; un Eurípides y una cabeza de Virgilio muy buena. Entre los muchos bajorrelieves de este Museo, el que representa los trabajos de Hércules me pareció de bella ejecución, siendo de observar que en el último de los grupos Gerión tiene armadas las dos cabezas, que se conservan con dos celadas de visera, en todo semejantes a las que se usaban pocos siglos ha. Puede verse una descripción de este Museo publicada por el Señor Mateo Borsa, literato mantuano. Hay también en esta Casa de Estudios escuela y gabinete de física; el observatorio astronómico, de que habla La Lande, no le vi, porque no ha existido jamás.

La Academia de Ciencias y Bellas Letras ocupa un edificio poco distante de los Estudios con una fachada bastante buena, decorada de un orden jónico compuesto. Lo que vi de más particular fue un pequeño teatro, obra del Bibiena, destinado a las funciones públicas de juntas generales, diversiones de música, o academias poéticas y literarias; no me agradó la forma de la sala, ni lo cargado de la arquitectura, ni la multitud de ángulos que la interrumpen, y por consiguiente rompe la voz, pero todo puede suplirse en atención a lo pequeño que es.

Hay una sala destinada a la enseñanza de la anatomía, otra para la Comisión de Artes y Oficios, otras para pruebas de música y otra para bellas artes. Entre las pinturas antiguas que adornan estas últimas, hay un gran cuadro de Santa Úrsula y las once mil vírgenes, de Luis Caracci, y otro más pequeño, de Francisco Francia, pintor antiguo, cuyas obras se aprecian con razón, representó en él a la Virgen en pie, mirando al niño, que está en el suelo, la figura del niño es graciosisima y de gran frescura de colorido, la firma del autor dice: *Francia aurifex*. Hay, además, algunos retratos y otros cuadros de mérito. En la colección de modelos de yeso hay muchos bustos sacados de buenos originales, y algunas pocas estatuas. Hay también otras salas destinadas a la arquitectura y ornato. Esta Academia ha publicado ya varios tomos de sus trabajos literarios, y hay en ella individuos de mucha celebridad.

El antiguo Palacio Ducal, que llaman la Corte, es un vasco edificio, sin belleza ni simetría en lo exterior. En la Sala de Guardias hay unos grandes cuadros, en que están representadas la fábula de Faetón, la de Deucalión y la ruina de los Gigantes; estos dos últimos, obra de Antonio Peranda, me parecieron los mejores; buenos desnudos, y gran composición; en una especie de galería inmediata está otro gran cuadro del mismo, representando la edad de oro, donde hay porción de mujeres desnudas, muy apetitosas, ¡oh edad feliz en que no se conocieron las cotillas, ni se sabía lo que eran pesos duros! Otro hay de Palma, que representa la edad de hierro, de más invención que el anterior, y otro del origen de las artes, pintado por Santo Peranda. Hay un hermoso salón muy largo, que llaman de la Conversación, con bellos adornos, y en los techos y paredes pinturas ejecutadas por los diseños de Julio Romano; el techo, que se divide en tres partes, representa en medio la asamblea de los dioses, y a los lados el Sol en su carro, y la Noche en el suyo; estos dos pedazos me parecieron bellísimos, llenos de fuego, y coloridos con gran maestría, el otro no me agradó. Hay también un parnaso y varias figuras alegóricas, obra de mérito. Un gran friso de claro y oscuro, que representa genios y amores, aunque le he visto muy alabado en las descripciones que hablan de esto, me pareció harto mal. La gran sala de comer es también muy buena, y tienen mérito las figuras de los ríos que están pintadas en la pared. Es cosa muy buena el techo de una sala, en que pintó Julio Romano los signos del zodiaco, y otra de mayor composición, en que representó varios pasajes de la Guerra de Troya, mucha imitación del antiguo, buenos grupos y actitudes, gran fantasía y poco estudio en las masas generales de luces y sombras, esto me pareció de las pinturas de aquella sala. En las habitaciones de este Palacio hay algunas tapicerías muy bien hechas, obra de la antigua fábrica de tapices que hubo en Mantua, y es también apreciable la colección de retratos de la Casa Gonzaga. Merecen verse los dos magníficos picaderos de este palacio; el uno es un gran salón cubierto, y el otro un patio cuadrado, éste y aquél adornados con decoración dórica, columnas salomónicas y balconaje, no es cosa de gusto arreglado, pero hace un efecto grandioso.

Cerca del Palacio está el Teatro Nuevo, que es uno de los buenos de Italia. El Teatro Viejo, destinado a las comedias, sería sin duda el peor que he visto, si no existiese el de San Carlino en Nápoles. Las piezas que vi fueron:

Il corvo re. Comedia de Gozzi. Es la misma que *Se parlo son pietra*, véase Nápoles. No es del todo exacta la relación que de ella hice, pero sin error esencial, creo también que se me olvidó advertir que en esta pieza hay dos palomas que hablan.

Il compleanos, o sia *La virtù alla prova*. Comedia, malísima.

Nicoletto mezza camisa. Comedia de Goldoni, en veneciano, graciosa en extremo. Bien representada.

Il Diavolo a cuatro. Comedia. Una marquesa, llamada Superbia, mujer altanera e insufrible, una zapaterilla graciosa y amable. Un mago trueca sus formas, haciendo que la marquesa vaya a ser zapatera, y ésta a ser marquesa. De aquí resulta un embrollo extravagante, sin atadero ni gracia, que dura hasta que el nigromante se cansa y deshace el trueque.

El Duomo es una buena iglesia, hecha por los diseños de Julio Romano; la fachada es moderna y de poco gusto. En lo interior hay cinco naves, sostenidas por columnas corintias, istriadas, sin pedestales, treinta y dos en todas, que hacen bellísimo efecto; el cornisamento de la nave principal me pareció pesado, como todo el segundo orden que está sobre él.

En la primera capilla, a la derecha de la puerta principal, hay un cuadro del Guercino, y en la Capilla del Sacramento, uno que se atribuye a Julio Romano, aunque me aseguraron no ser suyo, sino de su escuela.

La Iglesia de San Andrés, construida en 1470 por el famoso León Bautista Alberti, es uno de los más hermosos templos que he visto; sencillo, espacioso, de la más bella proporción que puede imaginarse, forma una cruz latina, con una gran cúpula, obra moderna, que hace buen efecto, todo, en suma, es grandioso y magnífico; ni es posible verlo sin admirarse del gran talento del artífice, que en una época en que la arquitectura apenas comenzaba a deponer la rudeza y extravagancias góticas, supiese hallar formas tan perfectas. En un subterráneo de esta Iglesia se venera la sangre de Jesucristo, que trajo Longinos en una esponja cuando vino a establecerse en Mantua. En una capilla inmediata al crucero se venera también el sepulcro del citado Longinos. En el Presbiterio hay una estatua de mármol, de un duque de Mantua que, según se dice, mató a un canónigo, y fue condenado por el cabildo a poner allí su estatua de rodillas, en acto de pedir perdón de su delito. En una capilla, a la izquierda de la puerta principal, se ve el sepulcro de Andrés Mantegna. En la Iglesia de la Trinidad hay en el presbiterio tres grandes cuadros de Rubens, cosa de mérito, como debe suponerse; el que representa la familia de un duque de Mantua que invoca a la Trinidad, y el de la Transfiguración, son los mejores. En la Iglesia de San Mauricio vi en una capilla un cuadro antiguo del martirio de no sé qué santa, donde está representada la guillotina con poquísima variación. Otro hay, muy bueno, del martirio de Santa Margarita, por Aníbal Caracci, y una Anunciación, no tan buena, de su hermano Luis. Merece verse, en un oratorio contiguo a la Iglesia de San Felipe Neri, un cuadro de Mantegna, que es sin duda una de las pinturas mejores anteriores a Rafael; representó en él a la Virgen con el Niño, sentada en un trono bajo un cenador, un Duque de Mantua de rodillas, y varias figuras que acompañan; la cabeza de la Virgen es buena, hay gracia y verdad en la figura del Niño, una u otra cabeza de mérito y gran prolijidad en la ejecución; sin embargo, en general es frío y seco.

El famoso Palacio del Té, distante de la ciudad unos doscientos pasos, poco más o menos, y no media legua como dice La Lande, no se llama así porque su planta tenga la forma de una T, como él mismo dice, pues basta verle para desengañarse. La fábrica forma un cuadrado, con un gran patio en medio, prolongándose después por los muros del jardín, que se cierra con un cuerpo circular de arquitectura. La decoración de este edificio es grandiosa y robusta, consistiendo en un almohadillado interrumpido con pilastras dóricas, y un bello entablamento que le corona; en el patio, en vez de pilastras, hay medias cañas del mismo orden. Alrededor hay hermosas calles de chopos de Lombardía, y éste es el único paseo agradable de la ciudad, puesto que los demás no merecen tal nombre. Toda esta obra fue dirigida por Julio Romano, que, habiéndose acreditado en ella de buen arquitecto, la adornó con bellas pinturas de su mano, hechas al fresco, dignas por cierto de mucha alabanza. En ellas se ve mucho estudio del antiguo, mucha invención, buen diseño en general, pero yo quisiera que el discípulo de Rafael hubiese imitado más la bella simplicidad de su maestro en actitudes y ropajes, que hubiese distribuido las luces con más inteligencia, que hubiese evitado el color de ladrillo que domina en la mayor parte de sus figuras. En las bodas de Cupido y Psiches, que ocupan toda una sala, hay gran calor de fantasía, bellos grupos, buenas cabezas; la figura de Polifemo, sobre una chimenea, me pareció excelente cosa. La caída de los gigantes es, en mi opinión, lo que dice La Lande:

> Composition impétueuse et terrible, les groupes bien formés, mais il est de couleur rouge; il y a peu d'intelligence de clair-obscur; le dessin est un peu incorrect, maniéré et de caractère trop chargé. Le Jupiter n'a point l'air noble. Ce morceau est pourtant le triomfe de Jules Romain; s'il n'a pas les agrémens qui touchent, il a la force qui enlève.

No sé por qué dio a los gigantes caras y expresiones ridículas, ni me agrada tampoco la distribución general; todo es pequeño menos los gigantes, ni hay proporción entre éstos y el Osa y Pelión, que se quebrantan y trastornan, heridos del rayo de Júpiter; no niego las muchas bellezas que allí se admiran; pero no es ésta una de aquellas composiciones que satisfacen sin dejar otra cosa que desear a quien las ve, y es muy fácil que ocurra a muchos la idea de que aún podría hacerse cosa mejor, y que aquel asunto debería tratarse otra vez. Son muy bellas las pequeñas pinturas de batallas con que el mismo artífice adornó una de las salas de este palacio, y en particular la de las Amazonas me pareció la mejor. Merece también particular estimación un friso de estuco, obra de Primaticio y de Juan Bautista Mantuano, en que, imitando el gusto de las columnas Trajana y Antonina, representaron marchas de ejércitos y triunfos. El jardín de este palacio está enteramente destruido; el cuerpo de arquitectura que le sirve de entrada, obra moderna, es cosa de muy mal gusto, indigna de estar en aquel paraje.

Mantua es ciudad de veinte a veinticinco mil almas, llana, con algunas calles anchas; el caserío es malo en general, y no hay palacios de consideración; el que llaman de Gonzaga, construido por los diseños de Julio Romano, es cosa gigantesca, pero de mal gusto en sus ornatos, consistiendo los de la fachada en un cuerpo rústico, y sobre él, en vez de pilastras o columnas, unas figurotas a manera de cariátides, que sostienen el cornisamento, lleno de resaltos inútiles. Cerca dél, está la casa que habitó el mencionado artífice, con una estatua de Mercurio sobre la puerta, que el vulgo se ha empeñado en santificar, creyéndole un San Juan Bautista, así como el Hércules que está en el Acueducto de Segovia es un bendito San Sebastián, en la opinión de las mozas del Azovejo,

Nadie sale de Mantua sin haber visto al abate Andrés, y al famoso Betinelli; el primero, célebre ya por su obra de la Literatura universal, añade a su mucha erudición y buen gusto, un carácter amabilísimo; el segundo, viejo, fuerte y vigoroso aún, de gran viveza, de gran facilidad y elocuencia en el decir, es harto conocido por sus obras poéticas y de crítica, entre las cuales el pequeño Poema de Le Raccolte es muy estimado, por más que en gran parte se parezca al Lutrin y a la Dunciada. Sus tragedias, hechas para representarse por jóvenes de colegio, deben juzgarse bajo esta consideración, y no de otro modo. [...].[89] Yo creí que el lago de Mantua se pareciese a los hermosos lagos de Suiza, pero no es así; exceptuando un pedazo a la parte del Norte, cerca de la Porta Molina, lo restante, más es pantano sucio y fétido que lago navegable y hermoso. Cañelgas, juncos, matorrales y verdín, ranas y sapos, no hay otra cosa a la parte del mediodía, donde el tal lago se huele, pero no se ve. Se forma de las aguas revertidas del Mincio, que atraviesa por él, y va a desembocar en el Po, algo más abajo.

---

89 [«9 renglones y medio».] (N. del E.)

Salí de Mantua el 27 de mayo, después de comer. Buen camino, que va dando graciosas vueltas, y variando los objetos, a pesar de la igualdad del terreno, con muchos árboles, prados y tierras de siembra. Se llega al Po, ancho, profundo, contenido por la parte del Norte con margen artificial; se pasa en barca. Poco más adelante vi salir por un camino estrecho, cubierto de árboles, un cura a caballo, con su casaca morada, roquete, y gran sombrero de canal; un espolista que le precedía, un monaguillo detrás, que llevaba una pequeña cruz, y detrás unas doce o catorce mujeres y muchachas bien vestidas, que conducían en un ataúd un niño muerto, coronado de flores, y adornado el féretro con pañuelos de seda, lazos y festones: ¡gracioso y triste espectáculo! Pasé después por San Benedeto, buen lugar, en que hay un famoso monasterio de benedictinos [...].[90] Hermosos campos, chopos, parras enlazadas entre los olmos, con formas tan bellas, que no pudiera el arte fingirlas mejores; maíz, trigo, frutales, praderías, vacas; delicioso país, que anuncia por todas partes paz y abundancia. Se halla después un canal de navegación, que va desde Guastala a unirse con el Po; este canal sirve de límites por aquella parte a los estados de Mantua y Módena. Llego a Novi, pueblecillo del Modenés; mala posada, malísima cama. Salgo el día siguiente. Buen camino, buen cultivo, muy semejante ya al de Bolonia; se pasa por Carpi, ciudad pequeña y bonita; calles anchas, rectas, bien empedradas, buenas casas, con espaciosos pórticos. Llegué a Módena y estuve de hospedaje en la Posada de San Giorgio, harto mala por cierto; comí mano a mano con mi vetturino, mientras el criado zafio que nos servía, tendido a la larga en un canapé, nos daba conversación. Llegué a Bolonia el mismo día.

Salgo de Bolonia en la noche del 10 de octubre y llegué a Florencia el día siguiente.

El Palacio Piti está adornado interiormente con magnificencia; grandes frescos en las bóvedas, la mayor parte de Pedro de Cortona; pinturas de grande invención, buen colorido, y algunas incorrecciones en el diseño, como nota La Lande; hay también techos de Ciro Ferri, discípulo del anterior, y algo de Jordán. A estos frescos acompaña un ornato grandioso, de estucos dorados, con figuras de buena composición. Hay muchos y buenos cuadros, que cubren las paredes, y entre ellos los de Andrea del

---

90 [«más de un renglón».] (N. del E.)

Sarto merecen particular atención. Entre los retratos vi el de Felipe II, joven, pintado por el Tiziano, y a pesar de la diferencia de la edad y del traje, se reconoce en él aquel malvado viejo que asusta en la Librería del Escorial. El célebre cuadro de la Madona de la Sedia, de Rafael de Urbino, es tal, que no hallo expresiones ara ponderar su mérito; bastaba él solo para inmortalizar la gloria de aquel excelente artífice. Diseño, colorido, expresión, gracia, todo se reúne en aquella obra admirable, está reducido a un círculo de unas tres cuartas de diámetro. Las mejores láminas que de él se han hecho dan una idea muy imperfecta; es menester verle para admirar en él una de las maravillas del arte. En este Palacio pueden verse varias mesas compuestas de piezas de mármoles, que representan flores, conchas, pájaros, adornos, animales, figuras, todo hecho con el mayor primor, unidas perfectamente las piezas unas con otras, y combinados los colores naturales del mármol en términos, que produce a una corta distancia los efectos de la pintura. Este género de trabajo, que también se hace en la Fábrica de la China del Retiro, ha llegado en Florencia a la posible perfección.

En el Palazzo Vecchio hay un gran salón, lleno de hermosas pinturas de Vasari, las del techo al olio, y las de las paredes al fresco, que forman seis grandes cuadros; esto, y los grupos y estatuas que hay repartidas por aquel gran salón, le dan un aspecto magnífico y grandioso. Lo mejor que hay en cuanto a escultura es el grupo de la Victoria, obra de Miguel Ángel. Una estatua de León X, que ocupa el testero, hecha por el célebre Baccio Bandineli, me pareció pesadísima y mazacota; otras dos de Adán y Eva, por el mismo artífice, correctas y frías; en los grupos que hay repartidos por la sala, de los cuales algunos hay sin concluir, en que Vicente Rossi representó los trabajos de Hércules, hallé actitudes forzadas y violentas, queriendo imitar con ellas la manera de Miguel Ángel, y en general mucha pesadez de formas; en el de Hércules que mata al Centauro, Hércules, tiene cara de sátiro; en otro en que Hércules tiene asido a Diomedes en actitud de despedazarle, éste le tiene agarrados con una mano los testículos, y si aprieta un poco, se los arranca; dirán que es natural, no hay duda, pero también es indecente, bajo y ridículo. Esto no es decir que tales obras sean absolutamente malas, hay mérito en ellas, pero muchos defectos también y falta de gusto.

En el Teatro de la Pergola se cantó, mientras yo estuve, *Elena e Paride*. Ópera muy mala, compuesta de piezas de música de varios autores, y ejecutada muy mal.

En el del Cocomero vi algunas comedias de Goldoni que se han hecho ya bastante raras en los teatros de Italia, para dar lugar a los dramas funerales y a las disertaciones político-morales, de que tanto abunda la escena moderna. Los cómicos eran muy malos, y peores que ellos los que cantaban, al concluir la representación, un acto de ópera, por fin de fiesta. En cuanto a decoraciones, nada vi en ninguno de los dos teatros que me pareciese tolerable.

Fui a ver a la famosa Corila Olímpica, coronada, muchos años ha, en el Capitolio por su mérito poético, y hallé una viejecilla ridícula, arrugada, pálida, canosa, tabacosa, sin dientes, guiñando el ojo derecho, con tos y dolores en las piernas, muy habladorcilla y de mucho espíritu, que es lo único que la queda; lo demás lo arrebató inexorable el tiempo. Nada respeta este tirano, la hermosura, la juventud, las gracias, el talento, todo lo atropella, nada hay que le detenga, y camina feroz, rodeado de ruinas espantosas.

El pueblo de Florencia, y en general todo el de Toscana, es manso y apacible; no se oye hablar de asesinatos y horrores, como en el Estado Romano y en Nápoles, y una ciudad, centro un tiempo de la discordia, de las violencias y conmociones civiles, lo es, hoy, del buen orden, de la paz y de la cultura. Esto y la hermosura del país atrae a los extranjeros, y les hace amar un gobierno suave, pero vigilante y justo, a quien se deben efectos tan plausibles.

27 de octubre. Salí de Florencia a las 2 de la tarde, con el correo, y llegué a Roma el 29 al mediodía. Costó el viaje 16 duros.

Vuelvo a ver las romanazas, con sus jubones de estameña, verdes y colorados, y sus grandes cofias, muy gordas y muy habladoras; los hombres con su redecilla y sombrero gacho, chaleco, chupa suelta, calzones anchos, su gran puñal y su capa larga. Las mujeres de los cocineros, de los volantes, de los curiales, las que comen algo y las que no comen jamás, vestidas muy a la francesa, bien tocada la cabeza en ademán grave y señoril, asomadas a las ventanas o ruando en coche; pasear por las tardes a pie es una humillación, que solo la tolera en paz el ínfimo pueblo.

Los príncipes romanos, ocupados en cortar las colas a sus caballos para hacerlos ingleses, corriendo en birlochos, alborotando la ciudad a chasquidos, y atropellando viejas, emigrantes y jesuitas, con un cierto aire de aturdimiento e insulto, que no hay más que pedir, y una cara de tramposos y petardistas, que a legua se distingue. Las damas y matronas ilustres, prendidas con mucha elegancia, buscando apoyos que suplan la escasa dotación de sus alfileres; calculando el amor como un senador genovés calcula las especulaciones de su comercio lo de granos, favoreciendo a escondidas y con gran sobresalto a un Medoro de miniatura para que el cochero intolerante y feroz no llegue a saberlo y turbe a latigazos o puñaladas sus breves delicias o para que [...]⁹¹ no la retire los alimentos y vaya a buscar otra menos infiel y más barata que le sufra su quebradura y su tos.

Los abates, innumerable turba, que ennegrece las calles de la ciudad, divididos en clases, que hacen ver cuán desigual es la fortuna en sus dones. Abates llenos de lacería, barbinegros, agujereados, piltrafosos por todas partes, haciendo provisión de berzas en Plaza Navona o en la Fontana de Trevi, para cocerlas y dar de comer a su desastrada e infeliz familia. Abates procuradores, abates notarios, diestrísimos en presentar testamentos que no se otorgaron jamás, en escribir y autorizar lo que nunca sucedió, en hacer que todos tengan razón, para que todos pierdan la causa. Abates, abogados, embrollones, picarones, a quienes solo se pueden comparar los paglietas napolitanos. Abates jovencitos, peinaditos, relamidos, duendes de los estrados, solicitando con sus cuatro años de colegio y su árbol genealógico canonjías, prioratos y gobiernos [...].⁹²

El palacio Farnese, que es uno de los más considerables de Roma por su grandeza y su arquitectura, lo es también por las bellas pinturas que se conservan en algunas de sus paredes y bóvedas, no habiendo quedado ya otra cosa de sus antiguos adornos, por haberle despojado de las ricas estatuas que en él había el Rey de Nápoles, haciéndolas conducir a aquella ciudad, en lo cual ha hecho muy bien. Lo mismo ha hecho el Gran Duque de Toscana en su Palacio de Villa Médici. Hay, pues, en el Farnese una gran sala, pintada de asuntos históricos, por Tadeo y Federico Zucheri y Jorge Vasari;

---

91 [«medio renglón».] (N. del E.)
92 [«30 renglones».] (N. del E.)

un gabinete, pintado por Aníbal Caracci, y la famosa sala, que llaman la Galería, obra del mismo artífice. En medio del techo se ve el Triunfo de Baco, y a sus lados varios asuntos de la fábula, cosa excelente, inteligencia admirable de luces, riqueza de invención, corrección de diseño. Estas pinturas están adornadas con grupos y figuras de claro y oscuro, que parecen estatuas de estuco, tal es la maestría con que están tocadas las sombras, no he visto cosa, en este género, que me haya agradado más.

La Galería del Palacio Giustiniani contiene una numerosa colección de pinturas, en que hay grandes cuadros de buenos autores, siendo la mayor parte del famoso Miguel Ángel de Caravaggio; los hay también de los hermanos Caraccis, y algunos de Gherardo delle Notti, entre los de este autor me pareció excelente el que representa a San Pedro en la cárcel a quien viene a librar un ángel, por la inteligencia con que dispuso la luz, haciéndola venir de la puerta, por donde entra el ángel; tos toques luminosos que produce este accidente, las medias tintas, y la oscuridad con que baña, según conviene, las diferentes partes de la escena, producen un efecto admirable. Compite en mérito con este cuadro, otro del citado artífice, en que representó a Cristo presentado delante del juez, sin otra luz que la de una vela, que arde sobre un bufete, bañando con ella más o menos, según la situación en que se hallan, los personajes del cuadro, que produce en todas sus partes perfecta ilusión. Hay un San Juan Evangelista sentado sobre el águila, bellísima pintura del Dominiquino; otra del mismo asunto, de Rafael, algunas de Guido Rheni, de un estilo brioso y fuerte; varias del Perugino y de otros pintores de mérito, que sería largo referir. También es apreciable una colección de bustos, estatuas y otros monumentos antiguos, del mismo palacio.

En el de Borghese se conserva una de las mejores galerías de Roma, compuesta de un gran número de cuadros de los más célebres pintores de Italia. Bello es, sin duda, el que representa la Caza de Diana, voluptuoso, lleno de gracias, obra del Dominiquino, como también una figura que representa la Música y comúnmente llaman *la Sibila*, pintura del mismo autor. Vi algunas del Guercino cosa de gran mérito. Un retrato del Tiziano, acariciando a su dama, hecho por él mismo, representado en edad avanzada, con su barba blanca y venerable; a un lado se ve una calavera, con lo que parece que el pintor quiso burlarse a sí mismo y manifestar cuán cerca estaban sus placeres del sepulcro. Un cuadro grande de Rafael, del Entierro de Cristo; otro, del mismo, de una Virgen con el Niño, cosa excelente, del mismo tamaño y forma circular que la Madonna della Sedia, pero ésta no es graciosa y vivaz como la de Florencia; es majestuosa, sublime, llena de dignidad y de grandeza. Varias Venus, y entre ellas una repetición del Tiziano. Los ornatos de las salas son cosa suntuosa, digna de un gran príncipe; las pinturas de los techos, obra moderna, de corto mérito, a mi entender. Hay la comodidad de hallar sobre las mesas de cada estancia unos abanicos en que está impresa la lista de los cuadros que hay en cada una de ellas, con explicación de lo que representan y el nombre del autor.

En la Galería Colonna, se ven muchos y buenos cuadros del Guercino, uno entre ellos de gran mérito, que representa la vuelta a casa del Hijo pródigo, y el acogimiento amoroso de su padre. Venus que detiene a Adonis, buena pintura, del Tiziano; otra Venus con el Amor, de Pablo Veronés; una bellísima Virgen, con San Josef y el Niño dormido, de Pompeyo Battoni, y el cuadro que en esta colección tiene más celebridad, la Magdalena, mirando al cielo, las manos sobre el pecho, obra excelente de Guido Reni, conocida por las infinitas copias que de ella se han hecho. Hay algunas pinturas, muy estimadas de Rivera, las hay también de Lanfranco, il Cavalier d'Arpino, Salvator Rosa, Marata..., y una gran porción de vistas y países, cosa de gran mérito, particularmente los de Lucatelli. Hay un salón suntuoso y magnífico, donde se han hecho grandes funciones y academias, con ornatos de trofeos dorados, pilastras y columnas de mármoles, pinturas en la bóveda, cuadros y estatuas. En la extremidad de un pequeño corredor se ve el famoso bajo relieve antiguo, que representa la Apoteosis de Homero con las Musas, y otras varias figuras que le acompañan, monumento estimable, que ha dado mucho que discurrir a los anticuarios y eruditos. En otra pieza se ve una pequeña columna de rojo antiguo, que se dice haber estado en el templo de Belona, y así lo indican los bajorrelieves que tiene todo alrededor en línea espiral, y representan soldados, capitanes y sacrificios.

He querido hablar algo de las principales galerías de Roma, por no dejar en silencio cosa tan esencial; hablar de todas sería imposible, ni ¿qué puede decir un aficionado, si de las descripciones que de ellas se han hecho por sujetos más inteligentes solo resulta una noticia confusa, diminuta y superficial? El que no vea y examine por sí estas maravillas del arte, solo podrá adquirir la idea de que en Roma hay un tesoro inmenso de ellas, y esto se dice pronto; los ojos deben informar de lo demás. Lo cierto es que, a mi entender, daña mucho el hacinamiento de ellas; yo quisiera menos número y una colocación clasificada, por épocas, por escuelas y por estilos. He oído decir a personas inteligentes que cuando van a estudiar, necesitan hacer todos los esfuerzos imaginables para fijar su atención en el objeto que se proponen, y cerrar los ojos a todos los demás, pues la menor distracción basta a confundirlos e inutilizar su propósito; pero los dueños de tales colecciones parece que, olvidados de proporcionar un estudio científico a los aficionados y profesores, han pensado solamente en sorprender los ojos y la imaginación del público, presentándole una confusa multitud de hermosuras, cuyo mérito respectivo se opone a la contemplación particular de ellas, prefiriendo los efectos de la admiración a los adelantamientos del arte. Este defecto, y la escasez que se nota de cuadros extranjeros en que se pudieran estudiar las escuelas de otras naciones, conocimiento muy esencial a cualquier profesor, es lo único que puede censurarse en las bellísimas colecciones de pinturas con que Roma tan justamente se ensoberbece.

Creo haber hablado ya en otra ocasión de la Librería Vaticana; diré ahora solamente que en ella se conservan infinitas riquezas literarias, que nadie goza ni ve. Biblias hebraicas, siríacas, árabes, armenias, una griega según los Setenta, escrita en caracteres cuadrados, en el VI siglo; un códice griego, que contiene las Actas de los Apóstoles, escrito sobre fondo de oro; un misal, que se cree de tiempo de San Gelasio; varios libros devotos y de historia, preciosos por sus miniaturas, entre las cuales hallé algunas superiores a cuanto se conserva de este género, por ver unida la hermosura y viveza de los colores, que es el único mérito de las antiguas, al buen gusto y corrección del diseño que es privativo de las artes modernas; un Virgilio y un Terencio, anteriores al siglo V; la obra de los Siete Sacramentos, compuesta por Enrique Octavo de Inglaterra; manuscritos del cardenal Baronio, de Santo Tomás, de San Carlos Borromeo, de Martín Lutero, donde se halla una oración compuesta por él, en que pide a Dios le conceda riquezas, ganado, vestidos, muchas mujeres y pocos hijos. Pero ¿quién podrá dar razón de la infinidad de manuscritos que allí se guardan, que aunque no son Biblias, ni Actas de Apóstoles, ni garrapatos de hombres célebres en la historia, son, no obstante, el depósito intacto de los hechos privados o públicos, de la cultura, de las opiniones de tantos siglos? Esto no se ve, y esto es, en mi dictamen, lo que debería verse y estudiarse, pero todo lo que allí sé manifiesta se reduce a cuatro, seis u ocho códices, que nada interesan; lo demás todo está sepultado en unos cajones, que no se abren jamás. Todo lo que dice el abate Andrés acerca de las circunstancias que contribuyen a hacer inútil esta preciosísima biblioteca, todo es cierto; y no hay persona estudiosa que vaya a ella, que no se desespere al ver cuán grande uso pudiera hacer de ella el público literario, y cuán lejos están de pensar en esto sus dueños avaros. Casi lo mismo puede decirse por lo tocante a los monumentos antiguos y las preciosidades artísticas que hay allí también; se abren uno o dos cajones, se ven alhajas de exquisito valor, piedras duras, labradas con singular artificio, camafeos de gran tamaño y hermosura, monedas antiguas, y otros objetos de curiosidad y estudio; todo lo demás queda oculto, como si no existiera. Se ve una colección inmensa de estampas, cosa apreciable para la historia y los conocimientos del arte del grabado, y al extremo de un largo pasadizo está la sala que llaman de los papiros, llena de preciosos mármoles, bronces y pinturas excelentes de Mengs, que forman un recinto el más bello en todas sus partes que hasta ahora he visto. Estos papiros están entre cristales, y allí puede leerse lo que contienen, que todo es concerniente a donaciones hechas a la Iglesia de Ravena; siendo muy justa, a mi entender, la reflexión que hace en sus cartas el abate Andrés, hablando de que los papiros que se conocen, todos, o casi todos, son relativos a la citada Iglesia, y que esto le hace creer que sean de fábrica italiana. Por lo que hace al mal método con que se gobierna este establecimiento, nada hay que añadir a lo que dice el mencionado autor en el 1.er el tomo de sus *Cartas*.

Llegó a mis manos esta obra hallándome en Roma, y tuve motivo de rectificar ocularmente algunas de las especies equivocadas que encontré en ella, y aun también algunas relativas a Nápoles, por el cotejo que de ellas hice con mis propias observaciones y los libros que mejor han tratado las materias en cuestión. No será fuera de propósito, ni acaso inútil, advertir aquí los errores que hallé y la corrección que necesitan.

Tomo 1.º de las *Cartas Familiares del abate Andrés, dirigidas a su hermano don Carlos Andrés*, impreso en Madrid, año de 176.

Página 224. Dice que es de mármol la escalera por donde se sube desde la Plaza de España a Villa Médici; no es cierto, toda esta escalera se compone de la piedra ordinaria que llaman en Roma *trabertino*, muy parecida a la piedra blanca de Colmenar que se usó en las obras de Madrid, aunque algo más parda

270. Dice que en el pórtico de la Iglesia de Santa María Maggiore se ve una estatua de bronce, de Felipe III. Debe leerse Felipe IV.

280. Dice que al entrar en la Iglesia de la Cartuja, se halla un templo antiguo de Rómulo. No es cierto, allí no hay restos de templo ninguno, ni jamás le hubo. La iglesia y el convento se edificaron aprovechando los muros y bóvedas de las Termas de Diocleciano, y la pieza circular que está en la entrada de dicha iglesia no es otra cosa que una sala de ingreso de las antiguas termas.

Tomo 2.º, pág. 5. Parece que se inclina a creer que el cornisamento antiguo de la Aduana sea de una pieza, opinión del vulgo, que se desmiente al observar con algún cuidado aquel edificio.

15. La descripción que hace del Coliseo es muy equivocada y confusa. *Dice que se conserva la parte exterior, no poco deteriorada en algunos lugares*. Tan deteriorada está que solo existe la mitad. Dice que el ornato exterior se compone de columnas de medio relieve, de orden dórico, en la parte inferior, y que en los demás cuerpos siguen pilastras. No es cierto. Los tres primeros cuerpos tienen columnas de medio relieve, y solo hay pilastras en el cuarto. Dice que la plaza interior es de figura oval. Todo lo externo lo es también, puesto que sigue con igual distancia en toda su circunferencia la forma de la arena.

22. El Arco de Jano, cuadrifronte, no tiene nada, de «perfectísima arquitectura», al contrario, es cosa de muy mal gusto, respetable solo por su antigüedad, no por su primor.

34. Dice, hablando de la Mole Adriana: «El primer orden de este edificio es cuadrado, y el segundo redondo todo, ancho y alto, y todo de hermoso mármol». Debe entenderse que en su principio estuvo todo revestido de hermoso mármol pero ahora no queda ya ni el menor vestigio.

103. Hablando de Nápoles dice que la Villa Reale es *semejante a las Tullerías*; yo, que he visto uno y otro, aseguro y en caso necesario juraré que no se parecen en nada.

111. En la descripción del Palacio de Capo di Monte dice que es un *bellísimo palacio, de excelente arquitectura o tal vez la mejor fábrica de Nápoles*. De ésta diré lo mismo que del Arco de Jano, con la diferencia de que no tiene el mérito de la antigüedad porque se hizo ayer.

133. Las estufas inmediatas al Lago di Agnano no se llaman *estufas o sudarios de San Genaro*, sino de San Germán. Como esta equivocación la repite otra vez, es de creer que no habrá yerro de imprenta.

En otra parte dice que el Arco de Trajano, de Ancona, es de una sola pieza, lo cual, además de ser falso, a cualquiera debería parecer imposible. Estas y otras muchas equivocaciones en que cae, particularmente en todo lo relativo a las artes, hace desear que el autor corrija con algún cuidado su obra, la cual, por otra parte, no carece de mérito.

Los palacios de Roma son muchos en número, y los mayores de Italia, pero en materia de buen gusto arquitectónico, la soberbia Roma debe ceder la primacía a la pequeña Vicenza. No es decir que no haya algunos construidos con elegante proporción en la distribución y ornatos, pero son muy pocos. Los más de ellos presentan una inmensa tirantez, que solo interrumpen los adornos de las ventanas, comúnmente pesados y extravagantes, y en lo interior enormes salones, uno después de otro, donde se pueden correr caballos; habitaciones del todo inútiles, sin la menor comodidad. Otros hay cuyas fachadas, ridículas, llenas de garabatos, y monstruosidades absurdas, hacen poco honor a las artes modernas, en una ciudad en que se conservan los modelos más excelentes de perfección.

El Palacio Doria, que ocupa uno de los mejores sitios del Corso, no es indigno de nuestro abominado Churriguera; lo mismo diré de la extravagante fachada del Palacio Colonna, en la Plaza de Santi Apostoli, y si hubiese de hacer una lista de todos los edificios de pésimo gusto que se ven en Roma, no sería corta por cierto. Entre la multitud de iglesias que sirven de adorno a esta gran ciudad, las hay de tal extensión, tan enriquecidas de mármoles, bronces, pinturas y estatuas, que no es fácil formarse una idea justa del conjunto magnífico y admirable que presentan. En Italia se ven comúnmente soberbios templos, que exceden a cuantos se hallan en el resto de Europa, pero los de Roma son por excelencia los más suntuosos de Italia; en cuanto a su arquitectura, si después de la primera sorpresa que causan, se pasa a examinarlos menudamente, ¡cuánto hallará que censurar el crítico menos escrupuloso en aquellas fábricas inmensas, llenas tal vez de ideas ingeniosas y ricas de ornatos, pero faltas de aquella sobriedad, de aquella encantadora sencillez, de aquella proporción de partes, de aquella armonía en el todo que es el mérito verdadero de los grandes artífices! Hablo solamente de los templos más célebres de Roma, de los que menos pecan contra el arte, no hablo de la fachada de Santa María Mayor ni de la de San Marcelo, en el Corso, ni de la de San Antonio de los Portugueses, Santa María Magdalena de los Agonizantes, ni de la cúpula de la Sapienzia, ni de la portada de Santa Croce in Gerusaleme, ni de la gigantesca de San Carlos del Corso, ni la del mismo título en le Cuatro Fontane, ni de otras obras semejantes, donde todo es capricho, todo superfluidad, inconexión, ingenio mal empleado, sin razón ni gusto.

En la misma época en que se corrompió la arquitectura en Roma, padeció la escultura notable decadencia; después que se apartaron los artífices de la imitación del antiguo, no hicieron otra cosa que extrañezas caprichosas, harto distantes de la belleza y la verdad. Los buenos escultores del siglo XVI no manifestaron ciertamente en sus obras un gran fuego de invención; pecan las mejores de ellas en desmayadas y frías, pero en recompensa no hicieron disparates atrevidos; su timidez los hizo arreglados y exactos en la imitación y si se exceptúa a Miguel Ángel, que, dotado de un gran talento, dio a sus figuras movimiento y expresión, que muchas veces peca en caricatura y violencia, los demás casi todos incurrieron en el defecto de una regularidad lánguida e insignificante. Pero después que el Bernini, lleno de fantasía y falto de gusto, para animar sus estatuas las hizo bailar, después que dio a los cabellos forma de llamas, a los ropajes, pliegues y contornos de conchas todo fue contorsiones, llamas, conchas, nubes y aire en las obras de escultura de cuantos le quisieron imitar. Así es que en medio de tantas admirables reliquias de las artes griegas y romanas, y de los buenos ejemplos que dejaron los más célebres profesores, discípulos del antiguo, se halla en Roma una multitud de esculturas de tan pésimo gusto, que prueban no haber sido la corrupción particular a una u otra nación de Europa, sino tan general y tan irresistible, que aun donde parece que no debiera haber llegado, allí estableció más particularmente su residencia. Basta cotejar el excelente bajo relieve del Algardi y el sepulcro de Paulo III, que están en San Pedro, con los de Urbano VIII y Alejandro VII, obras de Bernini, con las estatuas del Puente de Sant'Ángelo, y otras muchas, que sin los primores de aquéllas tienen mayores defectos, para conocer prácticamente que también Roma ha tenido su época de humillación que en ella existen, y en gran número, obras ridículas y extravagantes y que si las demás naciones han llorado la decadencia del buen gusto en las artes, no es ella, por cierto, la que ha sabido sostenerle.

¿Quién ignora que la pintura ha sufrido las mismas vicisitudes, no solo en Roma sino en toda Italia?, y sin negar que en esta ciudad se encuentran buenos profesores, ¿cuál de ellos hay comparable a ninguno de los antiguos? Si en Francia no hay un Le Brun ni un Le Sueur; si en España carecemos de un Velázquez y de un Coello, de un Murillo, tampoco Roma tiene hoy día nada que oponer al lado de un Guercino, de un Dominiquino, de un Aníbal Caracci, de un Pablo Veronés, y no cito a su célebre Rafael, porque sería exigir portentos de la naturaleza, y éstos no se repiten sino de tarde en tarde. Si es lícito a quien no profesa tan difíciles artes dar su opinión sobre el estado actual de ellas, diré que en Roma no se ve todavía en arquitectura una obra moderna que anuncie inteligencia y gusto, y que, por el contrario, cualquiera que observe la fábrica de más consideración que se ha construido en estos últimos años, cual es la sacristía de San Pedro, imaginará muy remoto el restablecimiento de esta profesión, pero no es así. Ya se estudia en Roma con otros principios; ya se examinan, se copian, se ilustran los antiguos monumentos, y la juventud que se aplica a este ramo, luego que tenga proporción, introducirá un nuevo gusto que todavía no se ve puesto en práctica, porque los que hoy están en posesión de hacer obras, las hacen según el estilo que reinaba cuarenta años ha; muchos de ellos conocen que sus hijos y discípulos siguen camino mejor, pero esto de abrazar nuevo sistema, nuevos principios, y olvidar lo que se aprendió en la niñez, pide una fuerza de ánimo que a muy pocos es concedida. Así que, cuando lleguen a faltar éstos, y les suceda la juventud actual, entonces habrá buena arquitectura en Roma, pero mientras del todo no desaparezcan, no hay que esperarla.

No sé si por falta de ingenio o por reflexión se han apartado ya los escultores modernos de la extravagante escuela que por tantos años ha reinado en Roma. El veneciano Antonio Canova, cuyas obras, superiores a las del celebrado Miguel Ángel y comparables, tal vez, a las que hoy se admiran de la antigua Grecia, bastan a inmortalizar su nombre y su siglo, es el único, a mi entender, que haya sabido reunir la expresión, la gracia, la fuerza, la belleza, la simplicidad. Su mérito es tan singular, tan indubitable, que todos le reconocen y le admiran; él solo es capaz de producir una provechosa revolución en la escultura; del número de los discípulos que forme y del talento que encuentre en ellos, dependerán los adelantamientos y perfección del arte. En la observación de la naturaleza, en los Museos Vaticano y Capitolino, y en los ejemplos de Canova, podrán adquirir los escultores romanos lo mucho que les falta para poderse llamar buenos artífices.

Pero los pintores ¿qué autor viviente buscarán para que los instruya y cuyas obras puedan proponerse por modelo? Buenos diseños, buenas perspectivas, excelentes pinturas de países, adornos graciosísimos de gabinete, miniaturas, retratos, esto se hace en Roma; los dibujos de Cades pasan, cuando él quiere, por estudios del Guercino, de Julio Romano, de Andrea del Sarto y de los más famosos profesores antiguos; los países de Fidanza han adquirido una justa celebridad entre los inteligentes, pero los dibujos, los retratos, ni las perspectivas, no son el sublime de la pintura, y en los profesores de más mérito de esta ciudad se echa menos aquella reunión de talentos que se necesita para hacer un cuadro comparable a la Santa Inés del Dominiquino, a la Aurora de Guido, o al terrible Holofernes de Caravaggio. Así es que no se ven hoy día nuevas obras que llenen el gusto de los que entienden la materia, ni puede citarse un cuadro moderno de gran composición, capaz de sostener el antiguo honor a que llegó la pintura en Italia, ni consolar, por lo menos, a los que advierten su general decadencia en Europa.

El grabado es una de las artes que más florecen en esta ciudad: ¿quién ignora el mérito de Morghen?; lo que no se haga en Roma con el buril, no hay que buscarlo en otra parte. Pero lo que más admira en este género es la abundancia de profesores, ¿qué importa que nosotros citemos a Carmona, Moles y Selma, si en Roma se hallarán veinte grabadores de igual mérito, y muchos superiores a éstos, y otros sin número, que pasarían por buenos en cualquiera otra parte, y que en esta ciudad se cuentan como los últimos? Lo mismo puede decirse de los grabadores en hueco, de los que labran piedras, de los que hacen pequeñas figuras para adornos de salas y ramilletes. El estudio del mosaico puede decirse que ha llegado a su perfección, y este arte es tan peculiar de Roma, que en ninguna otra corte de Europa se conoce ni se practica. Este conjunto de producciones artísticas ha esparcido un gusto general en Roma, que no se encuentra fuera de ella; en ninguna parte se juzga con más acierto del mérito de un cuadro, de una estatua o de una estampa, no solo por los que son profesores, sino por los que tienen alguna cultura y conocimiento teórico, que son muchos; y es necesario que los haya, donde por todas partes ven lo más escogido, lo más precioso que nos dejó la antigüedad, y lo que añadieron a ella los modernos; donde la multitud de profesores difunde el amor a las artes, estimula a conocerlas y obliga a discernir en ellas el verdadero mérito, analizando las ideas de la imitación, de la invención y de la belleza.

Esta reunión feliz de circunstancias hace a Roma la maestra de Europa en materia de bellas artes; a ella debe acudir el que aspire a estudiarlas con fundamento. No hay corte extranjera que no envíe discípulos a esta escuela insigne, y en ella se han formado los más excelentes artífices de todas las naciones. La nuestra tiene hasta unos doce o catorce pensionados, entre los cuales hay algunos que vinieron con Mengs, y, por consiguiente, han tenido todo el tiempo necesario para instruirse y adelantar. Tienen su Academia en el Palacio de España, y el ministro Azara la dirige por sí. En ella se dibujan figuras por el yeso y el natural; pero acaso este ejercicio no debe de ser suficiente para formar un gran pintor; nace mi duda de ver que los españoles que acuden allí de catorce años a esta parte, no hay uno siquiera que muestre una mediana habilidad, ni haga concebir lisonjeras esperanzas para en adelante; cotejadas sus obras de invención con muchas de las que presentan en Madrid los discípulos de la Academia de San Fernando, las que he visto hechas en Roma se quedan muy atrás. No diré lo mismo de los escultores y arquitectos, entre los cuales hay sujetos de mérito; y en particular los últimos serán capaces de llevar a España el buen gusto, de la arquitectura apoyado en el estudio constante que han hecho de la antigüedad, único medio de introducir en las fábricas la elegancia de las formas, la grandiosidad, la distribución conveniente, la ligereza y robustez, la oportunidad y belleza de los ornatos, y, sobre todo, el mecanismo económico de la construcción, circunstancias esencialísimas para la formación de cualquier edificio, y que entre nosotros apenas se conocen todavía.

Además del estudio de las bellas artes, que en Roma se cultiva con tanto ardor, el de las antigüedades florece allí más que en otra parte; y ¿en dónde sino en Italia, y particularmente en esta ciudad, se hallarán tantos preciosos monetarios, tantas inscripciones, tantas obras de pintura, escultura y arquitectura, restos admirables de la antigua opulencia de las naciones más célebres, donde el que se dedique a esta carrera adquirirá conocimientos de la cultura, las opiniones políticas y religiosas, los hechos históricos, el gobierno, las leyes, las costumbres, las épocas de esplendor y decadencia de tantos pueblos? Aquí han venido a estudiar estas materias los literatos extranjeros, conocidos por las lo obras de anticuaria, con que han enriquecido la Europa, pero ninguna otra nación ha cultivado con tanto ardor y tanta inteligencia este áspero estudio como la Italia; ninguna es capaz, como ella, de llevarle a tanto grado de perfección y entre todas sus cortes, Roma, que reúne en sí más proporciones para los adelantamientos en esta carrera, cuenta un número asombroso de literatos, autores de obras estimables sobre la indagación y explicación de antiguos monumentos y hoy día florece esta erudición en alto grado por medio de nuevos descubrimientos, que mantienen vivo el ardor de los sabios vivientes, que a cada paso aumentan, con obras instructivas, los progresos de una ciencia, a cuya luz se disipa [...][93] la oscura noche de los siglos.

A la anticuaria acompañan necesariamente el conocimiento de la historia general, las lenguas sabias y las bellas letras, donde aquélla se cultiva, florecen éstas; el estudio de la latinidad, de la lengua griega, de la hebrea y otras orientales, las repetidas traducciones de los autores clásicos, griegos y latinos, hacen mucho honor a la cultura romana; y aquella ciudad abunda en sujetos muy doctos en tales materias, que han publicado obras estimables, y

---

93 [«1 palabra».] (N. del E.)

se han adquirido en el concepto público una justa celebridad. No obstante, a pesar de estos principios y de esta general erudición, no sobresalen ni oradores, ni poetas de gran celebridad. Entre la multitud de sermones, disertaciones y oraciones académicas que cada día se publican, y de las juntas poéticas de la Arcadia, nada se encuentra que pase de una regular y juiciosa medianía, que en obras de tal especie, es poco mérito por cierto; el único poeta que se distingue de la innumerable turba de versificaciones es el abate Monti, ferrarés, conocido por uno de los mejores que hoy existen.

La teología, los cánones, la historia eclesiástica tienen más alumnos en Roma que en ninguna otra corte de Europa, y esto es bien natural, pero en cualquiera otra parte podrán adelantarse estos estudios, y adquirir la perfección de que son capaces, mejor que en Roma, donde la constitución del país se opone a que la crítica disipe las tinieblas en que están envueltos. [...][94] / [...][95]

Tales son las observaciones que he podido hacer sobre la cultura de Roma. Las bellas artes y la erudición florecen allí en alto grado; de las demás ciencias y facultades no he visto cosa que merezca elogio particular; y no hay que admirarse de que no haya dicho nada de su celebrada política, porque, según mi opinión, no existe tal ciencia en Roma. [...][96]

Viaje de Italia VIII 2
Roma
En el año de 1795 había en las ochenta y dos parroquias en que Roma está dividida 164.586 almas, entre éstas 2.774 clérigos, 2.926 frailes y 1.413 monjas. Los conventos de uno y otro sexo pasan de 186, sin que entren en este número ni los conservatorios, ni los colegios, ni las casas de clérigos seculares que viven en comunidad.

La circunferencia de sus actuales muros es la misma que en tiempo de Aureliano, que hizo fabricar los que hoy se ven, reparados en gran parte por los pontífices; y es muy recibida la opinión de que, aun en tiempo de su mayor grandeza, Roma no tuvo dentro de sus murallas mayor población que la que

---
94 [«más de 8 renglones».] (N. del E.)
95 [«20 renglones».] (N. del E.)
96 [«9 renglones».] (N. del E.)

actualmente tienen París o Londres; ni obsta que Vopisco la dé cincuenta millas de circuito, ni que en tiempo de Augusto se contasen 4.173.000 habitantes, y en tiempo de Claudio 6.968.000; pues en este número entraban los arrabales, situados fuera de sus murallas, y los que habitaban en ellos. Toda esta población suburbana desapareció. Ni al salir de las puertas de Roma se ve más que campos y casas humildes de labradores, esparcidas por ellos. Lo que hay habitado, dentro de los muros, apenas llega a una cuarta parte de su extensión; el monte Aventino, el Celio, el Esquilino, el Viminal y el Janículo están desiertos, cubiertos de viñas y huertas, cuyas tapias forman unos caminos melancólicos interminables, que salen a las puertas de la ciudad. En el Circo Máximo y las deliciosas Termas de Caracalla se cultivan berzas; en las de Tito mugen bueyes; las soberbias galerías del Anfiteatro Flavio sirven de guardar estiércol, y los restos magníficos de la casa Aurea de Nerón, o sea, el Templo de la Paz, que se adornó con los despojos de Jerusalén destruida, son hoy [...][97] matadero de gorrinos.

Pero yo perdonaría a Roma su decadencia, si entre los destrozos de su antigua soberanía se hallara más justicia, más orden, más policía, más buena fe, más honor, mejores costumbres, menos imposturas, menos hipocresía.

Las damas romanas no dan, ciertamente, grandes ejemplos de fidelidad conyugal y no es la fuerza del temperamento la que induce esta relajación. Si un señor, por muy rico que sea, da una comida al día a su mujer, coche, habitación y 20 duros al mes para alfileres, ya ha desempeñado generosamente todas sus obligaciones con ella, no la da más. Las cenas nocturnas de diez, quince y veinte cubiertos en el cuarto de la señora, los días y temporadas de campo, el juego cotidiano, los espectáculos, los trajes, las modas, ¿saldrá todo de los veinte duros? El marido no da más. Cada una de ellas tiene cuatro o seis amigos, que contribuyen, cada uno por su parte, a aumentar la escasa dotación que debe suplir a tantos gastos; según la cuota con que la sirven, así adquieren más o menos intimidad; y basta observar una noche el orden que guardan al retirarse, para conocer cuáles son los más allegados, y, por consiguiente, los que acuden con mayor cantidad. Se acaba el juego o la cena, se va la mayor parte de los concurrentes, y se quedan con la señora cuatro o cinco, y éstos van retirándose, hasta que se

---
97 [«medio renglón».] (N. del E.)

queda con un par de ellos de la mayor confianza. Unos solo tienen acceso a la conversación y al juego, y se les permite que pierdan cuanto dinero lleven consigo; otros pueden quedarse un ratito más; otros son admitidos al tocador, donde la señora se despoja de plumas y brillantes, van recogiendo los alfileres y clavándolos por clases en la almohadilla; la ayudan a quitarse la bata, la atan las cintas del desabillé, y se van. Sigue después la pequeña conversación de aquellos dos o tres felices mortales destinados a conducirla a la alcoba cuando ha de recogerse, y despojarla y desearla un dulce sueño; y queda por último un solo sumiller de Venus que abra el pabellón del lecho, la arropa, la pone el libro de novelas, la luz, el pañuelo y la fresquera sobre el velador, la da un besito y se va. El que observe tales sociedades no podrá menos de maravillarse de la paz y buena armonía que reina en ellos, sin envidia, sin celos ni enemistad, todos se aman fraternalmente, todos están contentos, ninguno estorba a los demás, todos son amigos de la señora y el marido amigo de todos ellos. Si los italianos han sido alguna vez celosos, ya ha mucho tiempo que ignoran los efectos de esta pasión terrible, ni pienso que haya nación en Europa más cruenta de ella. Así como el marido no estorba a la señora de la casa, así también ni la suegra ni la madre ni las hijas la son molestas. La madre o la suegra habitan un cuarto retirado e impenetrable del gran palacio de sus hijos; la asiste una criada, única persona viviente que la ve y la habla; si es verano se asoma a una ventana del patio y ve lavar los coches; si es invierno entre la cama y la chimenea reparte el día, aun el dulce nombre de madre se la quita y la llaman *la vecchia*. Muchas veces sucede tratar a uno de tales señores, frecuentar su casa años enteros y no saber que tiene madre; qué mucho, si ellos mismos lo ignoran, o no recordárselo la partida mensual de doce o quince escudos que le dan para que coma y se vista. Así vive la madre del duque o el príncipe y cuando se muere la entierran.

Los hijos no son gravosos en tales familias, tienen su cuarto separado, el ama que los cría lidia con ellos, y alguna vez se los lleva a su madre para que los vea como quien lleva un papagayo o un mico; en cuanto a vestirlos y traerlos limpios, el marido cuida de ello, la señora tiene otros negocios de más importancia a que atender. Las hijas luego que cumplen los tres años van al convento y los hijos al colegio así que han roto los primeros cabrones.

Allí se están si la madre tiene previsión bastante para pensar en lo futuro, mima al mayor que es el único de quien pueda esperar algún alivio en su vejez, los demás como si no existieran. El padre cuidará de darles carrera, de casarlos o hacerlos curas, o enviarlos a Filipinas. La señora tiene que presidir la conversación y hacer los honores a los forasteros que se la presentan, ni puede ni debe atender a más. Si se casa la hija o el hijo, asistirá a la ceremonia, dará una comida a los parientes y amigos de la casa e introducirá a la novia en las tertulias de la nobleza. ¿Qué más hay que hacer? Éstas son las costumbres domésticas de las primeras casas, y éstas dan el tono a las demás. Las trampas, las estafas, los embelecos de las ilustres matronas romanas, el juego, las fullerías, las rifas, que no se sortean jamás, los socorros a pobres vergonzantes que nadie sabe quiénes sean, los trajes que se pagan cuatro o seis veces no habiéndose pagado al mercader, el mentir, el embrollar, el continuo pedir prestado y otras gracias que todas se ponen en uso cuando llega algún rico inglés muy presumido y muy lerdo que compra el honor de acompañar a la señora y ser presentado por ella al *ceto nobile* a costa de sus guineas, hasta que tal vez tiene que volver a toda prisa en su rocín rabón blasfemando de Italia; estos son los accidentes que acompañan la vida y costumbres de aquellas ilustres matronas. Esto se imita por las demás clases inferiores, en la manera que a cada cual se le proporciona, y esta corrupción, que en Roma y Nápoles llega al exceso, se observa con más o menos variación en las demás ciudades de Italia.

Hallándome en esta Santa Ciudad con quien tenemos tan inmediatas relaciones, quise salir de algunas dudas, y averiguar poco más o menos a qué precio nos regala la Santa Sede Apostólica su maternal protección. Supe que el que guste de comprar el cuerpo de un santo lo consigue inmediatamente dirigiéndose al departamento que tiene a su cargo el despacho y distribución de reliquias. Se saca del almacén de huesos un esqueleto o se forma de varias piezas, le ponen su cabeza exterior de cera, le visten con su cota, sus borceguíes y su tonelete, le colocan en una urna y se le entregan al devoto con facultad de darle culto donde quiera que se lo lleve. Si es un santo anónimo, sacado de los subterráneos, el devoto puede proponer el nombre que quiera darle, sirve de padrino, se le bautiza a su gusto y le llaman San Hermeneguncio, en este caso no cuesta más que ciento veinte duros, pero si el devoto le quiere de los que están en el almacén con nombre conocido, si se le antoja que sea santo mártir, soldado de la legión octava, dessollado en Bitinia *Sub Trajano principe* por el Pretor Furio Mamertino, entonces paga veinte escudos más.

Las bulas para nuestros obispos cuestan un diez por ciento del valor anual de la mitra, pero hay orden en la Tesorería de España en Roma para que, con firma del Ministro, se pueda librar mayor cantidad. Las bulas para el Señor Despuig, Arzobispo de Valencia, costaron de doce a 13.000 duros.

No se puede regular lo que cuesta una causa de canonización, la de Palafox hubiere bastado para hacer a una provincia feliz con las sumas enormes que ha consumido. Lo que hay de cierto es que después que el Santo Padre declara que el tal varón de Dios o la tal religiosa está gozando de la bienaventuranza y que hizo milagros en vida y en muerte, es menester aprontar al contingente para la función que se hace en San Pedro, la cual, si el Santo ha pleiteado por pobre, cuesta 9.000 duros, a lo menos, y otro tanto importó a la Beata Catalina de Mallorca, y si el santo no está declarado ser pobre y tiene con qué pagar, en tal caso le cuesta 100.000 duros sin admitir rebaja de un maravedí. La única economía que cabe en esto consiste en que lleguen a juntarse tres o cuatro santos; una sola fiesta sirve para todos, y entonces contribuyen con la consabida: 100.000 duros, pagando cada cual de ellos la porción que le toca.

Pregunté de qué servían en Roma los dos Auditores de Rota españoles, de qué servían los dos hospitalarios de Monserrate y Santiago, por qué tenía pensión de España la Princesa de Santa Cruz, por qué la tenían varios caballeros, monseñores, prelados y otras gentes mientras los jesuitas se mueren de hambre, y cuanto me respondieron sobre este asunto sirvió solo para irritarme y quitarme el deseo de saber más.

La mala policía de Roma se ve desde luego en la suciedad de sus plazas y calles, que sirven de basurero a la vecindad, exceptuando algunas, que parece que tienen privilegio exclusivo para estar limpias, a cada paso se hallan, en los parajes más públicos de la ciudad, montones de basura hediondos, que impiden el paso y apestan el aire. Cualquiera que haya paseado las cercanías de la Plaza de España, que es una de las barriadas más frecuentadas de Roma, habrá visto hasta qué punto llega la desidia del

Gobierno en esta parte. En Roma no hay más alumbrado público que el de la Luna; cuando ésta falta, todo es tinieblas. La salida de los teatros, a media noche, por callejuelas puercas, oscurísimas entre la confusión de los coches, que corren disparados por todas partes, sin haber quién los contenga ni los ordene, es una de las más difíciles y peligrosas operaciones que tiene que hacer la gente de a pie; todo cochero tiene derecho de atropellar y aplastar impunemente a cuantos animales, llamados hombres, encuentre al paso. Los mendigos son otros tantos basureros ambulantes, que se atraviesan por las calles, entran en las tiendas y los cafés casi desnudos, llenos de girones y arambeles, hinchados, llenos de costras y úlceras, monstruosos, hediondos, acompañando sus gestos y convulsiones con plegarias lamentables. Otros, que tienen puesto fijo en los parajes más concurridos de la ciudad, se tienden por el suelo, se agrupan con dos o tres chiquillos sarnosos y acancerados, o se ponen de rodillas, cubiertos de una sotana negra, con una cruz en la mano, los brazos abiertos, cerrados los ojos, la barba larga, macilento el color, la voz profunda, con un farol de papel puesto en el suelo, que ilumina de noche la figura y el rostro, produciendo un efecto de luces y sombras digno de los pinceles del Caravaggio; éstos, y las mujeres que se cubren con un trapajo negro la cabeza y el pecho, y prenden un cartel, donde se dice que es una señora, viuda de un capitán, mujer de obligaciones, con cuatro criaturas..., son ciertamente los que menos remueven el estómago; pero también son los más impostores, ninguno de ellos vi que no gozase de salud perfecta, los demás ganan el pan a costa de sus miembros, y por muchos cuartos que recojan, no se les pagan las crueles operaciones que sufren para ejercitar la caridad pública.

No hay extravagancia inglesa que ya no se imite en Italia, ya es moda emborracharse con ponche, hartarse de cerveza, estragarse el estómago con té, dejarse crecer las patillas, cortar las colas a los caballos, correr en ellos, y caer y matarse, gracias a la ridícula construcción de sus sillas, componer comedias que hacen llorar, tragedias que hacen reír, admirar a Milton y criticar al Taso. Y entre tantas cosas como se imitan de aquella nación, no se ha imitado hasta ahora la caridad bien entendida, el arreglo admirable de que cada ciudad y cada parroquia mantenga sus pobres, que no se confundan los infelices con los pícaros, que no se vean espectáculos tan repugnantes e indecentes, que la vejez, la enfermedad, las desgracias humanas hallen un alivio seguro en la protección celosa del Gobierno y en la caridad cristiana, que favorece sus ideas; y la impostura, la holgazanería y los vicios que la acompañan, un castigo inevitable en los calabozos y las galeras.

Habiendo hablado ya de la poca limpieza en las calles de Roma, debe inferirse, por consecuencia, que el barrio de los judíos será un mulador asqueroso y pestífero, porque al descuido general del Gobierno se añade la suciedad y sordidez que particularmente caracteriza al pueblo de Dios. Estos infelices, que pasan de cuatro mil entre chicos y grandes (número que no se incluye en la población total de Roma), viven en un barrio que se cierra de noche en malas habitaciones, amontonados unos sobre otros, por la estrechez del sitio. Aquél es el recogedero de los trapajos más sucios, y aquélla la fábrica donde las reliquias fétidas de lo basureros se convierten en lienzos, paños, sedas y vestidos, que al quererlos usar se deshacen en átomos invisibles. Esta es su principal industria, y éste su comercio; su aplicación, su actividad, son admirables; pagan crecidos tributos, viven oprimidos y despreciados; se sustentan en fuerza de lo que mienten y lo que engañan, pero el Gobierno no les permite otros medios de prosperar. Han solicitado que se les venda un terreno dentro de Roma, para edificar en él un barrio más sano y de una extensión proporcionada a su número, y no lo han podido conseguir, el populacho los detesta, los escarnece, y les compra sus pérfidas mercancías; no hay conmoción popular que no amenace su destrucción. Cuando se alborotó la plebe de Roma, cuatro años ha, y cometió con superior impulso el execrable asesinato de Basville, la turba feroz de los trastiberinos iba ya de mano armada a quemar y saquear el barrio de los judíos, como si hubiese alguna conexión entre la superstición judaica y la constitución francesa entre el Tálmud y los Derechos del Hombre, pero esto prueba a qué estado de opresión y envilecimiento están reducidos. Enfrente de una de sus puertas hay una iglesia, en cuya fachada está pintado un Cristo, con dos inscripciones al pie, una en latín y otra en hebreo, para que lo entiendan mejor, sacadas del capítulo 65 de Isaías; la latina dice así:

Expandi manus meas tota die ad populum incredulum qui graditur in via non bona post cogitationes suas. Populus qui ad iracundiam provocat me ante faciem meam semper.

Lo mismo hace el Gobierno de Roma con los teatros que con los judíos; los tolera, no los protege; y no obstante la decidida inclinación del público a divertirse con tales espectáculos, no han merecido todavía la menor atención a la superioridad para hacerlos útiles y dignos de una corte, donde en otras materias hay tanta cultura y buen gusto.

Viendo que los franceses habían degollado a su rey y apoderádose de Flandes, Holanda, Saboya y Aviñón, determinó el Sumo Pontífice que se cerrasen todos los teatros de Roma, prudente resolución por cierto, y la más eficaz para el remedio de tantos males, pero viendo después por la experiencia de muchos meses que aunque en Roma no se cantaba un aria, ni se tocaba una sinfonía, los franceses no trataban de restituir a Flandes ni Holanda, ni Saboya, ni Aviñón, ni desguillotinaban a su Rey, ni hacían cosas que a derechas fueran y viendo que el único medio de callar el disgusto del pueblo y distraerlo de sus miserias era el de divertirle, se determinó que en el Carnaval de 1796 hubiese espectáculos y máscaras, bien que a esta licencia acompañó la prohibición absoluta de representar tragedias poemas donde no se habla sino de castigos, de tiranos, derechos del pueblo, libertad civil, patria, leyes, virtud.

Abriéronse, pues, hasta doce teatros. El mejor de ellos es el de Tordinona, construido recientemente, con muchas de las comodidades que exigen en tales edificios; la sala, de buena forma, muy grande y poco sonora con buenos ornatos de pintura. Ni éste ni otro alguno de los demás teatros tienen fachada exterior, la maquinaria es un ramo descuidado de todos ellos, los trajes y las decoraciones, de poco mérito, exceptuando algunas, muy buenas, que se hicieron en el de Argentina; y en todos se admite a las mujeres al patio, donde asisten mezcladas con los hombres. En el de Tordinona se cantaban óperas bufas, con intermedios de baile. La Ópera era *La sposa polacca*, con todos los defectos y nulidades de estilo, si no era composición del célebre poeta melodramático Palomba, merecía serlo; en la música había muy buenos pedazos, ejecutados muy mal, la orquesta numerosa y bien arreglada. Los bailes, malos en la invención y ejecución. Las mujeres de la ópera eran dos caponcillos, desgarbados y sin voz, los demás actores valían poco. Los que hacían de mujeres entre los bailarines formaban una colección de tarascas la más ridícula; ¡qué caras!, ¡qué talles!, ¡qué pies! Una de las singularidades de los teatros de Roma es la de ver salir a la escena estos espantajos a bailar, a cantar o representar haciendo de damas delicadas, de pastorcitas, de ninfas y diosas; la modestia eclesiástica no permite que el bello sexo triunfe en la escena con sus gracias seductoras, y como en lo restante de Italia se ven Césares y Pirros y Alcides eunucos; en Roma se ven actrices cuya voz haría estremecer un coro de benedictinos, y cuya barba y movimientos solo anuncian virilidad. Con motivo de estrenarse este teatro, hubo iluminación varias noches, y en ellas vi un concurso numeroso y brillante, en que lucía la elegancia de las damas romanas, y más que todo, su hermosura. En una de estas noches, en que asistía la Nipote Santísima en un palco adornado con una especie de solio, vi una escena, digna de otro teatro y otro concurso. En el primer palco de la primera fila, inmediato a la orquesta, vi un romanote, con su chupa negra y su cofia verde, que para comer con más comodidad un plato de macarrones que le tocó de una gran fuente de ellos que servía de merienda a los demás que estaban con él, con la servilleta al hombro y el plato sobre la barandilla empezó a comer y a empinar de cuando en cuando una gran botella, a vista y paciencia de la «nobilità» y «citadinanza», atrayendo a sí la curiosidad y los anteojos de tan respetable asamblea.

El Teatro de Argentina tiene una sala espaciosa, en forma de herradura; este y todos los demás teatros son de madera con malas entradas, escalerillas estrechas, incómodas, sucias, callejones de tablas, todo feo, asqueroso y amenazando ruina, y en éste, como en los otros, hay un tufo de sebo que no se puede tolerar. Se cantaban en él óperas serias, con bailes. La ópera se intitulaba *Il trionfo d'Arbace*; quién sea este Arbace, ni de quién triunfó, ni por qué le encadenan, ni por qué sale al teatro, no lo pude averiguar. El primer capón era Andrea Martini, llamado comúnmente el Senesino, inferior, en mi opinión, no solo a Marchesi sino también a Crescentini, tiene buena presencia, poca voz, aunque grata al oído; canta con arreglo y gusto, pero le falta acción, gesto y sensibilidad; en una sala particular hará su canto mejor efecto. Los demás caponcillos que hacían de mujeres, eran cosa muy mala. En los bailes, como ya se ha dicho, había una u otra decoración bien hecha. Bailaba Fabier, con sus narices de garabato de candil y sus piernas de sarmientos, el baile era la Muerte de Pizarro, embrollo absurdo, sin pies ni cabeza, dos jóvenes que hacían de primeras bailarinas no carecían de mérito en la imitación de los ademanes y expresión femenil.

La sala del Teatro Valle forma una elipse, truncada por uno de sus extremos, con la boca de la escena demasiado estrecha. Se representaban comedias con intermedios de óperas bufas. Los actores, sacados la mayor parte del Teatro de Nápoles que llaman de Fiorentini, formaban una decente compañía, los mejores eran Pinnotti y Andolfati; otros dos, que hacían de mujeres, no carecían de mérito, si se atiende a la dificultad de la ejecución. En cuanto a las comedias no salieron de la acostumbrada lista de Federici, Avelloni, Zabala y Comella, porque no hay mejores obras de que se provean las escenas de Italia, puesto que las piezas antiguas se han desterrado ya, por consiguiente, vi los Federicos, los Carlos XII, la Jacoba, El calderero..., y en la concurrencia y los aplausos con que el público las favoreció, conocí demasiado que no reina el gusto ático en la moderna Roma. Entre otras comedias, vi una intitulada *I due mercanti di Lisbona*, llena de defectos, y de acción, movimiento y bellísimas situaciones cómicas, se cantaba en los entreactos una ópera bufa, intitulada *I nemici generosi*, con bella música, alegre, expresiva, fecunda, rápida, llena de gracias, como Cimarosa lo sabe hacer. Entre los actores, el bufo Benucci tenía el mérito de una bella voz, buen estilo, gracia y moderación en los ademanes. Los demás no valían cosa, si se exceptúa un caponcillo, con una voz clara y agradable, vestido de mujer, muy bonito, capaz de producir el picarillo una dulce ilusión a los ojos [...].[98]

El Teatro de Capranica, viejo, incómodo, oscuro, puerco, lleno de agujeros y astillas, tiene una sala grande, que forma un cuadrilongo; se representaban en él comedias, con óperas bufas en los entreactos. Los cómicos, muy malos; los que hacían papel de mujeres, tarascones insufribles; los gestos, las voces, los movimientos descompasados y feroces; entre los cantores había algunos bastante buenos. La ópera se intitulaba *La cantatrice bizzarra*,

---

98 [«medio renglón».] (N. del E.)

cosa malísima, con algunos buenos pedazos de música, los dos bufos se vestían de estatuas y subían en dos caballos de piedra, el uno hacía la estatua de Aecio, y el otro la de Valentiniano, con otros donaires de este jaez. Decoraciones infelices, tan malas y tan viejas como el teatro.

El Teatro Pace, mucho más pequeño que el anterior, con la sala de igual figura, e igualmente incómodo por consecuencia. Las decoraciones, empezando por el telón, eran una colección de trapajos; los actores pésimos; el drama, *Amurate o l'heroe dell'Eggitto*, tan bueno como los actores. En los intermedios bailaban en la maroma, hacían pantomimas y volteretas; los palcos, atestados de gentualla de cofia y rejón.

El Teatro de Palacorda es uno de los más pequeños de Roma, la sala, cuadrilonga, del tamaño de un cofre, tendrá unas seis varas de ancho y veinte de largo. Se representaban comedias, y óperas bufas por intermedio. No había capones, por ser manjar muy delicado para tan ruin teatro, pero había gatos y becerros, y chirrido de carretas, que desollaban los oídos, estropeando la excelente música que tal vez caía en sus manos. Las comedias y los cómicos, ya se infiere lo que serían.

Hay tres o cuatro teatros pequeños, en que se representan unas farsas que en ninguna otra parte de Italia se ven, intituladas *Il carro o Contrasto di Giudiata*, añadiéndose después el título particular que a cada una de ellas pertenece. El nombre de carro las viene, según me dijeron, de que antiguamente iban estas compañías de farsantes en un carro, y sin bajarse de él representaban en los parajes más públicos de la ciudad sus pequeños dramas, recogían algún dinero, y concluida la función seguían adelante, a repetirla en otra parte. Llámanse también contrasto de Giudiata, porque es de estilo que han de hacer papel en ellas un par de judíos, con caracteres odiosos o ridículos. Asistí a uno de estos teatros, situado en unas callejuelas, junto al puente de Sant'Angelo, la sala tenía exactamente la forma de un clave, suponiendo la boca de la escena en la línea de las teclas. Nada vi que no fuese correspondiente al edificio, actores, farsa, bailes, trajes, decoración, música, iluminación, auditorio. Luego que acabó su discordante sinfonía la que yo quiero llamar orquesta, salió un personaje ridículo, con su chupilla negra, su cofia y sus barbas, más negras que la chupa, cargado de un gran bandolín, sentose en una silleta, a un extremo del teatro, santiguose devotamente, empezó a tocar su instrumento, se alzó el desastrado telón, y se dio principio al drama, cantado todo al son del bandolín exceptuando la parte del gracioso, que representaba en prosa y servía de dar reposo al músico o corifeo. Los versos eran de diez, once, doce, o más sílabas, según le había podido salir al autor; el canto, de lo más desapacible e infernal que puede oírse, muy semejante, por el tono, al que usan las amas de cría cuando cantan a los chiquillos: «Duérmete, niño de cuna, que a los pies tienes la Luna, y a la cabecera el Sol», y toda la gracia de este maldito cántico estribaba en soltar la voz con toda la fuerza de pulmón posible y alargar las sílabas finales de los versos; y era de ver cómo aquellos bárbaros sudaban y se molían para lograr, a fuerza de bramidos y relinchos, los aplausos del rudo auditorio. La acción y el gesto competían con la música en delicadeza y perfección. Ya se supone que los actores eran hombres todos, y exceptuando el gracioso y los que hacían de mujeres, los demás todos salían con máscara y las de los judíos se distinguían de las otras por una interminable nariz; el uno de ellos, que hacía de viejo, sacaba un sombrerillo redondo, capa corta, chupa, calzón ancho y abierto por abajo, como los de los murcianos, y todo el traje negro. La fábula, ya puede suponerse que era un despropósito; y en ésta como en las demás de que se abastecen aquellos teatros, el principal personaje es el del *Siccario*, esto es, el asesino; todo es cóleras, blasfemias, venganzas, traiciones, raptos, puñaladas, sangre y horror, que bastaría a inspirar ferocidad al pueblo más dulce de la tierra; qué efectos no hará en el de Roma, harto inclinado a tales fechorías por la posesión en que está de cometerlas impunemente. La comedia se intitulaba *Il tirano punito dal Cielo*. El estruendo y gritería de la asamblea, el tufo del sebo, del sudor del vino, de los hálitos pestilentes, el tirar al theatro manzanas, tronchos, huesos a medio roer, que el bufón recogía y acababa de mondar mientras iba representando, son circunstancias que no es fácil describir, es necesario verlo para formarse una justa idea de las diversiones del vulgo de Roma, y de lo que es el tal vulgo. Yo, no obstante, me alegré de haber gastado allí tres horas, puesto que habiendo visto representar la Ifigenia en París, y en Roma *El Contrasto della Giudiata*, creo haber visto el mejor y el peor espectáculo dramático de Europa.

El pueblo romano parece que se vuelve loco en el Carnaval, si antiguamente se contentaba con pan y juegos del circo, ahora es más moderado en sus pretensiones; y como le dejen correr las calles vestido de máscara, se olvida de que es infeliz y no tiene qué comer. En los días señalados por el Gobierno para la máscara pública, suena después del mediodía la campana del Capitolio, y ésta es la señal para que puedan salir todos los que quieran con sus disfraces e invenciones; al toque del Ave María deben quitarse la careta del rostro, y recogerse. Todo el gentío acude al Corso, calle muy larga, que atraviesa casi toda la ciudad, pero demasiado estrecha para tanto concurso. Suponiendo que en ella se reúne toda la multitud de gente de a pie y todos los coches, y que entre los coches y la gente se hace la corrida de caballos bárbaros, ya puede inferirse cuál será la tropelía y confusión y cuántas las desgracias que ocurrirán frecuentemente. Es cosa admirable la gritería y tabaola que por allí anda, las invenciones ridículas de los trajes, arlequines, pulchinelas, bahutas, doctores, que se ponen a disputar unos con otros, diciendo mil disparates y desvergüenzas, marineros, cuáqueros, mochuelos; en los Sueños del Bosco no hay tantas ni tan extravagantes visiones. Corren, cantan, bailan, aúllan, silban, arguyen, y suena un horrible y discorde estruendo de almireces, campanillas, chiflatos, trompetas, cuernos, carracas, pitos, cencerros y caracolas. Los coches pasean en dos filas por entre el concurso, los que van dentro, y en muchos dellos los cocheros y los lacayos, van también de máscara; los caballos, con pretales de cascabeles, los cocheros, vestidos de mujeres, o con libreas extraordinarias y ridículas; las damas y caballeros, con trajes ingeniosos y elegantes, tal vez tomados de asuntos de la historia o de la fábula, penachos y adornos; que todo presenta a los ojos hermosa confusión. Una de las mayores diversiones de este espectáculo consiste en tirarse recíprocamente los de los coches y la gente de a pie, «puzzolana» menuda, con un continuo granizar de una y otra parte; y en cada coche se lleva un gran saco o cajón de esta gragea, y muchos van prevenidos con escudos de hoja de lata o cartón, para reparar los tiros y defenderse. Esta batería, que disparan sin cesar los unos a los otros, no se suspende sino cuando, por desgracia, descubren entre la multitud a algún abate, a algún fraile; entonces, unidos ambos partidos descargan sobre el miserable todo su furor. Ni la capeta, ni el sombrero, ni la capucha, ni el manto bastan a defenderle de la espesa pedrea, quiere huir, y no puede, quiere cubrirse por una parte y se descubre por otra, piensa hallar asilo en un rincón y allí cargan de repente sobre él y le atacan de nuevo, hasta que molido y sudando, y blanco todo como un molinero, logra refugiarse en algún portal o escapar por una callejuela. Cuando la corrida de caballos va a hacerse, dan la señal, con unos morteros que disparan, para que los coches se detengan, y éstos y la gente forman en toda la largura de la calle un estrecho callejón, que tendrá apenas cuatro varas y media de ancho. En la Plaza del Popolo, que es uno de los extremos del Corso, están los caballos, hasta el número de dieciséis o veinte, cada uno de ellos tiene tres o cuatro hombres que le sujeten los adornan con plumas y cintas y trizas de oropel, y por las ancas e ijares les cuelgan unas bolas llenas de pinchos, que con el movimiento de la carrera les molestan y sirven de espuelas. Delante de la fila que forman, ponen una maroma tirante; en un tablado inmediato hay un juez, el cual hace la señal, cae la maroma, y parten todos aquellos animales con un ímpetu terrible, que es lo más digno de verse en esta función; corren precipitados por aquel angosto espacio que se les presenta, y se ve en muchos de ellos el empeño de adelantarse, y las astucias que ponen en práctica para lograrlo, y evitar que los que vienen detrás los ganen; algunos caen, y los demás pasan por encima. Otros se han hecho pedazos alguna vez tropezando con los ejes de los coches, al fin de la carrera hay un gran lienzo extendido, que cubre toda la boca calle, el primer caballo que llega allí es el vencedor, y el juez que asiste en aquel paraje le adjudica el premio. Concluida la carrera, disparan tiros para que los coches puedan volver a andar ya, entonces no hay orden; todo es tropelía, los coches van por donde quieren; la gritería y el rumor de la música arriba mencionada se aumenta; renuévase la metralla, el alboroto y la confusión, suena el toque del Ave María, y todo desaparece.

Por la noche hay baile público, en máscara, en el Teatro de Alibert, cuya sala forma un cuadrilongo como el de Capranica, pero mucho mayor; el concurso se distribuye por esta sala, la escena y piezas contiguas, corredores y palcos, que todos están abiertos; pero aun con ser grande este espacio, no es suficiente para la mucha gente que acude en las últimas noches; en la del lunes de carnaval se despacharon cinco mil billetes, que, a tres pablos cada uno, hacen una entrada de 30.000 reales; la iluminación consiste en multitud de cirios, distribuidos con abundancia y sin gusto; entre las máscaras se ven algunas de carácter, muy bien ideadas; vi a Neptuno y Tetis, una vestal, un Hércules, un poeta griego, las cuatro estaciones, emperadores y augustas; uniéndose a la propiedad de los trajes la perfección de las caretas, hechas de cera sobre excelentes formas, sacadas de las estatuas antiguas; el color, la barba, el pelo, todo ejecutado con inteligencia, faltándolas solo el movimiento, que no las puede dar el arte; esto y los trajes, joyas y adornos de algunas señoras que se presentan de gala y sin máscara, es lo más notable que allí se ve. Lo que no se ve es más digno de consideración debajo de aquellas figuras extravagantes se ocultan las columnas de la Iglesia Católica, los graves monseñores, los prelados, el Eminentísimo Colegio Apostólico; cuanto hay de más sagrado y reverendo en esta capital del Orbe Cristiano; otro tanto se desfigura y se esconde en aquella profana confusión. Si a un silbido desapareciesen todos los disfraces, se verían los hombres convertidos en mujeres, los Pulchinelas en candatarios y auditores, los Pantalones en prelados domésticos, los ermitaños en putas, y en cardenales, priores y obispos, los molineros y Arlequines. Estas circunstancias hacen singular aquella concurrencia. Por lo demás, no es comparable al Renelagh ni al Panteón de Londres, donde el buen gusto de la iluminación, los fuegos artificiales, las cenas, y sobre todo el desahogo y proporciones cómodas del sitio, llevan gran ventaja a los festines de Roma, en que todo es apretura y estrechez sin que se pueda bailar holgadamente, ni pasearse, ni variar de objetos, ni gozar los que precisamente ofrece un concurso tan numeroso.

Habiendo hablado de los espectáculos de Roma, no es posible pasar en silencio el de la bendición del Papa, que se repite tres o cuatro veces al año. La inmensa Plaza de San Pedro, única en el mundo, se llena de pueblo, la tropa de infantería y caballería forma un cuadro a la entrada del gran Templo Vaticano, se aparece en una ventana, sobre la puerta principal de la Iglesia, el Papa, cubierto de preciosas vestiduras, con mitra episcopal en la cabeza, levantado en unas andas, rodeado de prelados de las religiones, obispos, arzobispos, cardenales, cortesanos, criados y guardias. Su presencia suspende el rumor popular. Todo es silencio reverente; se levanta en pie, y alzando el rostro y los brazos al cielo, bendice desde aquel trono de majestad a todo el orbe católico, redimido con la sangre de Jesucristo, de quien es Vicario y Pontífice en la tierra; al echar la bendición se postra humilde aquella inmensa multitud, y al acabarla suenan instrumentos militares, campanas, voces de alegría, y retumban a lo lejos los cañones de la Mole Adriana. En Asia podrá haber algo que se parezca a esto; pero en lo restante del mundo no hay soberano que se presente a su pueblo con tal grandeza, ni que reuniendo el imperio y el sacerdocio, aparezca a sus ojos como padre, como príncipe, como intérprete de las voluntades de Dios, y dispensador en la tierra de su perdón y sus beneficios. Así es que, por más que reflexione la filosofía, no es posible asistir a esta función sin sentir una conmoción irresistible de maravilla y entusiasmo.

Libros españoles que, entre otros de la misma lengua, se hallan en la Biblioteca de la Sapienza en Roma:

Acuña (Hernando de): El Cavallero determinado.
Agreda (Diego): Los más felices amantes.
it.: Novelas morales.
Aldana (Cosme de): Sonetti.
it.: Contra il volgo.
Barahona (Luis): La Angélica.
Boscán: El Cortesano.
Cancionero general.
Cancionero de romances.
Carvacho (Francisco): Entretenimiento de damas y galanes.
Castillejo (Cristóbal): Las Obras.
Cervera de la Torre: Cosas notables en muerte de Felipe II
Céspedes (Gonzalo de): Historias peregrinas.
it.: Historia trágica.
Contreras (Gerónimo de): Dechado de varios sugetos.
it.: Selva de aventuras.
Cueva (Juan): Coro febeo de romances historiales.
Duardos Cavallero; Comedia.
San Ermenegildo, mártir, tragedia.

Eslava (Antonio): Noches de invierno.
Flegetonte: La Compañía de rompe columnas.
Cryselia.
Fuentes (Alonso): De los 40 cantos de historias.
Gálvez (Luis): El pastor de Filida.
Gómez (Gonzalo): Celidón de Iberia.
Gudiel (Gerónimo): Compendio de Historias de España.
Huerta (Gerónimo): Libro 18 de C. Plinio, de los pescados de mar.
Hurtado (Pedro): Doleria, comedia.
Laso (Gabriel): Romancero y tragedias.
Ledesma (Alonso): Juegos de la Nochebuena.
Luciani: Historia en lengua castellana.
Martínez (Eugenio): Genealogía de la toledana.
Medrano (Julián): La selva curiosa.
Moncayo (Pedro): Flor de varios romances.
Ochoa (Juan): De la Carolea y vida de Carlos V.
Padilla (Pedro): Tesoro de varias poesías.
it.: Jardín espiritual.
it.: Romancero.
Rufo (Juan): La Austriada.
Sánchez (Miguel): Arte poética.
Suárez (Cristóbal): España defendida.
it.: Hechos de don García Hurtado de Mendoza.
it.: Historia de las cosas del Oriente.
it.: La constante Amarilis.
it.: El pasagero.
Timoneda (Juan de): Las patrañas.
Vázquez (Juan): Romancero general.
Vidal (Francisco): Tratado de las comedias.
Zapata (Luis): Carlos famoso.

Apéndice al Cuaderno n.º 71
Algeciras es un gran lugarote, con dos plazas y dos o tres calles buenas. Lo demás todo es casillas pobres, cuestas, todo, muladares y gorrinos; y majos

con sus capotes y sus monteritas de terciopelo muy chiquitas y muy adornadas de borlas y alamares y madroños de seda. En las iglesias no vi nada de particular. En la plaza Alta, que es la mejor de las dos, hay un buen café con dos mesas de billar y allí es la reunión de la gente decente. Cuando yo estuve había teatro. Nunca he visto tal multitud de palitroques; parecía una jaula medio desecha, pero los cómicos eran peores aún. Allí vi las *Armas de la hermosura* y *El Negro más prodigioso* y *El Tejedor Palomeque* y no sé qué más. El espectáculo concluía siempre con el bolero o el fandango. Hacia la parte del mar se ven todavía algunos pedazos de los antiguos muros de Algeciras; la defensa que hoy tiene consiste en dos baterías, la una situada en la misma costa y la otra en la isla de las Palomas. Los fuegos se cruzan y protegen bastante el fondeadero, pero si importase algo apoderarse de la población no sería difícil empresa. Estuve alojado en la única posada del pueblo. La patrona era la mujer más desabrida que he visto y aún por eso la llaman Mariquita sin gusto. El cuarto no tenía vidrieras, por cada rendija de las ventanas cabía un brazo; sobre mi cama chorreaban dos o tres goteras. La comida que me daban consistía en un plato de sopas, otro plato de berzas mal cocidas, sepultado en ellas un pedazo de tocino, y nada de carne porque, según me dijo la señora Mariquita, no había en el lugar ni vaca ni carnero, un pescuezo o un alón de pavo que podía volar según las plumas que tenía y un platillo con dos docenas de pasas y otro con seis o siete aceitunas. Este cuarto, esta comida y una jícara de chocolate purgante que tomaba por desayuno me costaba 25 reales cada día.

 Salí de allí el 20 de diciembre a caballo en un rocín en compañía de Don Luis Pierrevert, Capitán de fragata, y de su gracioso chiquillo el petit Amedèe, dirigiéndonos a Cádiz. A cosa de una legua de Algeciras se empieza a subir una sierra áspera, pedregosa y llena de precipicios que llaman la Trocha; se halla después una espaciosa vega inculta y desierta; se llega al término de Veger atravesando un monte de alcornoques, encinas y olivos silvestres y allí, ya que no vimos hombres, hallamos muchos ganados de todas especies que alegraban un poco aquella melancólica soledad. Veger está sobre un alto cerro y al pie de él pasa el río Barbate, con un buen puente de piedra antiguo. Allí vimos campos cultivados, huertas, plantíos, molinos y casas de labradores, pero esto dura muy poco; a una media legua de Veger todo está inculto, montes de leña y pasto, retamas y malezas. Atravesamos el Salado, más célebre por la sangre mora que le mancha que por el caudal de sus aguas.

Antes de llegar a Chiclana se pasa por un pinar. Desde Algeciras a esta ciudad hay trece leguas y en todo este espacio no se halla otra población que la de Veger. El terreno anuncia en las plantas robustas que produce, su natural fecundidad, el camino está como Adán lo dejó, incapaz de carruajes e intransitable en tiempo de invierno por el lodo tenaz y profundo en que las caballerías se sepultan y los torrentes y arroyadas que impiden el paso Chiclana es el lugar de delicias de la gente rica de Cádiz y aquí vienen a divertirse en la buena estación las damas gaditanas acompañadas de sus amantes y seguidas de todo el lujo y aparato de la ciudad. Lo que se gasta y destroza con este motivo es incalculable. Aquí son los rompimientos, los celos, la tibieza, los nuevos amores, los enredos y aventuras graciosas que alimentan en lo restante del año la curiosidad pública. Chiclana es el teatro de tales fábulas. Los maridos se quedan en Cádiz entre sus cálculos y especulaciones mercantiles, envían dinero a Chiclana cuando es menester y así conservan el inviolable amor de sus fieles esposas.

Luego que se sale de este pueblo se atraviesa un hermoso pinar por espacio de más de una legua y después por el magnífico camino que va de Cádiz al Puerto de Santa María se llega a la isla de León, pasando primero el puente de Sauazo, que por su forma, su robustez y la antigüedad que anuncia no dudaré que sea construcción romana. Los terrenos que se descubren a uno y otro lado del camino son áridos, sin árboles, llenos por todas partes de aguas encharcadas y creo firmemente que con algún trabajo y la constancia necesaria en tales obras, podría reducirse a mejor estado aquella llanura desierta y pantanosa. La isla de León se reduce a una hermosísima calle muy ancha, bien empedrada, que podrá tener casi un cuarto de legua de longitud, con otras pequeñas calles que desembocan en ella, buenas casas, muchas tiendas, mucha gente; todo anuncia al pasajero la cercanía de la opulenta Cádiz. Para ir a ella se prosigue por el buen camino de que ya se ha hecho mención hasta que se entra en el largo arrecife, construido sobre la estrecha lengua de tierra que une a Cádiz con el continente. En el año de 1755 se cruzaron las ondas del mar por encima de él, alteradas con el terremoto. Mucha gente que había abandonado la ciudad por el temor de morir entre las ruinas de sus edificios pereció ahogada en este paraje, contándose en el número de los muertos un nieto de Juan Racine, último heredero de aquel nombre inmortal.

Cádiz es hermosa ciudad, casas grandes de piedra, calles rectas aunque no muy anchas, bien empedradas y limpias, alumbradas de noche; la mejor y más concurrida es la calle Ancha, que va a rematar en la plaza de San Antonio, cuadrada, espaciosa, llena de concurso. La calle Nueva es muy frecuentada también, llena de tiendas de mercaderes en toda su extensión. La plaza de San Juan de Dios parece destinada al bajo pueblo, que bulle a todas horas alrededor de los puestos de comestibles de que está llena. La muralla, que rodea la ciudad, sirve de paseo al público según las estaciones y desde ella se goza la vista del mar, la de su gran bahía llena de naves y las costas del norte, donde se descubren la Carraca, Puerto Real, Puerto de Santa María y Rota. La Alameda es un plantío de árboles de corta extensión en la citada muralla, junto al Carmen, más famoso por el concurso brillante que le frecuenta en el verano, que por su amenidad; los árboles medran poco en aquel paraje. La muralla construida.

10 çum Biera Calles; çum il, chez Martínez manger; café; çum il y Martínez cenar; comedia; chez Martínez.

11 Sortir in posta çum Viera a 8; a 12 in Xerez posada, manger pluvia, Ca lles; chez Alcalde mayor dormir. Buen camino hasta Jerez, la Isla, Puerto Real y Puerto de Santa María; buenos pueblos que no se hallan tales en las cercanías de ninguna otra ciudad de España. Jerez, pueblo con tres o cuatro calles espaciosas y alegres y en algunas pocas casas modernas se ve ya algún principio de elegancia y buen gusto, pero en la Iglesia Mayor, obra de piedra, costosa y magnífica, no hay regularidad ni juicio. Es una mezcla confusa de gótico y griego con muchas garambainas y ringorrangos extravagantes. Lo mismo puede decirse de la Capilla del Sagrario en la Parroquia de San Miguel.

Hasta Jerez fuimos en posta pero al llegar aquí ya no hallamos carruaje en que pasar adelante. El Rey les obliga a tener uno y de aquí resulta que al que por desgracia le toca ir detrás de otro tiene que quedarse a pie. Tampoco tienen obligación de tener más de ocho caballos; pasan los correos, se los llevan y el pasajero tiene que esperarse un día o dos hasta que todo se arregle. Ya empiezo a conocer que estoy en España.

12 Sortir in posta; a la siguiente no hay silla. Pónense los caballos a un carro y corremos con él. A la siguiente hay silla, pero, por ser muy pesada y estar malo el camino, nos sirve el maestro de postas con otro carro de dos ruedas, como el anterior sin toldo, con suelo y balaustres de esteras viejas. No hay para qué ponderar el molimiento de huesos que nos resultó de tales carruajes. En fin, a las postas siguientes ya hubo sillas, hasta que llegamos a Alcalá de Guadaira, famosa por su sabroso y blanquísimo pan. El camino muy descuidado; en algunos parajes con baches y atolladeros intransitables de las sillas y carros; ya está dicho cuanto hay que decir. Los caballos buenos; los postillones jaquetones, balandrones, vivos y muy diligentes y diestros en su ministerio; los puentes en buen estado y cuantos son necesarios. En el camino hallamos algunos grandes olivares, particularmente en el término de Utrera; desde Jerez a esta ciudad ninguna población, campos desiertos, tierra feracísima e inculta.

13 Salimos a las siete, llegamos a las 9 a Sevilla; posada; chez Ceán çum il calles, il ici; çum il y Viera chez Rebollo; çum ils Iglesia, Archivo, Calles; chez Ceán.

14 çum Ceán Iglesia grande gótica, cuadros de Murillo, San Antonio grande en una capilla; el nacimiento de la Virgen, San Isidoro y San Leandro en la sacristía grande; el Sacrificio de Isaac, de Céspedes; en la Iglesia, un buen cuadro de Luis de Vargas, escuela florentina; en otras capillas, cuadros de Zurbarán. La sala de Capítulo, bellísima elipse espaciosa, colgadura sobre ella, cuerpo jónico y cúpula con iinterna, pinturas de Murillo y Céspedes, ornatos que pudieran simplificarse.

La Giralda se sube sin escalón, comodísimamente. El reloj obra de Fr. Josef Cordero, lego franciscano, es obra muy bien hecha por la simplicidad de la máquina y la excelente ejecución en hierro y bronce. En el Hospital de la Caridad se admiran excelentes cuadros de Murillo; representó las obras de misericordia en asuntos históricos. Todo es digno de su pincel, pero me pareció superior el gran cuadro de Moisés sacando el agua del peñasco, otro menor de la vuelta del hijo pródigo y otro de Santa Isabel curando a un tiñoso, cosa por cierto de admirable perfección. Hay buenos cuadros del mismo en los Capuchinos y en San Agustín..., que sería largo referir y no hay una estampa de esto. Los extranjeros ignoran que existe y el que no viene a Sevilla no tiene idea de que hay en ella obras tan dignas. çum Ceán Iglesias; paseo; chez Núñez; post chez Ceán.

15 ici Ceán; çum il chez Asistente chez Ceán; çum Viera manger; çum ils, paseo ad Triana; Comedia.

16 çum Ceán. Iglesias chez Regente. En la Catedral, librería *Colombina* que fundó Don Hernando Colón, hijo del Almirante, hay códices curiosos y manuscritos; entre éstos, uno de poesías, que debería examinarse porque hay en él algo de nuestros mejores poetas que aún no se ha impreso, y otro también de entremeses antiguos; algunos en prosa, que sería interesante para la historia de nuestro teatro. çum Ceán paseo; chez il.

17 çum Ceán Iglesias, en la de Santiago, el sepulcro de Arias Montano con su fi ura de mármol encima. çum Ceán chez Bruna, vidi Gavinete; chez Ceán.

18 çum Ceán, chez Araujo, Lectoral de la Santa Iglesia, hombre franco, agasajador, atronado y medio loco, que ha recogido una porción de libros considerables sin discernimiento ni elección, entre los cuales los hay excelentes y raros, tiene muchos y buenos manuscritos, pero entre la confusión que reina en su librería ni él ni nadie sabe lo que hay allí çum Ceán, chez Bruna. Dudo que haya en España otro particular que posea una librería y un gabinete de curiosidades más numeroso. Ediciones raras, entre ellas una de los Oficios de Cicerón, 1466 en Maguncia, imitando la letra manuscrita, en pergamino y dice al fin que aquel libro no se escribió con pluma sino por medio de otra arte mucho más bella per pulcra, de donde se infiere que todavía la impresión era un secreto que sabían pocos. Cuatro comedias de Lope de Rueda y varios coloquios; manuscritos raros; ocho mil monedas entre ellas muchas góticas de oro; muy raras curiosidades naturales de España y América; una moneda del Príncipe Don Carlos hijo de Felipe Segundo; una sala toda llena de muebles y pinturas chinescas.

Los viajeros se equivocan en decir que Colón está enterrado en la Iglesia Mayor, pues el que allí está es su hijo Don Hernando. Hay un largo epitafio en la lápida y, por empresa, un mundo que rodea el sabio mote: «A Castilla y a León...». La vara de Juan Pascual no la vi ni nadie me dio noticia de ella; tampoco vi el pedazo de la nao Victoria en que dio la vuelta al mundo Sebastián del Cano ni mucho menos el sepulcro del Comendador Ulloa en San Francisco.

Hay una calle llamada del Hombre de Piedra por un fragmento de estatua que allí se ve empotrado en la pared y el vulgo, que entiende poco de crítica, dice que aquél es el famoso Convidado de piedra; la estatua es seguramente obra del tiempo de los romanos y pudiera haber sido una Venus desnuda hasta de medio cuerpo, como algunas que se ven en las galerías de Italia.

Vi la famosa calle del Candilejo y, cerca de ella, la del Rey Don Pedro, donde está un busto que quiere representar a aquel Rey, pero es obra muy posterior a su tiempo. En un salón del Alcázar está la colección de antiguos del Señor Bruna, de la cual hace mención Ponz en su Viage y tiene razón en comparar las estatuas desnudas halladas en Itálica con la mejor del Vaticano; la que está partida por medio del rostro me pareció que podría ser un Trajano, la boca y la barba son muy parecidas a las cabezas de aquel emperador. ¡Qué lástima que no se sigan las excavaciones! En aquel paraje donde se hallaron obras tan preciosas ¿Qué no podría encontrarse?

Los jardines son muy graciosos, con muchas fuentes, cuadros de bien labrados de murtas, muchos naranjos y cubiertos de flores en el verano. Están abiertos al público y son el recreo más delicioso en aquel tiempo.

Sevilla me pareció algo más grande que Madrid; llana, de calles angostas, torcidas, mal empedradas, puercas, mal caserío; alumbrado público. El edificio de mayor consideración es la Lonja, obra de Juan de Herrera; el patio es muy bello. El grande Archivo de Indias, con hermosos estantes, contiene muchos carros de cosas inútiles que yo quemaría de bonísima gana. La Academia de las Artes es cosa infeliz. Tiene 20.000 reales de dotación; los maestros son de cortísima habilidad; no hay buenos originales que copiar; todo es pobre, mezquino y ruin. Si no se reforma aquello, pocos frutos pueden esperarse.

En Sevilla hay un buen paseo a la orilla del río con arboledas muy largas; el puente de Triana sobre barcas es el paraje más frecuentado por las tardes de la gente de a pie; hay otros paseos de grandes arboledas que están muy al extremo de la ciudad y, por consiguiente, se frecuentan poco, tal es el que está junto a la Inquisición.

22 calles; chez Asistente; çum Ceán chez don Rodrijo Sierra manger çum Ceán, chez Espinosa, paseo, chez Ceán y Núñez.
23 archivo de Indias; chez Núñez y Ceán. il ici; çum ils, paseo ad Triana, Calles, iluminazión in platea et música; chez Ceán; chez Núñez.
24 çum cousin de Núñez sortir a 5 in calesín; in Carmona mangez. a Luisiana dormir. Se pasa por Mayrena y el Viso en cuyas cercanías hay algún cultivo; lo restante, inculto y desierto. Carmona es pequeña ciudad, pero agradable, con casas blancas, o pintadas, calles anchas, una torre que quiere imitar en pequeño a la gran Giralda; Cerca de Carmona, viviendo de Sevilla, hay muchos olivares y tierras de siembra.

Saliendo para Córdoba se baja una gran cuesta y se atraviesa una dilatada llanura cubierta de palmitos y abrojos; cerca de la Moncloa, dilatados olivares. Llegamos a la Luisiana, una de las nuevas poblaciones; la posada, llena de burros y machos y cencerros, voces, humo, arrieros y un fraile dieguino y un marqués de Écija, vestido de calesero, que me convidó a aguardiente y él y el ventero se trataban de tú con singular cariño.

25 Salimos a las 4 para Écija, pasando un gran trecho por tierras incultas. Écija está situada en una hermosa vega que baña el Genil, entre olivares y huertas. La ciudad, bastante buena a lo que parece; una gran plaza, casas de ladrillo muy curiosas, un buen paseo a orillas del río. Vi al pasar algunos grandes trozos de columnas que denotan lo que fue Astigi en tiempos más felices. Saliendo de Écija se ven a la izquierda olivares dilatadísimos, con muchas casas entre ellos que hacen agradable vista, y más adelante otras, a un lado y otro del camino, en medio de las cuales está La Carlota, población pequeña, pero bien conservada y alegre. Vi, no obstante, entre las casas sueltas que hay por allí, algunas arruinadas y a otras muy próximas a arruinarse; las tierras que las rodean, muy deterioradas; las gentes que las habitan, harto infelices. No es del caso poner aquí la conversación que tuve con una vieja porque nadie me ha de leer, pero, si los que mandan el mundo hablasen de cuando en cuando con viejas semejantes, a costa de algunos ahorcados prosperarían aquellas poblaciones y se enjugarían las lágrimas de muchos infelices. El camino de La Carlota hasta Córdoba es bastante montuoso y, llegando a una altura que llaman Los Visos, muy parecida a la Bochetta de Génova, se descubre una vega hermosísima por donde corre

el famoso Guadalquivir, menos soberbio que en la gran Sevilla; enfrente, las faldas de Sierra Morena cubiertas de frondosidad, con muchas casas repartidas por ellas y, al pie, la antigua Córdoba. Entramos al anochecer. Ego hospedado chez Don Rafael Cabezas, ici Don Pedro Barcia.

26 çum Barcia vidi Episcopus; jardines de Alcázar; Calles. El Alcázar de los Abdallas y Abderramenes le ocupa ahora el Santo Oficio. Vi la huerta poblada de árboles, llena de naranjos y verdura, abundante en aguas. Allí se ve todavía una puerta que, a lo que parece, sería del Serrallo que separaba el jardín Real de las habitaciones y jardines de las sultanas. Yo no sé decir lo que hay allí de extraordinario ni qué efecto debe producir una huerta mal cuidada en el ánimo de quien lave, solo diré de quien, al entrar en ésta y recorriendo la historia de otros siglos no sienta una deliciosa melancolía que suspenda y le enajene, carece de imaginación sin duda. La amenidad del sitio, los objetos que en él se presentan, los árboles robustos, la verdura de aquel terreno fertilísimo, el ruido de las aguas, las ruinas confusas de aquel edificio, los muros destruidos, la soledad, la memoria de lo que fue, quien no sienta e imagine ¿para qué ha de ir allí si allí no hay más que una huerta?

Vi las caballerizas del Rey, donde hay hermosos caballos es una de las cosas curiosas de esta ciudad. Pero creo que cuando el fiero Almanzor talaba los campos de Castilla, rompía los muros de León y entraba victorioso pisando el cadáver de su alcaide, abrasaba el templo de Compostela y huyan a su vista las tristes reliquias de nuestra nación, estarían en mejor estado las caballerizas de Córdoba. La ciudad es vieja, fea, con algunas cuestas, calles torcidas y estrechas, exceptuando una u otra, y mal caserío en general. Quedan todavía algunas portadas antiguas de regular arquitectura como lo es la de la Iglesia de San Agustín, la de San Pedro y alguna otra de las casas particulares, aunque en muy corto número. De lo moderno merece verse la iglesia de Santa Victoria con una buena portada corintia formando lo interior un círculo con decoración igualmente corintia y cuatro grandes cuadros de algún mérito, obra de Don Francisco Agustín que reside en esta ciudad.

Si Roma fue célebre por sus triunfos, Córdoba no lo es ciertamente por los suyos. Así se llaman a ciertos armatostes de mármoles llenos de hojarascas y garambainas que a cada paso se hallan por las plazas y sitios públicos dedicados a San Rafael, cuya imagen dorada corona la punta de estos extravagantes monumentos. Hay uno entre ellos, bastante bueno, que consiste solo en cuatro columnitas de mármol blanco sobre un pedestal y sobre ellas, la imagen del Arcángel, protector especial de la ciudad según ciertas revelaciones y apariciones de que no estoy informado bien. Otro, en que se gastó más dinero que en los demás, el más grande y el peor de todos ellos, con un peñasco de mármol y sobre él, un castillo y, sobre él, una columna y, sobre ella, el San Rafael, es una mala imitación de la famosa fuente del Bernini en Plaza Navona. Cuando se les dice a los cordobeses que aquello es malo, no tienen otra respuesta que dar sino que lo hizo un francés; lo peor es que ellos lo pagaron, çum Barcia y su cousín, Calles, paseo extramuros.

27 çum Barcia, Francisco Agustín..., vidi Catedral y Santa Victoria; post chez cousín; çum ils. Calles a Madona de Fuensanta; chez Episcopus.

28 çum Barcia y Cousin; vidi Catedral; chez Don Francisco Agustín; chez Episcopus manger çum Barcia, Iglesias.

Lo más singular que hay en Córdoba es su célebre catedral, antigua mezquita de los moros. Toda ella forma un gran cuadrilongo con una selva de columnas que pasan de setecientas, puestas en largas filas, formando naves rectas, trasversales y diagonales. La variedad de mármoles de estas columnas, la varia forma de sus capiteles, los arcos unos sobre otros que descansan en ellas, los ornatos árabes que aún existen en dos o tres capillas, las inscripciones de que están llenas y, sobre todo, el considerar cómo estaría en otros tiempos, concurrida y venerada de tantas naciones que venían a venerar aquel lugar santo, ejercitan la fantasía y arrebatan al observador que lo ve, a otros siglos que ya pasaron, le acuerda costumbres y ritos que acabaron ya y le presenta objetos que ya no existen. El altar mayor de mármoles es cosa buena y el tabernáculo, compuesto también de piedras escogidas, es de lo mejor que puede verse. El crucero es gótico, enriquecidas sus bóvedas con bajorrelieves muy recargados y de mala ejecución; el trascoro y la fachada que tiene enfrente son de buena arquitectura. Hay repartidos por la Iglesia buenos cuadros de Céspedes, Juan de Sevilla, Castillo, Palomino..., pero en éstos y en los que he visto por la ciudad, de autores cordobeses todos ellos, reina un gusto de colorido negruzco y melancólico que desagrada y echa a perder lo bueno que en ellos hay. Entre las alhajas se conserva la custodia de Enrique de Arfe, obra de mérito en su línea, con toda la ligereza y ornatos y figurillas del estilo gótico. Cualquiera que vea esta iglesia sentirá el verla desfigurada con el crucero, las capillas y las frecuentes interrupciones y atajos que se han hecho para diferentes usos. Si se conservase como los moros la hicieron, sería un monumento, el más precioso de la nación y, aún así, como está, es, sin disputa, el único que hay en Europa por este género. Siempre he oído citar a San Sebastián por ejemplo de desnudez, pero ¿quién creerá que en esta Iglesia, en la capilla que llaman de Villaviciosa, existe un San Sebastián muy jovencito, afeitadillo, con su peluca, su vestido de militar, su sombrero de tres picos debajo del brazo, sus flechas en la mano para denotar el martirio que padeció, su espadincico de plata, sus medias de seda, sus hebillas y sus zapaticos de castor? Yo pregunté por qué habían puesto de aquella manera al Santo bendito y me dijeron que era mayordomo de la Virgen y estaba vestido de aquella manera para acompañarla con la decencia correspondiente en las festividades, a lo cual no hallé nada que responder.

Hay en Córdoba una buena plaza que forma un cuadrilongo, espaciosa, con pórticos alrededor. Los edificios, exceptuando una pequeña parte, todos uniformes. Hay un buen paseo donde se junta los domingos razonable número de gente de a pie y bastantes coches; los días de trabajo solo [...].[99]

La policía de Córdoba no merece grandes alabanzas; no hay alumbrado público; el empedrado es detestable y el Corregidor actual no quiere que las calles se barran porque, según me dijeron, dice que el barrido descarna las piedras; por consecuencia, la plaza, las calles y sitios públicos parecen letrinas y muladares. La falta de artes contribuye también a que los sentidos padezcan; difícilmente se halla en los edificios públicos o particulares, sagrados o profanos, un altar, una puerta, una fachada que no sea un despropósito. De las iglesias podrían sacarse carros de leña dorada para calentarse un ejército y quedarían mejor si las dejaran desnudas de ornatos tan ridículos. ¡Cuántos mármoles hay allí perdidos!, ¡cuánto dinero gastado inútilmente!

No deja de haber algunos curiosos que adornen sus casas con mejor dirección. El conde de Torres Cabrera tiene en la suya una colección de

---

99 [«más de un renglón».] (N. del E.)

cuadros donde, entre muchos malos, hay algunos de mérito sobresaliente y siempre es laudable su afición aunque no haya sido grande su inteligencia.

Esta ciudad muestra en su decadencia señales nada equívocas de lo que fue. A cada paso se hallan trozos de columnas de escogidos mármoles y algunas anuncian por su magnitud haber pertenecido a grandes edificios, aras, inscripciones, sepulcros, monedas, capaces de excitar la curiosidad de cualquier hombre estudioso que se interese en las glorias pasadas de la famosa Bética.

29 a San Hipólito; çum Barcia, cousin chez Conde de Torres Cabrera: vidi picturae. çum ils, paseo; chez Deán.

30 çum ils, chez Villaceballos, vidi anticuaglie y monetario; chez Conde Hornachuelos anticuaglia. çum ils coche, paseo; chez Fater and Broter de Barcia.

En casa de don Rafael Villaceballos hay porción de inscripciones romanas y árabes, algunas cabezas, una grande estatua armada sin piernas, brazos ni cabeza y otras piezas curiosas halladas en excavaciones y cuya ilustración sería estimable para nuestra historia. El mismo caballero posee un numeroso monetario que le dejó su padre, pero, como no heredó su gusto ni su inteligencia, harto hará si lo conserva en su poder como está hasta que pase a manos más dignas. En casa del Conde de Hornachuelos se ven grandes trozos de columnas istriadas de mármol, un capitel y otras ruinas sacadas en su casa misma que no dejan duda de que allí hay un grande edificio subterráneo cuyo descubrimiento sería plausible, pero los gastos que hay que hacer para verificarlo le han retraído de esta idea y, no habiendo hallado auxilio alguno en la superioridad a quien avisó del primer hallazgo, no ha pasado adelante, con harto dolor de los aficionados a estas cosas.

31 Sortir a 5 çum Pepe, peintre, in posta. Se atraviesan espaciosos campos y laderas sembradas de granos, atravesando el Guadalquivir por el puente de Alcolea y dejando siempre a la izquierda Sierra Morena, pasado el Carpio, se ven los inmensos olivares de la rica Montoro, mi dulce esposa, y todo el terreno hasta Bailén alterna con olivos, algunas encinas, monte de carrasca y tierras de pan. Esto hace divertido el camino. En Andújar se atraviesa por última vez el padre Betis y, al acercarse a Bailén, comienzan las asperezas de los Montes Marianos. Llegamos a las 6.

1 de febrero. Salimos a las 4 1/2. Gran frío subiendo las cumbres de Sierra Morena por el hermoso camino de Le Maur. Es increíble el placer que se siente al caminar tan cómodamente en medio de todo el horror de la naturaleza, peñascos desnudos, altísimos, que parece a cada momento que van a precipitarse, arroyadas profundas, malezas intrincadas; todo es terrible y grande y esto se goza desde un camino solidísimo, suave, espacioso, que facilita la comunicación de la mayor parte de España con la abundosa Bética, con el Océano y con la América vencida que envía por allí a su Príncipe sus ricos metales. En medio de estas montañas está La Carolina, hermosa población, alegre, limpia, bien conservada, y, alrededor, plantíos, mieses, frutos, pastos, y suena placentera la humana voz...

Acabada Sierra Morena se entra en las inmensas llanuras de la Mancha. Muchas mieses, ningún árbol o tan pocos que no se echa de ver si los hay; ya no más naranjos ni limones ni pitas robustas. Sierra Morena divide los países gratos a Baco y Minerva. Se ven a un lado y otro del camino los famosos viñedos de Valdepeñas que se atraviesa después. Calles anchas, casas de tierra como lo son en general las de los otros pueblos que se encuentran al paso. Llegué a las seis a Manzanares.

2 Sortir ad 5 ad 7. in Aranjovis. Siguen dilatadas llanuras. Más acá de Villarta se pasa el Guadiana, que sale a poca distancia de allí por la segunda vez. En Madridejos hay un gran plantío de árboles que aprovechan para hacer instrumentos de labranza. El ejemplo de Madridejos no ha podido influir en los demás pueblos; no se ve más que una campiña dilatada y desnuda, que tal vez interrumpen de tarde en tarde algunos olivos. El camino mejora desde Villarta acá y así prosigue hasta Aranjuez. Los postillones manchegos son tan buenos como los andaluces, menos baladrones y menos chairos. En punto de sillas no hubo los trabajos que en mi viaje de Cádiz a Sevilla; son malas, incómodas, derrengadas, pero, en fin, no tuve que detenerme ni ir en carro. Si se exceptúa la parte de camino desde Cádiz al Puerto, la de Sierra Morena y la inmediata a Aranjuez, lo restante es malo, lleno de rodeos inútiles, de hondonadas y barrizales impracticables, sin fosos a los lados, sin elevación, sin muros que formen caja para la piedra que se echa en él; cosa de baratillo que siempre necesitará composturas y nunca quedará bien. Los puentes son buenos. Las posadas en que paré, tolerables.

3 chez Malo iterum Palacio; çum Don Joaquín del Olmo, Café file ici.

4 Calle de Queen; Palacio, ubi vidi Príncipe Pacis; post chez ille bene receptum çum Don Joaquín, paseo, jardines; Secretaría de Estado, vidi Oficiales.

5 Palacio vidi Llaguno; Secretaría Stato, vidi San Germán.

Libros a la carta

A la carta es un servicio especializado para
empresas,
librerías,
bibliotecas,
editoriales
y centros de enseñanza;
y permite confeccionar libros que, por su formato y concepción, sirven a los propósitos más específicos de estas instituciones.

Las empresas nos encargan ediciones personalizadas para marketing editorial o para regalos institucionales. Y los interesados solicitan, a título personal, ediciones antiguas, o no disponibles en el mercado; y las acompañan con notas y comentarios críticos.

Las ediciones tienen como apoyo un libro de estilo con todo tipo de referencias sobre los criterios de tratamiento tipográfico aplicados a nuestros libros que puede ser consultado en Linkgua-ediciones.com.

Linkgua edita por encargo diferentes versiones de una misma obra con distintos tratamientos ortotipográficos (actualizaciones de carácter divulgativo de un clásico, o versiones estrictamente fieles a la edición original de referencia).

Este servicio de ediciones a la carta le permitirá, si usted se dedica a la enseñanza, tener una forma de hacer pública su interpretación de un texto y, sobre una versión digitalizada «base», usted podrá introducir interpretaciones del texto fuente. Es un tópico que los profesores denuncien en clase los desmanes de una edición, o vayan comentando errores de interpretación de un texto y esta es una solución útil a esa necesidad del mundo académico.

Asimismo publicamos de manera sistemática, en un mismo catálogo, tesis doctorales y actas de congresos académicos, que son distribuidas a través de nuestra Web.

El servicio de «libros a la carta» funciona de dos formas.

1. Tenemos un fondo de libros digitalizados que usted puede personalizar en tiradas de al menos cinco ejemplares. Estas personalizaciones pueden ser de todo tipo: añadir notas de clase para uso de un grupo de estudiantes,

introducir logos corporativos para uso con fines de marketing empresarial, etc. etc.

2. Buscamos libros descatalogados de otras editoriales y los reeditamos en tiradas cortas a petición de un cliente.

www.ingramcontent.com/pod-product-compliance
Lightning Source LLC
Chambersburg PA
CBHW032149080426
42735CB00008B/636